C++ 프로그래밍과 STL

초판 인쇄일 2012년 12월 12일
초판 발행일 2012년 12월 19일

지은이 이창현
발행인 박정모
등록번호 제9-295호
발행처 도서출판 혜지원
주소 (130-844) 서울시 동대문구 장안 1동 420-3호
전화 02)2212-1227   **팩스** 02)2247-1227
홈페이지 www.hyejiwon.co.kr

편집 박세란
본문디자인 김보라
표지디자인 김보라
영업마케팅 김남권, 황대일, 서지영
ISBN 978-89-8379-767-4
정가 15,000원

C++ 프로그래밍 입문서의 결정판

C++ 프로그래밍과 STL

혜지원

많은 사람들은 프로그래밍 언어라는 것을 어려운 암호를 해독하고 수수께끼를 푸는 것처럼 어렵고도 복잡한 일이라는 선입관을 가지고 있습니다. 필자의 경우 처음 프로그래밍을 접했을 때 프로그램 언어는 컴퓨터 언어이고 단순히 컴퓨터에게 어떤 명령을 주는 도구 정도라고 이해했습니다. 하지만 십수 년 동안 개발을 해 오면서 제가 가졌던 프로그래밍 언어에 대한 생각은 조금씩 달라지기 시작했습니다. 프로그래밍 언어는 단순하게 컴퓨터에게 명령어 정도나 보내 주고 혹은 컴퓨터를 이용하여 무언가 필요한 소프트웨어를 만들어 주는 도구 정도로만 생각했던 저이지만, 만약 지금 누군가 저에게 프로그래밍이 무엇이냐고 물어본다면 저는 누군가의 이야기, 철학, 혹은 인생이라고 말하고 싶습니다.

한 사람의 개발자로서, 저는 단순한 소프트웨어 기능공으로서가 아니라 코드 한 줄 한 줄에 나의 생각, 나의 철학, 나의 스타일들이 묻어나도록 그 자취를 쌓아 왔고, 어려운 암호나 수수께끼와 같은 난해한 이야기가 아니라 누구나 쉽게 이해할 수 있는 언어로 표현하려고 애를 써 왔습니다. 컴퓨터와 쉽고 효율적인 대화를 하기 위해 노력했고, 이러한 대화의 내용(코드)을 또 다른 개발자가 참고하였을 때 혹은 제가 다른 분의 대화 내용(코드)을 참고하였을 때, 그 코드의 한 줄 한 줄에서 묻어 나오는 깊은 의미와 당시의 개발자의 심정, 심지어 그 개발자의 철학까지 느낄 수 있어야 진정한 프로그래밍이 아닐까 생각하게 되었습니다.

인생의 희로애락을 표현하는 수필가나 소설가들이 사람들 사이에 통용되는 언어와 글을 통해 이 세상과 인생을 이야기 하듯이 우리 개발자들은 코드를 통해서 세상과 인생을 이야기 할 수 있어야 합니다.

혹자는 단순한 기계 언어를 가지고 무슨 세상과 사람의 인생을 이야기 할 수 있냐고, 말도 안 되는 이야기라고 비웃을지도 모르겠습니다. 하지만 필자는 이 세상의 모든 학문의 근원은 하나이고, 따라서 다양한 학문들의 근원을 따라가 보면 결국 하나로 모인다고 생각합니다. 프로그래밍 언어 또한 여러 학문들의 집합적 요소가 포함되어 있다고 생각합니다.

제가 학원에서 강의할 때 첫날 학생들에게 늘 하던 질문이 있습니다.

"개발자는 단순 기능공인가? 아니면 학문적 연구자인가?"

독자 여러분은 명료하게 대답할 수 있으신가요? 현실적으로 보면 개발자가 하는 일은 기능공에 가깝지만, 학문적 연구 또한 게을리 할 수 없는 것이 사실입니다. 비중은 다르겠지만 두 요소가 병행되고 있는 것이 현실입니다.

중요한 것은 각자의 마음가짐인 것 같습니다. 단순히 직업으로 먹고살기 위한 방편으로 개발을 한다면 기능공 쪽에 가깝겠지만, 학문적 탐구심과 열정을 가지고 개발을 한다면 학문적 연구자 쪽에 가깝겠지요.

필자는 당연히 후자 쪽을 추천해 드리고 싶습니다.

이 책을 읽는 독자층은 C++이라는 언어가 궁금해서 배우려고 하는 분들이나 프로그래밍에 입문을 하시는 분들, 혹은 대학교에서 교재로 만나게 된 분들 등 그 계층이 다양할 것이라고 생각합니다.

어떤 경우이든 일단 여러분들이 이 책을 펼쳤다면 제가 이 책에서 무슨 말을 하고 싶은지, 그리고 제가 무슨 말을 하고 있는지 귀를 기울여 주십시요. 여러분들이 이 책을 읽는 동안 단순한 지식만이 아니라 한 개발자의 고민과 노하우, 그리고 생각들을 느낄 수 있었으면 좋겠습니다. 더불어 여러분들의 개발 인생에 초석이 될 수 있다면 필자는 더 바랄 것이 없겠습니다.

감사드리고 싶은 분들이 있습니다. 먼저 저와 제 원고를 믿고 출판해 주신 박정모 사장님을 비롯한 혜지원 식구들에게 감사의 뜻을 전합니다. 그리고 우리 가족을 위해 새벽부터 주야로 늘 기도하시는 저의 어머니, 기도의 내조로 후원해 주는 아내 경화와 우리 집 개구쟁이 돼지 똘똘이 이주성 군에게 고맙다고, 사랑한다고 전하고 싶습니다.

마지막으로, 내 삶의 주관자 되시고, 내 인생에 개입하셔서 늘 감찰하시는 선하신 하나님. 나의 달려갈 길을 아시는 그 분 앞에 제 자신은 늘 부족하고 나약한 존재임을 고백할 수밖에 없습니다. 이 책을 통해 하나님께 작은 영광이라도 나타낼 수 있다면, 이 모든 감사와 영광을 하나님께 돌리겠습니다.

저자 이창현

Chapter 03 클래스(Class)

Chapter 04 클래스의 특징과 객체 활용

Chapter 05 클래스와 동적 메모리 할당

Chapter 06 연산자 오버로딩

Chapter 07 상속성(Inheritance)

Chapter 08 다형성(Polymorphism)

Chapter 09 다중상속(Multiple Inheritance)

Chapter 10 템플릿(Template)

Chapter 11 예외 처리(Exception Handling)

PART2. STL
(Standard Template Library)

Chapter 12 STL(Standard Template Library)의 개요

Chapter 13 컨테이너(Container)

PART1
C++ 프로그래밍

C++은 구조적 특징과 객체지향의 특징을 모두 가지고 있으므로 강력한 언어라고 할 수 있다. 이번 파트에서는 C++ 이라는 언어를 기반으로 한 객체지향 프로그래밍에 대해 배울 것이다. 먼저 기존에 공부했던 C언어와의 차이점에 대해서 알아보고, 객체지향의 개념인 추상화, 은닉화, 클래스의 특징 및 오버로딩, 오버라이딩, 상속성, 다형성, 템플릿 등에 대해서 알아보도록 하겠다.

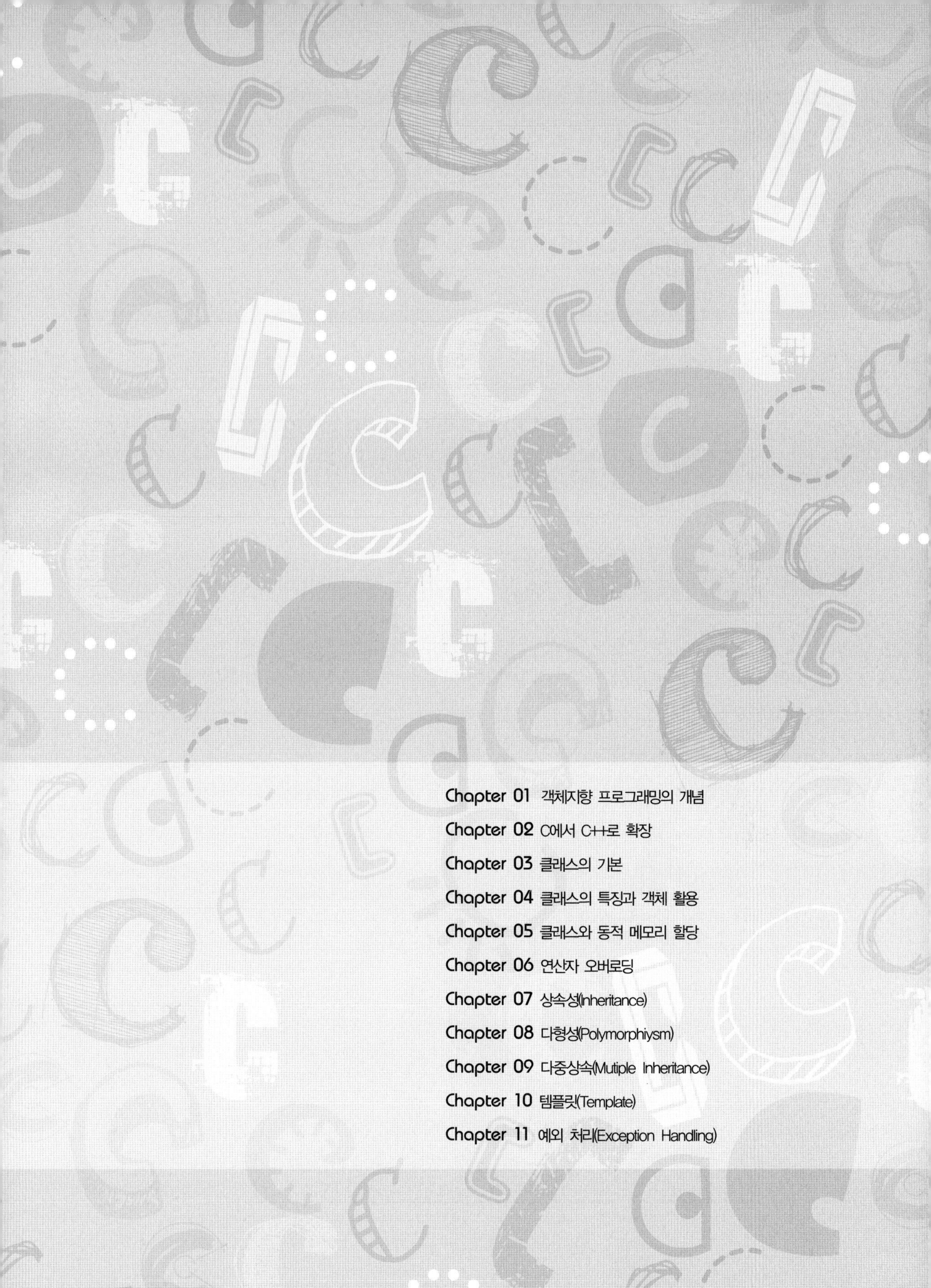

객체지향 프로그래밍의 개념

객체지향 프로그래밍의 세계에 오신 것을 환영한다. 이번 장에서는 객체지향 프로그래밍이란 무엇인지 그 개념을 짚어보고 객체지향 프로그래밍의 대표적인 특징들에 대해서 살펴보도록 하겠다.

1 객체지향 프로그래밍(Object-Oriented Programming)이란?

객체지향 프로그래밍이란 무엇일까?

한마디로 정의하기 힘든 것이 이 '객체지향 프로그래밍'인 것 같다. 사실 객체지향 프로그래밍은 필자가 대학을 다닐 때부터 유행하기 시작했던 것 같다. (혹은 이미 그 전부터 회자되고 있었지만 필자가 과문한 탓에 몰랐을 수도 있겠다.)

어느 날은 실무에 종사하고 있는 학교 선배가 와서 2시간 정도 객체지향 프로그래밍에 대해 강의를 한 적이 있었다. 필자는 아마도 그때 객체지향 프로그래밍에 대해서 처음 들었고, 그 이후로 객체지향 프로그래밍을 제대로 이해하는 데 1~2년이라는 세월이 더 걸렸던 것 같다.

그만큼 객체지향 프로그래밍은 기존의 구조적인 프로그래밍 방식과는 차원이 다른 신개념이었고, 그 개념을 이해하기까지 경험과 시간이 필요하였다. 사실 그 당시에는 자료도 부족했고, 개념 설명을 쉽게 해주는 서적 또한 많지 않았다.

여러분들은 객체지향 프로그래밍을 이해하는 데 필자보다는 많은 시간을 투자하지 않을 것이다. 그만큼 현재는 객체지향 프로그래밍과 관련된 자료도 많고 필자 또한 최대한 친절하고 자세하게 여러분에게 객체지향에 대해 설명을 해줄 것이기 때문이다.

1. 객체지향이란?

객체지향 프로그래밍을 이해하려면 먼저 '객체지향'이라는 의미에 대해 제대로 알 필요가 있다. '객체'는 영문으로 'object'인데, 이는 '사물'을 나타내는 추상적인 개념이다. '지향'은 말 그대로 'Oriented', 즉 '지향하는'을 의미한다. 이 두 가지를 조합해 보면 '객체지향'은 어떤 임의의 사물을 지향한다는 뜻으로 해석될 수 있다.

이때 임의의 사물을 우리는 '객체'라고 표현한다. 즉, 이 객체가 객체지향 프로그래밍의 가장 기반이 되는 단위이고, 이러한 객체들을 이용하여 결국 기능을 갖는 프로그래밍을 구성할 수 있게 된다.

2. 구조적 프로그래밍과 객체지향 프로그래밍

구조적 프로그래밍 방식

객체지향 프로그래밍 이전의 C 언어 기반 프로그램은 기본적으로 구조적/순차적 프로그래밍이었다. 구조적 프로그래밍의 기본 방식은 main() 함수로 시작해서 main()에서 끝난다. 그리고 기능적인 기본 단위는 함수이다. 따라서 프로그램 기능의 전체 구성은 결국 함수의 호출 관계로 구성되어 있다고 해도 과언이 아니다. 다음과 같이 4개의 함수로 구성된 프로그래밍 방식을 보도록 하자.

```
int Add(int a, int b);
int Minus(int a, int b);
int Multiple(int a, int b);
int Divide(int a, int b);

int main(void)
{
        Add(1,2);
        Minus(4,3);              하향식 방식
        Multiple(5,6);
        Divide(7,8);
        return 0;
}
```

독자들 대부분은 C 언어를 배웠으므로 문법 사항에 대해서는 알고 있을 것이다. 위의 경우를 예로 들면, main() 함수가 수행이 시작되면 Add()라는 함수부터 순차적으로 진행되며 결국 Divide() 함수 수행 후 return 0;을 만나 프로그램을 종료하게 된다.

구조적 프로그램은 기능 단위가 함수로 구성되어 있고, 수행 방식 또한 매우 순차적임을 알 수 있다.

객체지향 프로그래밍 방식

앞에서 보았던 구조적 프로그래밍 방식과는 달리 객체지향 프로그래밍은 기능 단위가 객체이고, 수행 방식은 순차적으로 진행되지 않고 사용자의 요청에 의해 처리되는 구조이다. 그러나 우리는 아직 객체지향 프로그래밍 작성 방법에 대해서 배우지 않았기 때문에 막상 이렇게만 얘기하면 너무 추상적인 개념으로만 다가올 것이다.

이해를 돕기 위해 실생활에서 객체 기반의 소프트웨어를 사용하고 있는 경우를 예를 들어 보겠다. 윈도우에서 가장 간단한 프로그램인 메모장을 살펴보면, 메모장은 실행되고 나면 사용자가 편집할 수 있고, [새 파일], [열기], [저장]과 같은 여러 가지 기능들이 사용자의 필요에 의해서 선택이 되면 수행 및 처리하도록 되어 있다. 즉, 구조적 프로그래밍처럼 프로그래머가 순차적으로 구성한 시나리오에 의해 기능이 수행되는 것이 아니라, 실행 중에 사용자가 마음 가는 대로 기능을 선택하면, 그 기능을 수행하도록 하는 방식이다. 객체지향 프로그래밍은 그와 같은 구성 방식을 가지고 있다고 생각하면 쉽다.

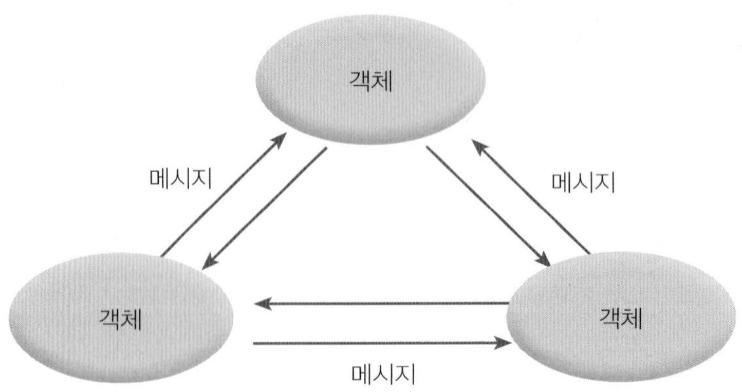

객체지향 프로그래밍의 기능 기본 단위는 객체이다. 그래서 각 객체는 메시지를 통해 서로 통신을 하며, 각 객체의 내부는 데이터와 함수로 구성되어 있다. 이에 대해서는 뒤쪽에 나오는 클래스의 구조를 다룰 때 자세히 설명하도록 하겠다.

2 추상화(Abstraction)

이제 객체지향 프로그래밍의 특징에 대해서 하나씩 살펴보도록 할 것인데, 그 중 가장 첫 번째로 추상화를 들 수 있다.

추상화란 무엇인가? 화가 피카소가 그린 그림을 추상화라고 하는가? 설마 그렇게 생각하는 독자는 없을 것이다. 하지만 추상이란 단어의 의미는 일맥상통하는데, 뭔가 표면적으로 이해하기 힘든, 관념적인 의미로 받아들여지는 것이 바로 추상이다. 좀 더 구체적으로 말하면 프로그래밍 관점에서 어떤 기능에 대한 동작 방식의 코드를 공개하지 않고, 인터페이스만을 노출함으로써 전체 코드를 간결하게 하는 것이 바로 추상의 개념이다.

필자가 지금 설명하는 내용도 받아들이는 독자 입장에서 매우 추상적으로 보일 수 있을 것이다. 따라서 우리가 실제로 C 언어에서 추상화 기법을 사용하고 있는 예를 들어 보고, 이에 대한 개선점과 객체지향 프로그래밍의 추상화 기법에 대해 이야기해 보도록 하겠다. 추상화는 절차적 추상화(Procedural Abstraction)와 데이터 추상화(Data Abstraction)로 구분하여 생각해 볼 수 있다.

1. 절차적 추상화(Procedural Abstraction)

절차적 추상화는 모든 프로그래밍 언어에서 공통적으로 사용되고 있는데, C 언어에서의 예를 들면 이미 printf() 함수처럼 C 라이브러리를 통해 제공되는 기능을 가진 함수들을 코드상에서 사용하는 것이다. 이러한 함수들은 사용자가 직접 만든 함수도 아니고, 그렇다고 코드 내부가 공개되어 있지도 않다. 즉, 이미 구현되어 있는 함수를 사용자는 사용하기만 하면 된다. 만약 사용자가 printf() 함수를 직접 구현하여 사용한다면 구체화되기는 하겠지만, 아마 그를 구현하는 코드 때문에 프로그램은 길어질 것이고 복잡해질 것이다. 즉, printf() 함수를 추상화하게 되면 복잡한 처리의 상세한 사항을 감출 수 있기 때문에 코드가 간결해지고 이해하기가 쉬워지는 것이다. printf() 함수를 통해 출력이라는 작업이 제대로 이루어지도록 하면 되는 것이지, 그 내부의 자세한 사항은 중요하지 않다는 것이다.

2. 데이터 추상화(Data Abstraction)

데이터 추상화란 일반 시스템에서 제공하는 데이터 단위로 처리하는 것이 아니라, 사용자가 직접 사용자 정의 타입을 만들어 하나의 데이터 단위로 처리하는 것을 말한다. 가장 쉬운 예로 C 언어에서 사용했던 구조체를 들 수 있다. 구조체를 사용하는 목적은 서로 다른 데이터 타입을 하나로 묶어서 사용자가 새로 정의하여 사용하는 것이다. 예를 들어 보자.

```
struct Point
{
        int x;
        int y;
}
```

이 구조체를 통해서 사용자는 Point라는 새로운 타입을 정의하였고, 이 타입의 멤버로는 x와 y값이 존재한다. 이렇게 구조체를 통해서 새로운 타입을 정의하는 과정을 '데이터 추상화'라고 한다. 새로운 데이터 타입인 Point를 통해 선언하는 방법은 다음과 같다.

```
Point pt;
```

그런데, 이 구조체로 선언한 사용자 정의 타입을 사용하게 되면 가장 큰 문제점이 있다. 외부로부터 x, y와 같은 구조체 멤버에 바로 접근이 가능하다는 것이다. 즉, 외부에서 값을 아무나 조작할 수 있으므로 데이터 보안에 매우 취약할 수 있다는 말이다. 다음과 같이 접근 가능하다.

```
Point pt;
pt.x = 10;
pt.y = 20;
```

객체지향에서는 이러한 직접적인 데이터 접근을 제한하고 있다. 외부에서 직접 데이터를 접근하여 데이터를 변경할 수 없게 한다는 말이다. 그렇다면 이 데이터들을 어떻게 조작한다는 말인가? 바로, 앞에서 언급했던 절차적 추상화 기법을 통해 가능하다. 말하자면 데이터 조작은 정해진 함수 내에서만 가능하도록 하는 것이다. 우리가 지금 절차적 추상화와 데이터 추상화를 따로 언급하여 살펴보았지만, 객체지향에서는 이 두 기법이 매우 밀접한 연관이 있다. 사실, 데이터 추상화에 데이터 접근을 제한하는 기법은 바로 뒤에서 나오는 데이터 은닉(Encapsulation)이라는 개념을 통해서 해결할 수 있다.

3 데이터 은닉(Encapsulation)

Encapsulation은 '캡슐화한다'는 뜻을 가지고 있다. '캡슐'이라는 단어는 외부에서 그 내부를 볼 수 없게 한다는 느낌을 주는데, 우리가 감기약을 먹을 때 들어 있는 캡슐약의 경우, 그 효능에 대해서는 우리가 알고 먹지만 그 내부 성분에 대해서는 알지 못한다. 타임 캡슐과 같은 경우에도 그 외부는 볼 수 있을지라도 내부의 내용에 대해서는 알지 못한다.

따라서 Encapsulation을 적절히 해석해 본다면 결국 은닉, 즉 '숨긴다'는 의미가 된다. 프로그래밍 관점으로 데이터 은닉이라는 용어를 다시 정리하면 앞에서 배웠던 데이터 추상화 시에 데이터를 외부로부터 숨기는 것으로 정리할 수 있다.

하지만 데이터는 누군가에 의해 조작되어야 하는데 이처럼 마냥 숨기기만 하면 그 데이터는 무용지물이 된다. 그래서 외부로부터 데이터를 조작할 수 있는 인터페이스가 필요하며, 그것이 바로 '멤버함수'이다.

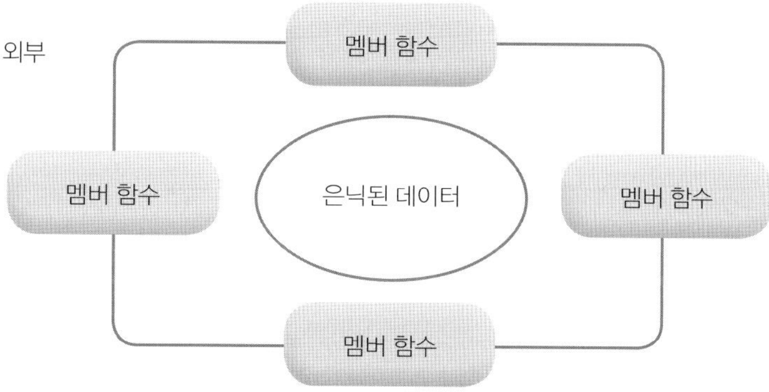

그림을 보면 하나의 그룹 안에 은닉된 데이터와 멤버함수가 존재하고 있다. 데이터와 멤버함수가 모두 외부에 공개된다면 진정한 은닉화가 되었다고 볼 수 없으므로, 은닉된 데이터는 외부로부터 숨기고, 외부로는 멤버함수만 공개하여 은닉된 데이터를 접근할 수 있는 방법은 오직 멤버함수로 제한하였다. 이것이 진정한 은닉화의 형상이다.

4 다형성(Polymorphism)

객체지향 프로그래밍에서 강력하게 제공되는 기능 중 하나가 바로 다형성(Polymorphism)이다. 말하자면 하나의 함수 이름으로 여러 개의 다양한 함수를 정의할 수 있는 기법인데, C 언어에서는 각 함수를 함수의 이름으로 구분했다면, 객체지향 프로그래밍에서는 함수의 이름이 같더라도 전달 인자의 타입이나 개수, 혹은 상속 관계 여부에 따라서 다양하게 처리될 수 있다. 이를 C++에서는 전문 용어로 각각 '오버로딩(Overloading)' 및 '오버라이딩(Overriding)' 기법이라고 하는데, 이것은 매우 중요한 개념이다.

설명이 조금 어렵게 느껴지더라도 지금은 개념을 설명하는 단계이므로 이런 것이 있구나 정도로 가볍게 보고 넘어가길 바란다. 어차피 뒤에서 자세하게 다룰 것이기 때문이다.

1. 오버로딩(Overloading)

스타크래프트의 저그 종족에 나오는 해파리 같이 생긴 오버로드라는 유닛을 알고 있는가? 이 유닛들을 보면 외향적으로 완전히 똑같이 생겼다. 이 오버로드는 다른 유닛들의 운송 수단으로 쓰인다. 예를 들면 1번 오버로드에는 저글링이 3마리 탈 수 있고, 2번 오버로드에는 저글링이 5마리 타고 있을 수 있으며, 3번 오버로드에는 저글링이 10마리 탈 수 있다. 외관적으로는 똑같이 생긴 오버로드지만 탑승하고 있는 저글링 수가 각각 다른 것이다.

자, 이제 프로그래밍 관점으로 가 보자. 앞에서 오버로드를 예로 든 것처럼 겉으로 보이는 모습이 똑같은 함수들이 있다. 즉 이름이 똑같은 함수들을 말하는 것이다. 이 함수들의 차이는 전달인자의 타입 혹은 전달인자의 개수이다. Add()라는 여러 수를 더하는 기능을 가진 함수를 예로 들어 보겠다.

```
int Add(int a, int b);
int Add(int a, int b, int c);
float Add(float a, float b);
```

함수 이름은 모두 Add()라는 이름으로 동일하다. 함수의 정의는 생략하도록 한다.

외부에서 만약 Add()라는 함수를 호출한다 했을 때, 이름이 같은 3개의 함수 중 어떤 함수를 호출할 수 있을까? 바로 함수의 전달인자의 타입, 혹은 전달인자의 개수를 보고 판단한다. 앞에서 예를 든 오버로드의 저글링 탑승 숫자와 매칭시켜 생각해 보면 이해가 빠를 것이다.

정리하면, 오버로딩(Overloading)이란 같은 이름의 함수들이 존재하고, 전달인자의 개수나 전달인자의 타입이 다른 경우를 통해 구분하여 호출하는 것을 말한다.

2. 오버라이딩(Overriding)

오버라이딩의 의미를 분석해 보면 '위로 올라탄다'는 느낌이 든다. 말하자면 기존의 것을 그대로 두고, 그 위에 올라타서 다시 재정의한다고 생각하면 될 것 같다. 오버라이딩의 개념을 이해하기 위해서는 우선 상속관계를 이해해야 하는데, 먼저 개념적으로만 이해하도록 하자. 예를 들어 나 자신이 부모님으로부터 재산을 상속받았다고 하자. 집, 자동차, 부동산 등을 받았다고 가정할 때 내가 상속받은 집 내부 중에 욕실 인테리어가 마음에 들지 않아서 상속받은 자식인 나는 욕실 인테리어를 다시 하였다. 그 외에 다른 부분은 마음에 든다. 즉, 나는 상속받은 유산 중에 집의 욕실만 보수하고 나머지는 그대로 사용한다는 것이다.

이를 프로그래밍 관점에서 다시 조명해 보면 부모로부터 상속받은 자식은 부모의 기능들이 마음에 들면 그대로 사용하고, 마음에 들지 않는 부분이 있다면 재정의해서 사용할 수 있다는 말이다. 이것이 바로 오버라이딩(Overriding)의 기본 개념이다.

5 상속성(Inheritance)

객체지향 프로그래밍의 가장 대표적인 특징이라고 할 수 있는 것이 바로 상속(Inheritance)이다. 상속이란, 우리가 상식적으로 알고 있는 개념 그대로 상속을 하는 입장의 클래스가 부모 클래스가 되고, 상속을 받는 입장의 클래스가 자식 클래스가 된다. 그래서 부모 클래스는 자신이 가지고 있는 모든 속성과 기능을 자식에게 물려줄 수 있고, 자식 클래스는 부모 클래스의 모든 속성을 물려받아 사용할 수 있다.

부모 클래스로 갈수록 속성이나 기능이 점점 추상적이고 일반화됨을 볼 수 있고, 자식 클래스로 갈수록 점점 구체적이고, 특수화됨을 볼 수 있다. 우리가 상속을 설명할 때 가장 많은 예를 드는 것이 생물 분류법인데, 대략 다음과 같은 구조를 갖는다.

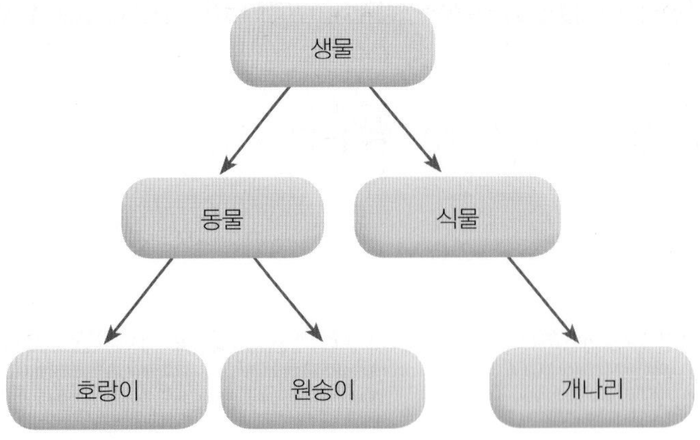

생물이라는 클래스가 있다고 가정했을 때, 생물이라는 클래스는 매우 일반적이고 추상적인 속성을 갖는 부모 클래스이다. 이를 통해 파생된 동물, 식물이라는 자식 클래스는 그나마 생물보다는 좀 더 구체화된 클래스이며, 동물 혹은 식물로부터 파생된 클래스인 호랑이, 원숭이, 개나리 등은 그 부모 클래스보다 더더욱 구체화된 클래스로 상속관계를 보여주고 있다.

실제로 상속을 활용하는 예를 들어 보겠다. 예를 들어 B라는 프로젝트를 진행하려 하는데, B라는 프로젝트에서 사용하려는 기능이 얼마 전 종료한 A라는 프로젝트의 기능과 유사하여, A라는 기능을 조금만 수정하면 좋을 것 같다. 이러한 경우 A라는 프로젝트를 B라는 프로젝트로 상속을 하고, B라는 프로젝트에서 내가 재정의하고 싶은 기능을 재정의하여 사용하면 된다. 결국 A 프로젝트에서 했던 수고를 되풀이하지 않고, B 프로젝트에서는 비용을 절감한 셈이 된다.

결국 정리하자면 상속의 궁극적인 활용 목적은 코드의 재사용성에 있다.

C에서 C++로 확장

이번 장에서는 기존의 C 언어에서 확장된 C++의 특징을 짚어 보고, C 언어와 비교하여 어떤 차이점이 있는지, 어떤 점이 개선되었는지 확인해 보도록 하겠다.

C++의 어원은 C With Class이다. 즉, C 기반에 클래스 개념을 도입한 형태이다. C++의 창시자 스트라우스트럽(Straustrup)은 C의 시스템 프로그래밍에 대한 효율성과 유연성을 제공하기 위해 C++을 만들었다고 하였다. 즉, C++은 C를 기반으로 하고 있고, 내부에는 C의 특징들이 그대로 드러나고 있다. 그와 더불어 기존의 C에서의 불편함이나 개선할 사항들에 대해서는 C++의 표준으로 발전시켜 확장하였다. 우리는 이 시간에 기존 C에서 C++로 확장된 개념에 대해서 알아보도록 할 것인데, 크게 5가지의 확장된 개념으로 변수의 선언 위치, 함수 매개변수의 기본값, 영역 결정 연산자, 인라인 함수, 함수 오버로딩 등에 대해 살펴보게 될 것이다.

1 C++ 프로그래밍의 기본 구조

1. Hello C++ 출력하기

C++의 세계에 오신 것을 환영한다. 어떤 프로그래밍 언어 책이든 늘 시작할 때 거쳐가는 과정이 바로 "Hello World"를 출력하는 과정이다. 이 단순한 문자열을 출력하는 과정은 참으로 의미가 있는 일이다. 어떤 건축물의 시공 시 첫 삽이나, 우주인의 달나라 착륙 시 첫 발, 혹은 야구 개막 경기의 시구와 같은 처음 발을 내딛는 과정은 그 자체로 매우 고무적이고 의미가 있는 것이다. 우리도 이제 C++을 시작하는 단계에서 첫 발을 내딛는 의미로 "Hello C++"이라는 문장을 화면에 출력해 볼 것이다.

프로젝트 생성하기

먼저 코딩을 하기 앞서서 프로젝트를 생성하도록 하겠다. 우리가 작성하는 코드는 학습용이고, 코드 양도 많지 않기 때문에, Visual C++ 6.0 버전을 사용하도록 하겠다. 사실 Visual C++ 계열을 처음 접해본 사용자 입장에서는 이 버전이 구하기도 쉽고, 사용법을 익히기에 간편하다.

01. 먼저 Visual C++ 6.0을 실행하도록 하자. 프로그램이 실행되었으면 다음과 같이 상단 메뉴에서 [File]-[New]를 선택하도록 하자.

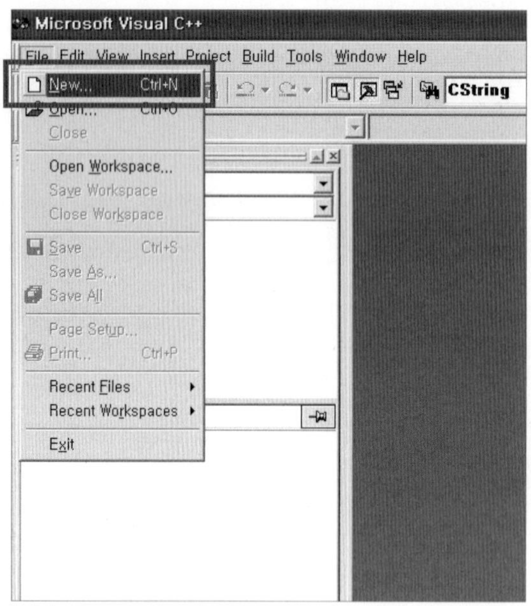

02. 다음과 같이 [New] 대화상자가 나타나면 [Project] 탭에서 [Win32 Console Application]을 선택하도록 하자. 우리는 콘솔 기반의 프로그램을 작성할 것이기 때문이다. 오른쪽 'Project name'에는 프로젝트 이름을 적어 주고 [OK] 버튼을 누르자.

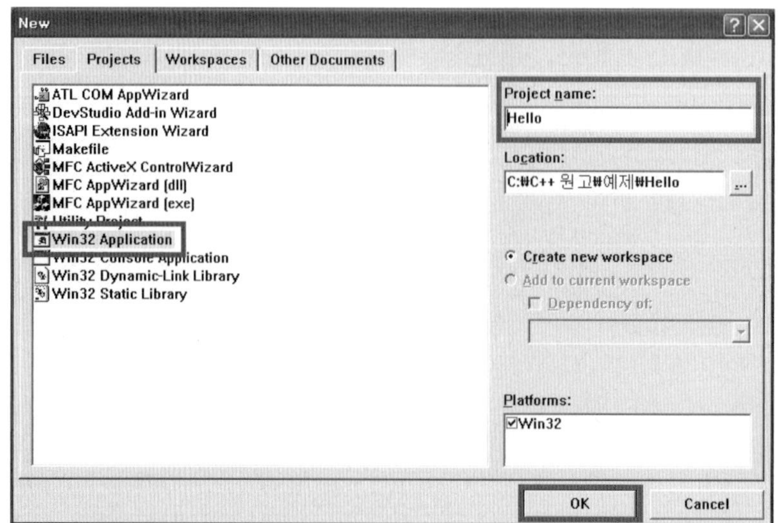

03. 이어 나타나는 대화상자에서 [An empty project]를 선택하여 빈 프로젝트를 만들도록 한다. 즉, 자동으로 생성되는 것은 아무것도 없이 달랑 프로젝트만 생성이 되는 것이다. [Finish] 버튼을 누르자.

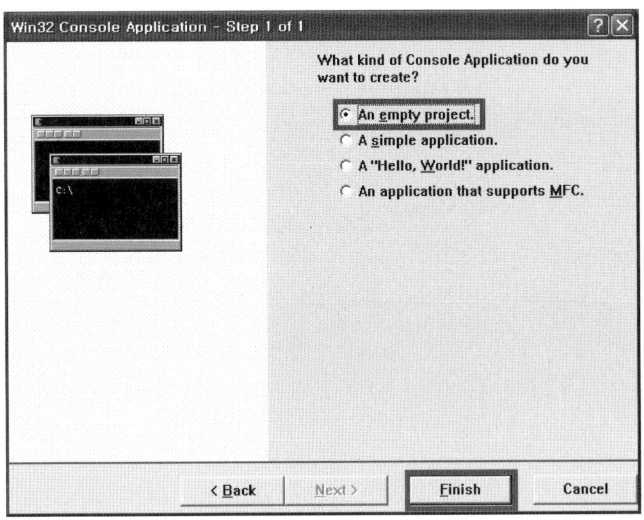

04. 이제 우리가 직접 코딩할 구현 파일을 만들어 보도록 하겠다. 다음과 같이 다시 [File]-[New]를 선택하도록 한다.

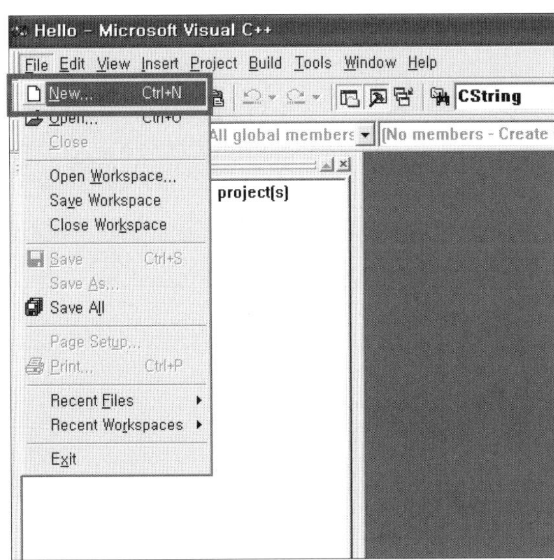

05. [New] 대화상자가 나타나면 [Files] 탭을 선택하고, 목록 중에 [C++ Source File]을 선택한다. 말하자면 실제 C++ 코드를 구현할 소스 파일인 cpp 파일을 만드는 과정이다. 그리고 오른쪽 'File' 항목에 실제 저장할 cpp 파일의 이름을 기재한다. 작성이 끝났으면 [OK] 버튼을 누르자.

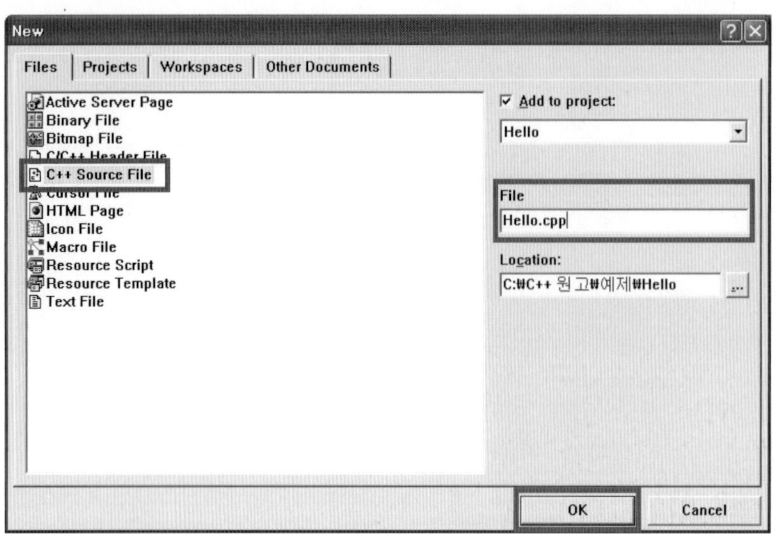

06. 다음과 같이 프로젝트와 소스 구현 파일이 왼쪽 솔루션 탐색기에 배치되어 나타날 것이고, 오른쪽에는 소스 구현 파일이 배치되어 보일 것이다.

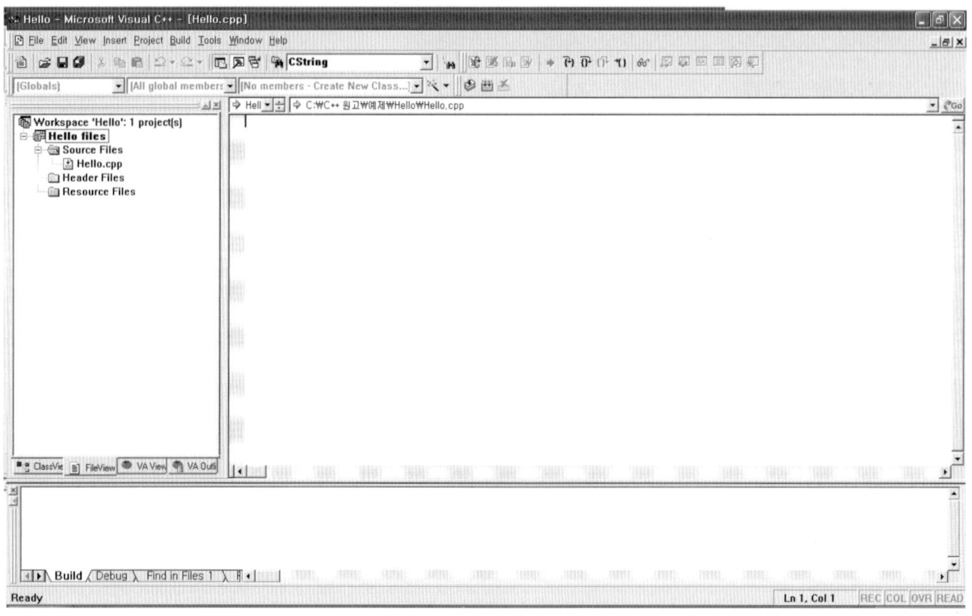

프로젝트 및 소스 파일 생성은 끝났다. 이제 코드를 구현하는 일만 남았다.

코드 작성하기

방금 우리가 만든 'Hello'라는 프로젝트의 'Hello.cpp' 파일에 다음과 같이 코드를 작성해 보도록 하자.

● 2장\Hello\Hello.cpp

```
#include <iostream>
int main()
{
    std::cout<<"Hello C++"<<std::endl;
    return 0;
}
```

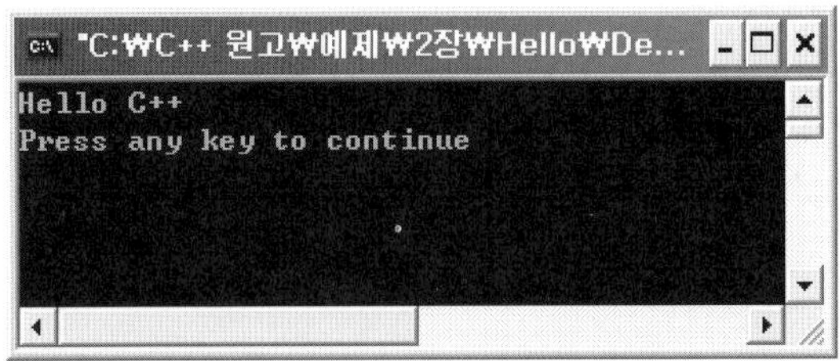

일단 무슨 의미인지 모르고 자판을 치기는 했으나, 콘솔 창에 "Hello C++"이라는 문자열이 찍히는 역사적인 순간이다. 코드 자체는 그다지 어려운 부분은 없다. 각 라인별로 코드의 의미를 살펴보도록 하겠다.

#include 〈iostream〉

io는 input과 output의 약자이다. 그리고 stream은 '흘러간다'라는 의미를 가지고 있다. 의미를 조합해 보면 입출력을 흘러가도록 해주는 역할을 하는 라이브러리라고 생각할 수 있겠다. 이 입출력 라이브러리를 #include 문을 통해서 포함하겠다는 의미이다. C 언어에서 stdio.h를 사용하였다면 C++에서는 iostream을 사용한다고 생각하면 된다.

main()

프로그램의 시작이 되는 지점이다. main() 함수는 C++에서 가장 기본적으로 존재해야 하는 함수로 반드시 한 개만 존재해야 한다.

그룹화 괄호 { }

함수를 정의할 때 하나의 그룹을 묶어 주기 위해서 이 괄호를 사용한다. main() 함수에서 함수의 시작과 끝을 나타내는 의미로 {}가 사용된 것이고, 이 그룹화 괄호는 함수뿐 아니라 분기문이나 제어문과 같은 곳에서도 사용할 수 있다.

std::cout 객체

cout은 C++에서 어떤 내용을 화면에 출력하려 할 때 사용하는 출력 객체이다. 앞에 std는 이름공간(namespace)을 나타내는 것으로, std::cout는 std라는 이름공간에 존재하고 있는 cout 객체를 사용하겠다는 의미이다.

<< 연산자는 cout 객체를 통해 출력 시에 사용되는데, 뒤에서 입력 시에 사용하는 cin 객체의 >>와 헷갈릴 수 있다. 그런데 이 모양의 의미만 잘 파악하면 어렵지 않다. cout<<"Hello C++"; 이 문장에서 << 연산자의 화살표 방향은 cout쪽으로 가리키고 있다. 이것은 문자열을 cout 쪽으로 집어 넣겠다는 의미로 생각하면 된다. 다시 말해서 cout 객체가 화면 출력 객체이므로 문자열을 화면에 집어 넣었다고 생각하면 된다.

2. 출력 객체 cout

cout은 출력을 담당하는 객체로 ostream 클래스를 통해 정의하고 있다. 일반적으로 객체라는 것은 클래스를 통해서 만들어지게 되는데, C++에서는 ostream 클래스를 통해 이미 cout이라는 객체를 생성해 놓고, 사용자로 하여금 바로 객체를 사용할 수 있도록 제공하고 있다. cout 객체는 C 언어의 printf() 함수처럼 다양한 타입의 자료형에 대해서 출력을 할 수 있는데, printf() 함수에서처럼 서식 문자를 사용하지 않아도, cout 객체는 각 타입을 자동으로 인식하므로 사용하기가 더 편리하다. 다음의 예를 보도록 하자.

다양한 형태의 타입 출력

⬤ 2장\Hello\Hello.cpp

```cpp
#include <iostream>
int main()
{
    int a = 10;
    float b = 3.14f;
    char c = 'A';

    std::cout<<a<<std::endl;
    std::cout<<b<<std::endl;
    std::cout<<c<<std::endl;
    return 0;
}
```

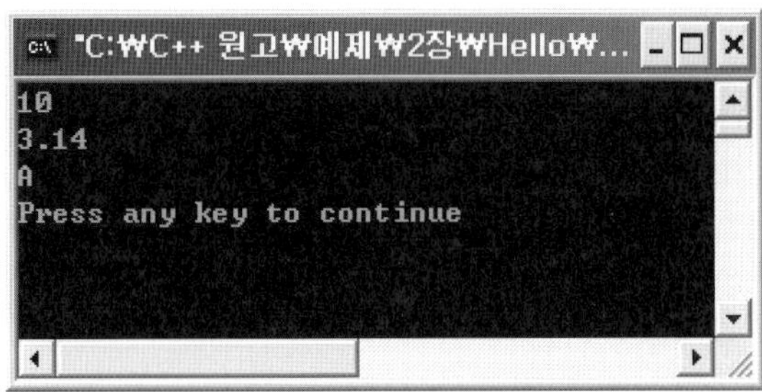

예제에서 현재 정수형, 실수형, 문자형 타입의 변수를 타입에 상관없이 cout 객체를 통해서 출력하고 있다. 즉, 사용자가 출력 시에 타입에 따른 별도의 서식이 필요 없이 cout 객체를 통해 변수를 출력하면 자동으로 변수 타입에 맞는 서식으로 출력해 주는 것이다.

> **std::endl의 의미**
> 소스 코드의 변수 끝에 보면 std::endl이라는 문장을 볼 수 있는데, 이는 한 문장을 개행해 주는 역할을 하는 객체이다. 이 객체 또한 iostream에 포함되어 있는 객체이고, std라는 이름공간에 존재하므로, 사용 시 std를 앞에 붙여 주고 있다. C언어에서 "\n"의 역할과 같다.

이름공간(namespace)에 대해서

이름공간이란 어느 특정 공간에 이름을 지정해 준다는 뜻으로, 이름이 사용되는 공간의 영역을 지정하는 것이다. 소스 코드로 말하면 여기서 저기까지는 이러한 이름을 가진 공간이라고 지정하는 것이다.

예를 들어 보자. A학급에 주성이라는 이름을 가진 아이가 있다. 그런데 B라는 학급에도 같은 이름을 가진 주성이라는 아이가 있다. 그런데 만약 누군가가 "주성아"라고 외친다면 A학급의 주성이와 B학급의 주성이가 모두 반응을 하게 될 것이다. 왜냐하면 이름을 부른 사람의 호출이 정확하게 누구를 불렀는지 애매하기 때문이다. 이때 정확하게 "A학급의 주성아", 혹은 "B학급의 주성아"라고 부른다면 구분이 정확할 것이다.

이것이 이름공간의 문제점과 해결 방법이다. 이 개념을 소스 코드로 옮겨서 고찰해 보도록 하자. 두 가지 소스 코드를 살펴볼 것인데, 하나는 이름공간을 사용하지 않아서 모호한 상황에서 호출할 때 문제가 되는 코드이고, 다른 하나는 모호한 상황의 코드를 이름공간을 사용함으로써 해결하는 코드이다.

```cpp
#include <iostream>
void func(void)
{
    std::cout<<"A학급 주성"<<std::endl;
}
void func(void)
{
    std::cout<<"B학급 주성"<<std::endl;
}

int main()
{
    func();
    return 0;
}
```

이 코드는 func()이라는 이름의 두 함수를 정의하였다. 함수의 이름도 똑같고, 전달인자 또한 없다는 의미로 void를 사용한 것까지 동일하다. 그러므로, main() 함수에서 func() 함수 호출 시 두 개의 같은 함수가 정의되어 있으므로, 다음과 같은 에러를 유발시킨다.

function 'void __cdecl func(void)' already has a body

즉, 이미 func() 함수의 정의가 되어 있다는 의미이다. 물론 각 함수의 내부 내용은 다르지만, 함수를 호출하는 입장에서는 두 개의 같은 함수가 존재하고 있는 것이다. 이는 이름공간을 사용해서 다음과 같이 해결할 수 있다.


```cpp
#include <iostream>
namespace A
{
    void func(void)
    {
        std::cout<<"A학급 주성"<<std::endl;
    }
}
```

```cpp
namespace B
{
    void func(void)
    {
        std::cout<<"B학급 주성"<<std::endl;
    }
}
int main()
{
    //A::func();
    B::func();
    return 0;
}
```

위 코드에서는 namespace라는 키워드를 통해서 각각 A, B로 구분하였다. 그래서 같은 이름의 함수가 정의되어 있을지라도, namespace A의 func() 함수와 namespace B의 func() 함수로 구분되며, 함수 호출 시 namespace의 이름을 통해 구분 호출하도록 하고 있다.

그런데, 이 문장을 보면 뭔가 익숙한 느낌이 든다. 우리가 Hello C++을 출력 시 std::cout이라는 문장을 썼던 것과 흡사하다는 생각이 들 것이다. 즉, std 키워드는 앞에서 예시로 들었던 A, B와 같이 하나의 이름공간을 나타내는 것이다. 결국 std::cout의 의미는 std 이름공간에 있는 cout이라는 객체를 사용하라는 의미이다. 그래서 우리는 이미 std라는 이름공간을 사용하고 있었던 것이다.

또, 출력 객체 cout이나 개행 객체 endl을 사용할 때 매번 std::를 앞에 붙여 주었다. 모든 객체를 사용 시마다 std::를 앞에 붙여서 사용하는 일은 매우 번거로운 일이 될 것이다.

앞에서 작성했던 예제를 다시 살펴보도록 하자.

🔘 2장\Hello\Hello.cpp

```cpp
#include <iostream>
int main()
{
    int a = 10;
    float b = 3.14f;
    char c = 'A';

    std::cout<<a<<std::endl;
    std::cout<<b<<std::endl;
    std::cout<<c<<std::endl;
    return 0;
}
```

이 예제를 보면 a, b, c의 값을 각각 출력할 때 출력 객체 cout와 개행 객체 endl을 사용하였는데, 객체를 사용할 때마다 std:: 이름공간을 매번 붙여 주는 번거로움이 있다. 이를 해결하기 위해 이름공간을 한번 선언하고 나면 그 이후에는 이 이름공간에서만 사용할 수 있도록 하는 편리한 선언 방법이 있는데, 그것이 바로 using 키워드이다. 앞의 예제에서 사용했던 std:: 이름공간 사용법을 다음과 같이 간편하게 변경할 수 있다.

● 2장\Hello\namespace.cpp

```cpp
#include <iostream>
using namespace std;
int main()
{
    int a = 10;
    float b = 3.14f;
    char c = 'A';

    cout<<a<<endl;
    cout<<b<<endl;
    cout<<c<<endl;
    return 0;
}
```

그 동안 객체를 사용할 때마다 따라 붙었던 std::가 모두 빠지고, 대신 코드 상단에 using namespace std;를 선언해 줌으로써, 선언 이후 사용하는 모든 객체는 std 이름공간에서 사용할 수 있게 된 것이다. 코드상에서 우리가 해야 할 귀찮은 일이 많이 줄어든 셈이다. 이름공간에 대한 이야기는 이쯤에서 마무리 하도록 하겠다.

3. 입력 객체 cin

C++에서는 cin 객체를 통해 입력을 할 수 있다. cin은 iostream 클래스에 정의되어 있는 객체이므로, #include <iostream>을 기술한 후에 곧바로 사용할 수 있다.

사용 형식은 cout 객체와 비슷한데, cout이 << 연산자를 사용하였다면, cin은 >> 연산자를 사용하면 된다. cout<<a는 a라는 변수를 출력장치로 보낸다는 의미이고, cin>>a의 경우 방향이 반대이므로 장치로부터 a라는 변수에 값을 입력받겠다는 의미이다.

간단한 입력 예제를 통해 cin의 사용법을 살펴보도록 하자.


```cpp
#include <iostream>
using namespace std;
int main()
{
    int a ;
    float b ;
    char c;

    cin>>a;
    cout<<"정수값 출력 : "<<a<<endl;
    cin>>b;
    cout<<"실수값 출력 : "<<b<<endl;
    cin>>c;
    cout<<"문자값 출력 : "<<c<<endl;
    return 0;
}
```

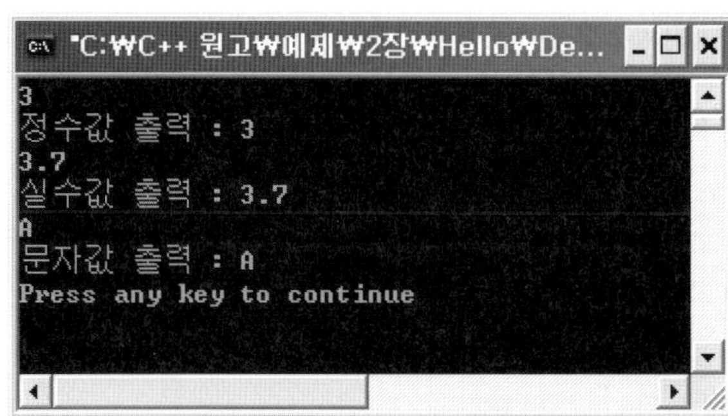

　각각 정수형 변수 a, 실수형 변수 b, 문자형 변수 c를 선언하고, cin 객체를 통해서 사용자로부터 직접 입력을 받고 있다.

cin의 입력 함수 get()

　cin 객체는 전형적인 입력 개체이면서, 내부적으로 제공하는 멤버함수들이 있다. 그 중에 단일 문자를 입력받는 get() 함수가 있다. get() 함수의 전달인자로 문자형 변수를 지정해 주면, 입력된 문자가 해당 문자형 변수에 저장된다.

　다음 코드를 작성해 보자. 문자를 입력받아 화면에 출력해 주는 예제이다.

```cpp
#include <iostream>
using namespace std;
int main()
{
    char ch;

    while(cin.get(ch))
    {
        cout<<ch;
    }
    return 0;
}
```

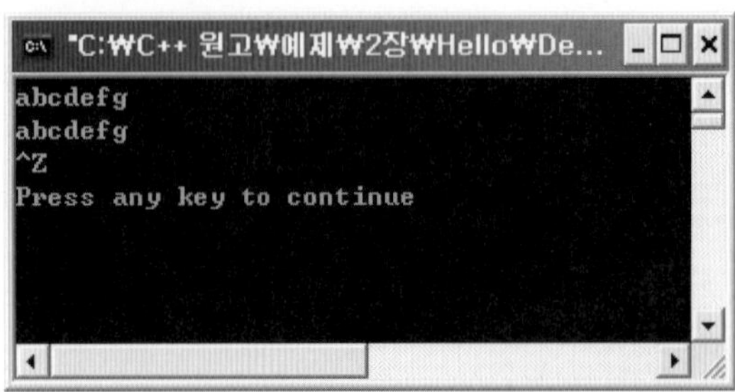

결과를 보면 'abcdefg'라는 문자열을 사용자가 입력하였고, 입력한 문자열을 cin 객체의 스트림이 가지고 있다가 while 루프를 통해서 문자열의 마지막인 NULL이 나올 때까지 문자 하나씩 가져와서 출력하는 형태이다. get() 함수의 원형은 다음과 같다.

```cpp
istream& get ( char& c );
```

스트림으로부터 문자를 가져와서 c에 저장한다. 더 이상 문자를 입력받지 않고자 할 때는 Ctrl+Z 키를 누르면 cin.get(ch)가 NULL을 리턴하므로 while문을 벗어나게 된다.

cin의 입력 함수 getline()

get() 메소드로 문자열을 읽었지만, 이는 루프문을 통해서 한 문자씩 조합해 입력한 형태이다. 그런데 이렇게 하지 않고 문자열만 전문적으로 읽어올 수 있는 함수가 있는데, 바로 getline() 함수이다. 함수의 원형을 보면 다음과 같다.

```cpp
istream& getline ( signed char*, int, char = '\n' );
```

첫 번째 전달인자는 실제 입력한 문자열을 저장할 포인터 변수이고, 두 번째 전달인자는 최대로 읽을 수 있는 문자 길이의 최대값을 나타낸다. 마지막 전달인자는 디폴트 초기값이 '\n'으로 설정되어 있음을 볼 수 있는데, 이는 해당 문자('\n')가 나올 때까지 문자열을 읽겠다는 의미이다. 즉, Enter 키가 눌리기 전까지 문자열을 읽겠다는 뜻이다. 그런데 마지막 전달인자의 경우 디폴트 초기값이 설정되어 있으므로, 실제로 함수 호출 시 마지막 전달인자를 생략해도 무방하다. 다음과 같이 문자열을 20개까지만 입력받아서 출력하는 예제를 작성해 보자.

● 2장\Hello\Cin.cpp

```cpp
#include <iostream>
using namespace std;
int main()
{
    char strline[20];
    cout<<"문자열 입력 : ";
    cin.getline(strline, 20);
    cout<<"입력받은 문자열 : "<<strline<<endl;
    return 0;
}
```

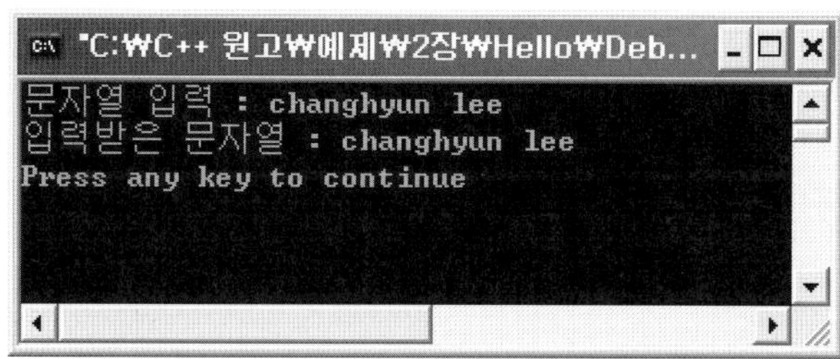

strlilne[20]이라는 이름의 변수를 배열로 선언하였다. 총 19개의 문자를 입력할 수 있는 메모리 버퍼를 할당하였고, getline() 함수의 두 번째 전달인자(문자 길이의 최대값)가 20으로 설정되어 있는데, 실제 길이는 최대값 -1이다. 그래서 총 19개의 문자를 입력받을 수 있다. 물론 입력하는 자체에는 제한이 없으나, 입력한 문자열 변수의 출력은 최대 19개까지만 가능하다.

지금까지 C++에서의 기본적인 코드 구조와 입출력 객체에 대해서 살펴보았다. 이제부터는 기존에 우리가 알고 있던 C 언어 기반 코드에서 C++ 언어로 넘어오면서 어떤 차이점이 생겼는지, 어떤 기능이 추가되었는지 그 특징에 대해서 살펴보도록 하겠다.

2 변수의 선언 위치

1. C 언어에서의 기존 규칙

C 언어 기반에서는 변수 선언 위치가 정해져 있었는데, 코드가 시작되는 위치에서만 변수를 선언할 수 있었다. 이 규칙을 지키지 않는다면 C 언어 기반에서는 컴파일 에러를 유발시킨다. for 루프문에서 사용하는 변수가 대표적인 예가 될 수 있는데, C 언어에서는 for 루프를 다음과 같은 형태로 사용하였다.

```
int a;
for(a = 0; a < 100; a++)
{
        .................
}
```

변수 a는 시작 위치에서 미리 선언을 하고, 루프문 안에서 초기화 및 연산을 하고 있다. C 언어의 가장 기본적인 변수 사용 형태이다.

2. C++ 언어에서의 새로운 규칙

C++ 언어로 넘어오면서 변수의 선언 위치에 대한 규칙에 변화가 생겼다. C 언어에서는 코드 블록의 시작 위치에서만 변수를 선언할 수 있었던 것과 달리 C++에서는 내가 어떤 임의의 변수를 사용하고 싶을 때, 변수를 사용하는 곳에서 가장 가까운 위치에 변수를 선언할 수 있도록 하였다. 앞에서 예를 들었던 for 루프문을 가지고 예를 들어 보도록 하겠다.

```
for(int a = 0; a < 100; a++)
{

    ..................

}
```

앞에서 살펴보았던 C 언어 기반의 변수 선언과 차이점이 있다면 int a 변수 선언이 외부가 아닌 for문의 변수 초기화 설정 시에 이루어지고 있다는 점이다. 즉, 변수 a는 내가 루프문 동작 시에 사용할 변수이므로 for문 초기화 시에 선언하였다. C++은 변수 선언 시에 변수 선언 위치와 상관없이 내가 원하는 위치에 변수를 선언하여 사용하면 된다.

> C++의 변수 선언 위치가 자유롭다고 하여 변수를 코드상에 무분별하게 마구 선언해 놓으면, 이 코드를 유지보수 할 때 이전에 사용된 변수가 어디에 선언되어 있는지도 찾기 힘들어지고, 또 변수 관리가 제대로 되지 않아 메모리 낭비를 초래할 수도 있다는 점에 유의하자.

3 함수 전달인자의 기본값

1. C 언어에서의 기존 규칙

기존 C 언어에서 함수 생성 시 필요한 요소가 함수의 선언부와 함수의 구현부였다. 함수의 선언부는 이 함수의 원형(Function Prototype)을 나타내는데, 함수의 반환 타입, 전달인자의 타입, 전달인자의 개수 등을 나타내는 역할을 하였다. 다음과 같이 전달인자가 두 개인 func()이라는 이름의 함수를 선언하자.

```
void func(int a, int b);
```

이 함수를 호출할 때는 일반적으로 다음과 같이 호출할 것이다.

```
func(10, 20);  //매개변수 값은 각각 10과 20
```

결국 함수의 전달인자로 각각 10과 20이라는 값을 넣어 주고 있다.

2. C++ 언어에서의 새로운 규칙

C++의 경우 이러한 함수의 원형을 선언할 때 매개변수에 기본값을 지정할 수 있다는 특징이 있다. 여기서 말하는 기본값이란 함수를 호출하는 입장에서 전달인자로 값을 대입할 것인데, 이때 전달인 자로 값을 넘기지 않는다면 방금 함수의 원형에서 언급했던 기본값이 그대로 쓰이게 되는 것이다.

말로만 설명을 하니 무슨 말인지 잘 이해가 되지 않을 수도 있다. 예를 들어 보자. C++에서 다음 과 같이 함수를 하나 선언했다고 하자. 앞에서 들었던 예와 똑같은 함수인데 다만 여기에는 선언부 전달인자에 기본값이 설정되어 있는 형태이다.

```
void func(int a = 10, int b = 20);
```

그런데 함수의 선언에 보면 전달인자만 설정된 것이 아니라, 전달인자의 기본값이 각각 10과 20 으로 설정되어 있다. 이는 우리가 알고 있었던 문법과 비교해 보면 이례적이다. 이 함수를 우리가 호 출한다고 한다면 일반적으로 다음과 같이 호출할 것이다.

```
func(100, 200); //전달인자의 값은 각각 100과 200
```

그런데 이러한 호출 방법 외에, 기본값을 사용할 수 있도록 한 호출 방법이 있는데, 다음과 같이 호출할 수도 있다.

```
func(50); //첫 번째 전달인자 50, 두 번째 전달인자 생략 (50,20)
func(); //첫 번째, 두 번째 전달인자 모두 생략 (10, 20)
```

함수의 전달인자를 한 개만 대입하여 주면(func(50)), 첫 번째 전달인자에 적용되고, 두 번째 전달 인자는 생략이 되어 기본값이 적용된다. 즉, func(50, 20)으로 호출되는 것이다. 그리고, 함수의 전 달인자를 모두 입력하지 않는다면(func()), 두 전달인자 모두 기본값이 적용된다. 즉, func(10, 20) 으로 호출되는 것이다. 다음과 같이 예제를 작성해 보자.

```cpp
#include<iostream>
using namespace std;
void func(int a = 10, int b = 20);
void main()
{
    func();    //전달인자 없음, 기본값 사용
    func(100);    //첫 번째 전달인자, 두 번째 기본값 사용
    func(100,200);    //첫 번째, 두 번째 모두 전달인자 사용
}
void func(int a, int b)
{
        cout<<"두 전달인자 출력 :"<<a<<"  "<<b<<endl;
}
```

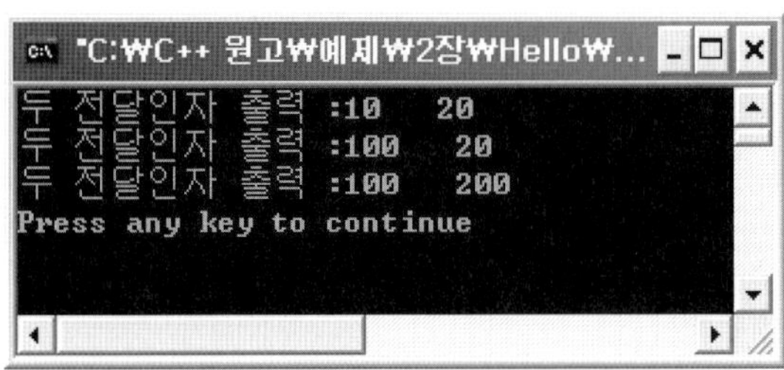

4 영역 결정 연산자(Scope Resolution Operator)

1. C 언어에서의 기존 규칙

이제 전역변수와 지역변수에 대해서 잠깐 이야기를 하도록 하겠다. 기존 C 언어에서는 전역변수와 지역변수가 같은 이름으로 선언되어 있을 때, 지역변수가 전역변수보다 우선권을 가졌다. 따라서 C 언어에서는 이러한 경우 지역변수가 사용되고 있으면 전역변수에 접근할 방법이 없었다. 다음 예를 통해서 살펴보도록 하자.

● 2장\Hello\Scope.cpp

```c
#include <stdio.h>

int nTemp = 10;

void main()
{
    {
        int nTemp = 20;
        printf("nTemp의 값은 : %d 이다.\n", nTemp);
    }
    printf("nTemp의 값은 : %d 이다.\n", nTemp);
}
```

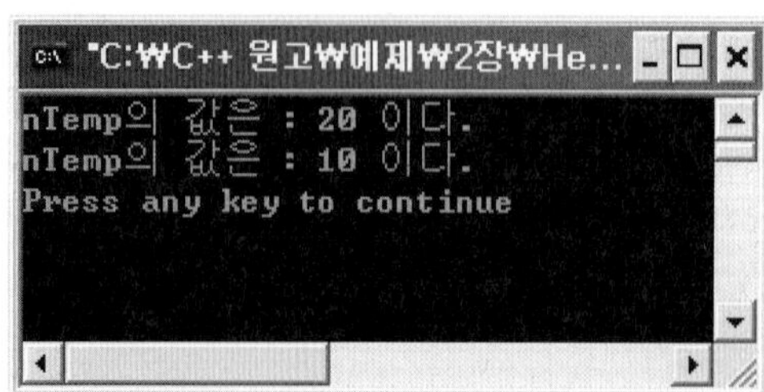

전역변수로 정수형 nTemp 변수를 선언하여 10이라는 값을 할당하였고, main() 함수 내에 { 과 } 사이에 영역을 주어서 정수형 nTemp 변수를 선언하여 20이라는 값을 할당하였다. printf() 함수를 통해 각각의 nTemp를 출력하는데, 지역변수가 전역변수보다 우선권이 있으므로 지역 내({ 과 } 사이)에서 출력 시 지역변수의 할당 값인 20이 출력되고, 지역을 벗어난 지역에서 출력 시에는 전역변수의 할당 값인 10이 출력되고 있다. 결국 C 언어에서는 전역변수를 지역 내에서 출력할 수 있는 방법이 없었다.

2. C++ 언어에서의 새로운 규칙

C++에서는 앞에서 살펴보았던 같은 이름의 전역변수와 지역변수 존재 시 지역 내에서 전역변수를 출력할 수 없었던 문제를 해결해 주고 있다. 그 해결 방법은 변수명 앞에 **영역 결정 연산자(::)**를 붙여 주어 전역변수에 접근할 수 있도록 하는 것이다. 앞의 예제를 이용하여 다음과 같이 코드를 작성해 보자.

● 2장\Hello\Scope.cpp

```cpp
#include <iostream>
using namespace std;

int nTemp = 10;

void main()
{
    {
        int nTemp = 20;
        cout<<"nTemp = "<<nTemp<<endl;
        cout<<"::nTemp = "<<::nTemp<<endl;
    }
    cout<<"nTemp = "<<nTemp<<endl;
}
```

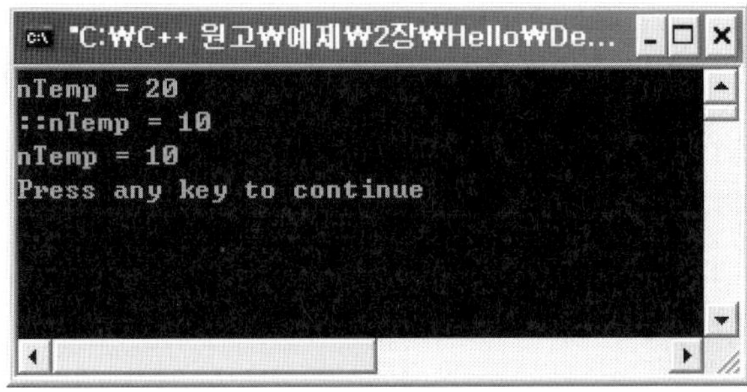

C++ 언어로 새로 작성하였다. 기존 C 언어로 작성했던 예제와 기능은 거의 흡사한데, 지역 내({ 과 } 사이)에서 전역변수를 출력했다는 점이 기존 C 언어에서 작성했던 내용과의 차이점이다. 즉, 전역변수를 지역 내에서 출력 시 변수명 앞에 영역 결정 연산자(::)를 붙임으로써 외부의 전역변수를 출력할 수 있다.

5 인라인 함수(Inline Function)

1. 인라인 함수란?

C++ 언어에서는 인라인 함수라는 것을 제공한다. 인라인이라는 의미는 코드 라인 자체가 안으로 들어간다는 뜻인데, 이는 함수의 내용이 마치 호출자의 위치에 박혀 있는 것 같은 효과를 나타낸다. 인라인 함수는 #define문과 같은 매크로 사용 시의 단점을 보완하고, 일반 함수 호출 시 걸리는 부하를 덜어 주는 특징이 있다. 다음의 인라인 함수 작성 코드를 보자.

● 2장\Inline\Inline.cpp

```
#include <iostream>
using namespace std;
inline void print(void)
{
    cout<<"inline function"<<endl;
}
void main()
{
    print();
    print();
}
```

일반 print()라는 이름의 함수인데, 함수 타입 앞에 inline이라는 키워드가 붙어 있다. 이 함수를 main() 함수에서 두 번 호출하고 있는데, 그냥 보기에는 일반 함수 호출법과 별반 다르지 않다. 그런데 inline 키워드가 붙어 있는 이 함수는 마치 main() 함수 내에 코드가 직접 박혀 있는 것과 같은 효과를 나타낸다. 마치 다음과 같은 형태이다.

```
void main()
{
    cout<<"inline function"<<endl;
    cout<<"inline function"<<endl;
}
```

즉, 호출하는 부분에서 함수의 주소를 통해 함수 호출을 하는 것이 아니라, 직접 함수의 내용이 박혀 있는 형태이므로 성능은 좋을 것이다. 그러나 인라인을 너무 남발하게 되면 실행 코드 자체가 커지는 단점이 생길 수 있으므로, 인라인 함수는 아주 작고 자주 호출되지 않는 경우에 주로 사용하는 것이 좋다.

2. 인라인 함수의 장단점

인라인 함수는 C++ 언어에서 코드의 효용성을 고려해서 만들어진 기능인데, 잘 사용하면 장점이 극대화되고, 잘못 사용하면 오히려 단점이 될 수도 있다. 각 장단점을 살펴보도록 하자.

장점

인라인 함수는 #define 매크로와 기능이 유사하지만, 인라인 함수만의 장점이 있다.

① 인라인 함수의 전달인자에 데이터형을 체크할 수 있다.

② 매크로가 갖는 부작용 없이 일반 함수처럼 사용이 가능하다.

③ 디버깅이 가능하다. 즉, 현재 변수에 어떤 값이 들어가 있는지 알 수 있다.

다음의 코드는 #define의 매크로와 inline 함수의 기능을 비교한 예제이다.

● 2장\Inline\Inline.cpp

```cpp
#include <iostream>
using namespace std;
#define MAX(A,B) (A > B)? A : B
inline int max(int a, int b)
{
    if(a>b)
        return a;
    return b;
}
void main(void)
{
    int x = 10, y = 20, m;
    m = MAX(x++, y++);
    cout<<"x = "<<x<<", y = "<<y<<", m = "<<m<<"\n";
    x = 10, y = 20;
    m = max(x++, y++);
    cout<<"x = "<<x<<", y = "<<y<<", m = "<<m<<"\n";
}
```

```
"C:\C++ 원고\예제\2장\Inli...
x = 11, y = 22, m = 21
x = 11, y = 21, m = 20
Press any key to continue
```

코드 결과를 보면 #define을 사용한 결과와 inline 함수를 사용한 결과가 다르게 나타남을 볼 수 있다. 일단 결과만 놓고 보았을 때 인라인 함수를 사용하여 출력한 결과가 정상적으로 출력되었다.

우선 앞에서 이야기한 장점에 대해 인라인 함수가 그 장점들을 만족하고 있는지 살펴보도록 하자. 먼저 인라인 함수의 전달인자의 데이터형은 int로 그 타입을 알 수 있다. 그리고 형태는 일반 함수 정의와 똑같고, 함수 내부에 브레이크 포인트를 걸어서 디버깅 할 수 있다. 디버깅을 하게 되면 내부의 변수에 현재 어떤 값이 들어가 있는지 알 수 있다.

자, 그렇다면 이번에는 #define 매크로 사용 시 결과가 왜 다르게 나오는지 그 원인을 생각해 보도록 하자. 앞에서 정의한 매크로를 통해서 정의한 MAX가 어떻게 표현되는지 살펴보자.

마치 다음과 같은 형태이다.

```
m = MAX(x++, y++); → m = (x++) > (y++) ? x++ : y++
```

즉, MAX를 정의한 정의 코드를 풀어서 대입한 형태인데, x++, y++의 변수 비교 시에도 증가를 시키고 반환 시에도 증가를 시키고 있으므로, 결국 이 MAX 매크로를 실행시키게 되면 최대값은 2가 증가된다. 그래서 결국 y 값의 경우 20이 대입되었다면 실제로 MAX 매크로를 거쳐서 출력되는 y는 2가 증가한 22가 출력되는 것이다.

이러한 결과는 우리가 예상했던 것과는 전혀 다르다. 이와 같이 매크로 치환은 부작용을 야기할 수 있다. 그러나 이 기능을 똑같이 인라인 함수로 재구성하면 이러한 부작용을 없앨 수 있다.

단점

① 실행 코드가 커진다.

② 인라인 함수의 구현을 짧게 작성해야 한다. 만약 구현의 내용이 길어진다면 컴파일러는 인라인 함수를 일반 함수로 취급하게 된다.

인라인 함수를 사용함으로써 성능의 향상과 매크로의 부작용을 해결할 수 있다고 하지만, 인라인 함수를 너무 남발하게 되면 실행 코드 자체가 커지게 되는 단점이 있다. 그리고 인라인 함수의 모토는 1~3줄 정도의 짧은 코드를 함수화시킴으로써 효율성의 낭비를 막고자 함이었는데, 코드가 5줄 이상이 되어버린다면 굳이 인라인 함수를 사용할 이유가 없다. 즉, 일반 함수로 호출하는 것이 오히려 더 가독성도 좋고, 성능에도 큰 차이가 없을 것이다. 그러므로 인라인 함수는 짧은 코드인 경우만 사용하도록 하자.

6 함수 오버로딩(Overloaded Function)

1. 함수의 오버로딩이란?

함수의 오버로딩 기능은 C++ 언어의 특징적인 기능 중에 하나이다. 그렇다면 오버로딩(Overloading)이란 의미는 무엇인지 먼저 생각해 보도록 하자. 'over'는 '넘어서'라는 의미가 있고, 'loading'에는 '적재한다'는 의미가 내포되어 있다. 즉, 무언가 차곡차곡 쌓인다는 느낌이 든다. 결국 함수가 차곡차곡 쌓인다는 의미가 되는데, 정확하게 말하면 이름이 서로 다른 함수가 아닌, 이름이 똑같은 함수가 여러 개 쌓인다는 뜻이다.

C 언어 기반에서는 함수를 찾을 때 이름으로 찾게 되어 있는데, 이름이 똑같은 함수가 같은 영역에 공존할 수 있는 것일까? 물론 C 언어 기반에서는 불가능하다. 이름 기반으로 함수를 호출하는데, 이름이 같은 함수가 여러 개 있으면 컴파일러는 어떤 함수를 호출할 지 모르기 때문에, 컴파일 에러를 내고 만다. 이러한 문제를 C++에서는 함수의 오버로딩(Overloaded Function)이라는 기법으로 해결하고 있다. 오버로딩 된 함수들은 이름은 동일하지만, 전달인자의 타입이나 개수의 차이를 보고 다른 함수로 인식한다.

2. C 언어에서의 기존 규칙

C 언어 기반에서는 코드가 함수 단위이고, 해당 함수의 식별은 함수의 이름으로 하였다. 그러므로 절대로 같은 이름을 가진 함수가 존재할 수 없었다. 우리는 C 언어 기반에서 두 수를 입력 받아 더한 후에 반환하는 기능을 가진 함수를 작성해 보도록 하겠다. 그런데 더하는 대상의 타입은 정수가 될 수도 있고, 실수나 문자가 될 수도 있으므로 다양한 대상의 타입에 대한 처리를 해 주어야 한다. 따라서 기능 자체는 동일하더라도 각각 다른 이름의 함수를 정의하였다. 두 수를 더해서 반환하는 정수형 타입의 함수는 AddI()라는 이름으로, 실수형 타입의 함수는 AddD(), 문자형 타입의 함수는 AddC()라는 이름으로 정하였다. 그리고 각 함수를 호출 시 전달인자의 타입에 맞게 값을 정확하게 입력해 주어야 한다.

```c
#include <stdio.h>

int AddI(int a, int b);
double AddD(double a, double b);
char AddC(char a, char b);
void main()
{
    int        i;
    double     d;
    char       c, ch;

    i = AddI(10, 20);
    d = AddD(3.14, 1.59);
    ch = '1' - '0';
    c = AddC('A', ch);

    printf("정수값 출력 : %d\n", i);
    printf("실수값 출력 : %f\n", d);
    printf("문자값 출력 : %c\n", c);
}

int AddI(int a, int b)
{
    return a + b;
}
double AddD(double a, double b)
{
    return a + b;
}
char AddC(char a, char b)
{
        return a + b;
}
```

```
"C:\C++ 원고\예제\2장\Overloa...
정수값 출력 : 30
실수값 출력 : 4.730000
문자값 출력 : B
Press any key to continue
```

각 함수 AddI(), AddD(), AddC()를 살펴보면 결국 두 개의 전달인자를 받아서 덧셈 연산을 한 후 반환하는 역할을 하고 있다. 전달인자의 타입과 반환 타입만 차이가 있을 뿐 결국 기능은 똑같은 함수이다. 그렇다면 어차피 같은 기능을 하는 함수라면 이름을 통일하고 싶은 마음이 든다. 함수의 이름은 똑같이 설정하되, 전달인자의 차이로 구분할 수 있으면 좋을 것 같다. 이러한 기능을 C++에서는 함수의 오버로딩으로 제공하고 있는 것이다.

3. C++언어에서의 새로운 규칙

앞의 C 언어 기반의 예제를 함수의 오버로딩 기법을 적용하여 새로 작성해 보도록 하자. C++ 언어 기반에서는 함수의 식별 기준이 이름이 아니라 전달인자의 타입 혹은 개수이므로 함수의 같은 이름 사용이 가능하다. 앞에서 다양하게 설정했던 AddX() 함수들을 모두 Add()라는 이름으로 통일하도록 하자.

● 2장\Overloading\Overloading.cpp

```cpp
#include <iostream>
using namespace std;
int Add(int a, int b);
double Add(double a, double b);
char Add(char a, char b);

void main()
{
    int    i;
    double  d;
    char    c, ch;

    i = Add(10, 20);
    d = Add(3.14, 1.59);
    ch = '1' - '0';
    c = Add('A', ch);
     cout<<"정수값 출력 : "<<i<<endl;
     cout<<"실수값 출력 : "<<d<<endl;
     cout<<"문자값 출력 : "<<c<<endl;
}
```

```cpp
int Add(int a, int b)
{
    return a + b;
}
double Add(double a, double b)
{
    return a + b;
}
char Add(char a, char b)
{
    return a + b;
}
```

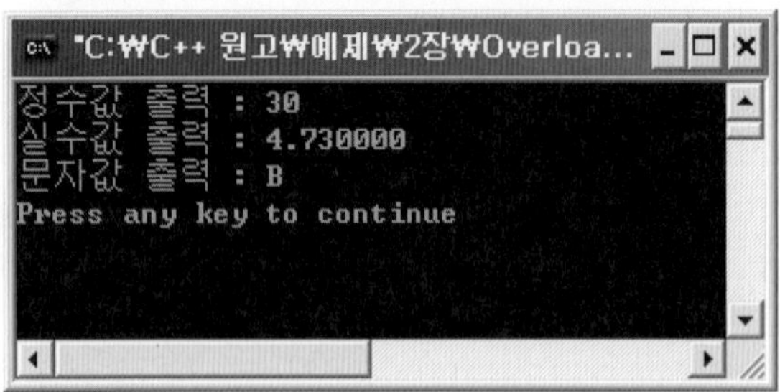

함수명을 Add()로 통일하였고, 각 함수는 호출부에서 입력한 전달인자의 타입에 따라서 함수를 구분하고 있다. 호출부에서 Add(10, 20)을 호출했다면 각 전달인자의 값이 정수이므로, 정수를 더하는 Add() 함수를 호출하여 실행하게 된다. 실수형 혹은 문자형 또한 마찬가지이다. 앞에서 처음에 오버로딩을 설명할 때 무언가가 여러 개가 쌓여 있는 느낌이라고 말한 적이 있다. 즉, Add()라는 함수 여러 개가 차곡차곡 쌓여 있는 형태이고, 호출 시에 쌓여 있는 함수 중 전달인자의 타입 및 개수가 일치하면 그 함수를 호출하는 것이다.

클래스(Class)

이번 장에서는 객체 지향 프로그래밍의 가장 기본적인 요소인 클래스에 대하여 이야기해 보도록 하겠다. 클래스란 무엇이고, 클래스를 구성하는 요소에는 어떤 것들이 있는지, 기본적으로 클래스를 생성하고 구성하는 방법에 대해서 알아보도록 하자.

1 C++에서 추상적인 데이터형인 클래스

1. 클래스란?

클래스의 정의

클래스(Class)란 사전적 의미로 '학급'이라는 뜻을 가지고 있다. 그렇다고 프로그래밍에서 '학급'이라는 사전적 의미를 그대로 사용할 리는 없을 것이다. 여기서의 클래스는 어떤 '그룹'의 의미로 받아들이면 된다. 그리고 이 그룹은 어떤 특정한 기능을 갖게 되며, 그 그룹은 각자의 역할을 가진 개체들로 구성되게 된다.

조금 더 구체적으로 말하자면, 클래스란 사용자가 정의한 추상적인 데이터형(Abstract Data Type)이라고 말할 수 있다. 구체적으로 말하니 더 이해하기 어려워졌다고 느끼는 독자가 많을 것이다.

이해를 돕기 위해 데이터형이란 무엇인가에 대해 생각해 보자. 일반적으로 우리가 흔히 변수 선언 시 사용하는 int, float와 같은 형을 데이터형이라고 한다. 그런데 int나 float와 같은 형은 이미 C++ 표준에서 정의한 데이터형이다. 앞에서 클래스를 정의하기를 사용자가 정의한 데이터형이라고 하였다. 그러므로 int나 float와 같은 데이터형이 아닌 말 그대로 사용자가 정의한 데이터형이 바로 클래스라는 말이다.

클래스의 구성

대부분의 독자들은 이미 C 언어를 공부한 경험이 있을 것이다. 그리고 C 언어에서도 '사용자가 정의한 데이터형'이라는 문장을 들어본 적이 있을 것이다. 그렇다. 바로 구조체에서이다. C 언어에서 사용자 정의 데이터형이 바로 구조체인데, 클래스의 개념이 바로 이 구조체와 비슷하다.

C 언어에서의 구조체가 데이터를 저장하는 멤버만 갖는 반면에 C++ 언어의 클래스에서는 데이터를 저장하는 멤버와 동시에 그 데이터를 처리하는 함수까지 아울러 가질 수 있다는 특징이 있다.

즉, 결론은 클래스는 멤버변수와 멤버함수로 구성된다는 말이다.

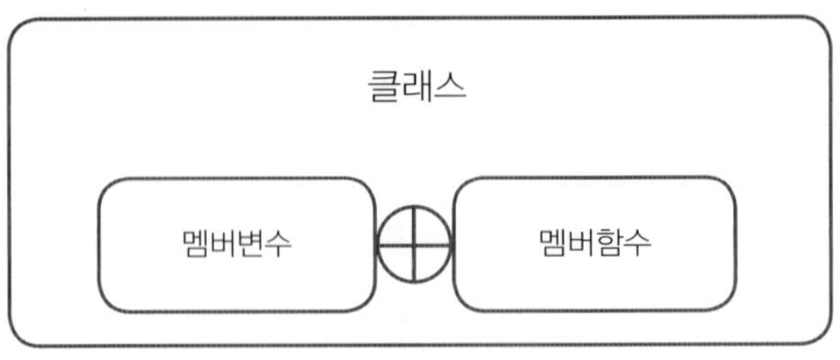

> **C++에서의 구조체**
>
> C++에서의 구조체도 클래스와 같이 함수를 멤버로 가질 수 있다. 그렇다면 클래스와 다를 것이 없지 않은가? 차이가 있다. 바로 접근 지정자에서 차이가 나타난다. 클래스에서는 접근 지정자의 기본이 private인 반면에 구조체에서는 접근 지정자의 기본이 public이다. 그러므로 구조체를 이용하여 클래스의 기능을 대신할 수는 있으나 좀 억지스럽긴 하다. 따라서 C++에서는 데이터 멤버만을 사용할 때는 구조체를 사용하되, 멤버변수 및 멤버함수를 모두 사용하는 경우는 클래스를 사용하도록 하자.

2. 클래스 정의 방법

클래스를 정의하는 방법은 구조체를 정의하는 방법과 비슷하다. 구조체가 struct라는 예약어를 사용하였다면, 클래스를 정의하기 위해 사용하는 예약어는 class이고, class 예약어 뒤에 내가 사용할 클래스 이름을 지정해 주면 된다. 다음은 클래스 정의 형식이다.

```
class 클래스 이름
{
    접근 지정자 :
        데이터형   멤버변수;
    접근 지정자 :
        데이터형   멤버함수();
}
```

이론 형식만 가지고는 클래스를 정확하게 이해하기 힘들기 때문에, 클래스를 정의하는 형식을 예를 들어 설명하도록 하겠다. 가장 간단한 예로 마우스의 좌표 클래스 정의가 있다.

```
class MousePoint
{
    private :
        int x;
        int y;
    public:
        void SetXY(int nX, int nY);
}
```

클래스의 이름은 MousePoint라고 정하고, 멤버변수는 x, y, 그리고 멤버함수는 SetXY()라고 정한다. 각각의 접근 지정자는 private과 public으로 설정하였는데, 접근 지정자에 대한 설명은 바로 뒤에서 하도록 하겠다. 일단 MousePoint라는 사용자 지정 타입인 클래스를 선언하였는데, 그 클래스의 멤버들이 x, y, SetXY() 등으로 구성되어 있다는 의미이다.

3. 접근 지정자 사용

클래스 정의 시 클래스의 멤버를 선언할 때 각 멤버들에 대한 접근 권한을 설정할 수 있는데, 이때 접근 권한을 설정하게 해주는 것이 바로 접근 지정자이다. 접근 지정자의 종류로는 private, protected, public 이렇게 3가지가 존재한다. 그런데, protected 접근 권한은 상속 개념을 알아야 이해할 수 있으므로, 이는 뒤에서 상속을 배울 때 알아보도록 하고, 여기에서는 private과 public에 대해서만 알아보도록 하겠다.

- private : 같은 클래스 소속인 멤버들끼리만 접근이 가능하고, 해당 클래스의 외부에서는 절대로 접근할 수 없다. private으로 선언된 멤버는 캡슐화 및 데이터 은닉이 이루어진다.
- public : 같은 클래스 소속 멤버뿐만 아니라, 해당 클래스 외부에서도 접근할 수 있는 권한을 준다. 정보의 은닉을 전혀 반영하지 않고 누구라도 접근 가능하도록 하는 접근 지정자이다.

접근 지정자	현재 클래스	외부 클래스
private	접근 가능	접근 불가
public	접근 가능	접근 가능

4. 멤버함수 사용

클래스 정의 시 클래스 내부에는 멤버변수 선언 및 멤버함수에 대한 원형만 정의하였다. 이는 C 구조체에서는 데이터 멤버만 선언할 수 있었던 것과 비교해 보았을 때, C++에서의 멤버함수의 선언은 큰 특징 중에 하나이다. 함수란 기본적으로 선언부가 있으면, 정의부가 있기 마련이다. 클래스의 멤버함수 또한 클래스 내에 선언되어 있다면 정의 또한 되어 있어야 하는데, 멤버함수 정의 시 반드시 어느 클래스의 소속인지 밝혀야 하므로 함수의 이름 앞에 클래스명을 명시한다. 클래스명과 함수 이름 사이에는 스코프 연산자(::)를 기술한다.

다음은 멤버함수의 정의부 형식이다.

```
자료형  클래스이름::멤버함수()
{
        //멤버함수 구현
}
```

실제 멤버함수의 정의부를 작성해 보도록 하자. 앞에서 선언했던 MousePoint 클래스 내에 선언되어 있는 멤버함수인 SetXY() 함수의 정의부를 다음과 같이 구현한다.

```
void MousePoint::SetXY(int nX, int nY)
{
    x = nX;
    y = nY;
}
```

이 멤버함수의 자료형은 리턴값이 없으므로 void로 설정하고, 그 다음에 클래스 이름인 MousePoint를 설정하였다. 그리고 스코프 연산자(::)를 사용하고, 그 뒤에 실제 함수 이름인 SetXY를 설정하였다. 즉, 클래스 이름을 함수 이름 앞에 기재해 줌으로써 이 멤버함수의 소속이 어느 클래스 소속인지 분명하게 해준다. 함수의 내부 구현은 이 함수의 매개변수로 받은 nX, nY 값을 이 클래스의 멤버변수인 x, y에 대입해 주는 역할을 하고 있다. 즉, 멤버함수는 이와 같이 클래스 내부에 은닉화되어 있는 멤버변수의 값을 외부의 값으로부터 설정할 수 있게 해주는 게이트 역할을 한다.

5. 객체 생성

앞에서 설명했듯이 클래스란 '사용자가 정의한 새로운 타입의 정의'라고 할 수 있다.

클래스의 자료형은 int, char, float와 같은 내장 자료형을 사용하듯 사용하고, 내장 자료형을 통해 변수를 선언하듯이 클래스를 통해 변수를 선언하면 된다. 이때 클래스를 통해 선언한 변수를 '객체'라고 하는데, 객체를 선언하는 형태는 다음과 같다.

```
MousePoint  point;
```

마치 변수를 선언하듯이 MousePoint 클래스명을 쓰고, 그 뒤에 point라는 객체 이름을 선언하였다. MousePoint 클래스가 바로 사용자가 정의한 자료형이고, point가 실질적인 프로그래밍을 하게 할 객체이다.

이제 클래스와 객체 모두 준비되었다. 즉 재료가 준비되었으므로, 이 재료를 가지고 실제 구현을 하는 일만 남았다.

2 멤버 접근(멤버변수 및 멤버함수)

객체를 선언하였다면, 이제 이 객체를 사용하여 클래스의 멤버에 접근할 수 있다. 먼저 다음과 같이 코드를 작성해 보자.

● 3장\Class\Class.cpp

```cpp
#include <iostream>
using namespace std;
class  MousePoint
{
    private :
        int x;
        int y;
    public:
        void SetXY(int nX, int nY);
};
```

```cpp
void MousePoint::SetXY(int nX, int nY)
{
    x = nX;
    y = nY;
}


void main()
{
    MousePoint point;
}
```

앞서 클래스 정의와 멤버 선언 및 객체 선언의 전체 코드이다. 이 상태에서 point 객체를 가지고 클래스의 멤버에 접근함으로써 객체를 이용한 구현이 이루어진다.

1. 멤버변수

멤버변수는 클래스의 실제 데이터이다. MousePoint 클래스에 선언된 x, y 값이 바로 멤버변수이다. 그런데, 앞에서 클래스의 특징으로 멤버의 캡슐화 및 데이터의 은닉화와 같은 용어를 사용하였다. 이 개념이 바로 클래스의 데이터인 멤버변수를 외부에 노출하지 않고, 또한 외부에서 이 멤버변수에 접근하여 데이터를 변경할 수 없도록 철저히 감추겠다는 뜻이다. C 언어의 구조체에서 구조체 멤버들은 외부에서 얼마든지 접근하여 멤버의 값을 변경할 수 있었다. 그러나 클래스의 경우는 클래스의 캡슐화와 은닉화의 철학에 의거하여 멤버변수를 철저히 감춘다. 그렇다면 이 멤버변수의 값은 어떻게 컨트롤 할 수 있을까? 바로 멤버함수를 통해서 할 수 있다. 그렇다면 멤버변수의 접근을 멤버함수를 통하지 않고 직접 할 수는 없을까? 다음과 같이 코드를 작성해 보자.

◉ 3장\Class\Class.cpp

```cpp
void main()
{
    MousePoint    point;
    point.x = 10;
}
```

현재 객체를 이용하여 멤버변수에 직접 접근하고, 이 멤버변수에 10이라는 값을 직접 대입하였다. 이 상황은 무엇을 말하는 것인가? 외부(main)에서 접근 지정자가 private인 멤버변수에 직접 접근하여 그 데이터를 변경하려고 시도하고 있는 것이다. 아마 이 코드는 빌드 시 에러를 유발할 것인데, 다음과 같은 메시지를 볼 수 있을 것이다.

'x' : cannot access private member declared in class 'MousePoint'

이 메시지의 의미는 MousePoint 클래스에 선언된 x는 private 권한이므로 이 멤버에 접근할 수 없다는 뜻이다. 이 메시지가 발생하지 않도록 하려면 어떻게 하면 될까? 메시지에서는 접근 권한이 private이라서 접근이 안 된다고 한 것이므로, 접근 권한을 public으로 바꾸면 되지 않겠는가? 물론 바꾸면 에러 메시지는 발생하지 않는다. 다만 이렇게 되면 클래스의 기본 철학인 데이터의 캡슐화 및 은닉화 개념에 위반된다. 그러므로 멤버변수는 접근 권한을 private으로 하고, 오직 멤버함수를 통해서만 접근 가능하도록 한다.

2. 멤버함수

멤버함수는 C 언어 구조체에서는 볼 수 없었던 새로운 개념이다. 클래스에서는 데이터인 멤버변수를 은닉화시키고, 은닉화된 멤버변수를 컨트롤 할 수 있는 유일한 게이트로 멤버함수를 정의한다. 멤버함수의 존재는 클래스의 기본 철학인 캡슐화와 은닉화를 실현하기 위한 필요조건이다. 앞에서 멤버변수에 직접 접근하면 에러를 유발하는 것을 보았듯이, 멤버변수 접근은 오직 멤버함수를 통해서만 이루어져야 한다. 다음과 같이 코드를 작성해 보자.

● 3장\Class\Class.cpp

```
void main()
{
    MousePoint    point;
    point.SetXY(10, 20);
}
```

point 객체를 통해 그의 멤버함수인 SetXY() 함수를 호출하고 있는데, 각각의 인수값으로 10, 20 값을 주고 있다. 즉, 이 값은 현재 외부로부터 넣어준 값이고, 이 값이 SetXY() 멤버함수를 통해 멤버변수인 x, y 값에 대입이 된다. 실제 SetXY() 함수의 내부 구현을 보면 외부로부터 받은 매개변수를 멤버변수인 x, y에 대입하도록 되어 있다.

```cpp
void MousePoint::SetXY(int nX, int nY)
{
    x = nX;
    y = nY;
}
```

설정하는 SetXY() 멤버함수가 있다면 설정한 데이터를 얻어 올 수 있는 함수 또한 있어야 하지 않을까 싶다. 즉, 외부로부터 SetXY() 함수를 통해 멤버변수 x, y를 설정했다면, 이 값을 얻어올 수 있게 하는 함수 또한 필요하다. 각각의 멤버함수가 x, y 2개가 존재하므로, 값을 얻어오는 함수 또한 2개가 되어야 한다. 다음과 같이 멤버함수를 추가해 보도록 하자.


```cpp
class  MousePoint
{
    private :
        int x;
        int y;
    public:
        void SetXY(int nX, int nY);
        int  GetX();
        int  GetY();
};
·················· 중간 코드 생략 ··················
int MousePoint::GetX()
{
    return x;
}
int MousePoint::GetY()
{
    return y;
}
```

멤버변수 x, y의 값을 얻어 오는 함수로 각각 GetX()와 GetY() 함수를 선언하고 정의하였다. 각 함수의 리턴형은 int 형이고, 각 함수의 정의는 return x, return y로 멤버변수를 리턴하는 기능을 하고 있다.

이제 이 두 함수를 이용하여 현재 멤버변수 x, y에 설정되어 있는 값이 얼마인지 외부에서 값을 얻어 올 수 있을 것이다. 다음과 같이 코드를 수정하고 빌드 및 실행을 해보자.

```cpp
void main()
{
    MousePoint point;
    point.SetXY(10, 20);
    cout<<"x의 값은 "<<point.GetX()<<endl;
    cout<<"y의 값은 "<<point.GetY()<<endl;
}
```

멤버변수 x, y는 캡슐화, 은닉화되어 값 설정 시에는 SetXY() 함수를 통해서, 그리고 값을 얻어 올 때는 GetX(), GetY() 함수를 통해 각각의 값을 얻어올 수 있다. 결과를 보면, SetXY() 함수를 통해 설정한 값을 그대로 GetX(), GetY() 함수를 통해 출력하고 있다.

> **Get/Set 함수**
>
> 실무에서 멤버함수를 생성하는 경우 보통 데이터를 설정하는 함수의 이름을 SetXXX라고 짓는 것이 일반적이고, 데이터를 얻어 오는 함수의 이름은 보통 GetXXX라고 짓는 것이 일반적이다. 따라서 어떤 데이터를 설정하는 기능을 가진 함수를 만들 경우 SetXXX라는 이름으로 함수를 만들었다면, 반드시 GetXXX라는 이름으로 설정한 데이터를 얻어 오는 함수 또한 만들어 놓도록 하자. 꼭 이러한 규칙을 따르지 않았다고 해서 에러가 나는 것은 아니지만 멤버함수를 생성하는 일종의 내규이므로 지키도록 하자.

3. 인라인 함수 지정

일반함수도 마찬가지겠지만, 앞에서 작성했던 멤버함수는 선언과 정의가 되어 있어야 사용할 수 있다. 클래스 내부에 멤버함수를 선언하고, 클래스 외부에 멤버함수에 대하여 정의하고 있다. 함수의 호출 구조를 보면 다음과 같다.

```cpp
void MousePoint::SetXY(int nX, int nY)
{
    x = nX;        ②
    y = nY;
}


void main()
{                          호출        ①
    point.SetXY(10, 20);
}        ③
```

그림에서처럼 호출 순서는 ①②③ 순서이다.

　main() 함수를 시작으로 하여 실행을 하다가 SetXY() 함수를 만나면 이 함수를 호출한다(①). 즉, 이 함수의 정의부로 이동하여 함수 내부를 실행한다(②). 실행이 끝나면 이 함수를 빠져 나와 아까 호출했던 지점으로 다시 돌아간다(③). 이 순서가 일반적인 함수 호출 과정이다.

　그런데 이러한 함수 호출 구조는 함수가 실행되기 위해서 상당한 시간상의 지체가 생긴다. 함수의 호출부와 정의부가 위치하는 메모리 주소 공간이 다르므로 함수 호출 시 함수 정의부의 메모리 주소로 이동하였다가 함수 정의부 수행이 끝나면 다시 함수 호출부의 메모리 주소로 이동해야 하기 때문이다.

　C++에서는 함수 호출 시 실제로 함수 호출이 일어나는 대신에 그 위치에 함수가 삽입되도록 하는 함수가 있는데 이것이 바로 인라인 함수이다.

　인라인(inline)에는 '즉시 처리하는'이라는 뜻이 담겨 있다. 즉, 호출하지 않고 즉시 처리한다는 의미로 함수의 정의부 내용을 함수의 호출부에 포함시켜서 처리한다는 의미로 받아들이면 될 것 같다. 함수 정의부 맨 앞에 inline이라는 키워드를 붙여 주면 인라인 함수가 된다.

```cpp
inline void MousePoint::SetXY(int nX, int nY)
{
    x = nX;
    y = nY;
}
void main()
{
    point.SetXY(10, 20);
}
```

이 함수가 마치 호출부 안에 정의되어 있는 것과 같다.

```
    void main()
    {
        x = 10;
        y = 20;
    }
```

위 인라인 코드를
풀어서 본 모습이다.

그림에서 보듯이 인라인 함수는 호출 방식이 아니라 마치 함수 자체가 호출부 안에 박혀 있듯이 실행되므로 시간상의 지체를 줄일 수 있다는 장점이 있다. 반면에 해당 위치에 함수가 삽입이 되므로 프로그램 소스가 그만큼 길어져서 프로그램이 커진다는 단점 또한 있다.

다음과 같이 SetXY() 함수를 인라인 함수로 수정해 보도록 하자.

● 3장\Class\Class.cpp

```cpp
inline void MousePoint::SetXY(int nX, int nY)
{
    x = nX;
    y = nY;
}
```

4. 자동 인라인 함수

멤버함수의 정의가 아주 짧으면, 클래스 선언 내부에 직접 함수를 정의할 수 있다. 클래스 내부에 직접 함수를 정의하게 되면 함수 앞에 inline 키워드를 굳이 붙이지 않아도 인라인 함수가 된다. 이 것을 자동 인라인 함수라고 한다.

앞에서 작성했던 GetX(), GetY() 함수는 정의가 매우 짧다. 이러한 함수의 경우 따로 클래스 외부에서 멤버함수를 정의하기 보다는 클래스 선언부에서 멤버함수를 정의하는 것이 좋다. 클래스 선언부를 다음과 같이 수정하도록 하자.

● 3장\Class\Class.cpp

```cpp
class  MousePoint
{
    private :
        int x;
        int y;
    public:
        void SetXY(int nX, int nY);
```

```cpp
        int  GetX()
        {
            return x;
        }
        int  GetY()
        {
            return y;
        }
    };
```

클래스 선언부에 멤버함수를 정의하고, 외부에 정의한 코드는 삭제하도록 한다. 코드를 보면 명시적으로
inline 키워드를 쓰지 않아도, 클래스 선언부에서 멤버함수를 정의하게 되면 이 함수를 외부에서 호출
시 자동으로 인라인 함수로 간주하고 처리하게 된다. 인라인 함수를 사용하는 이유는 프로그램의 처리
속도를 향상시키기 위함이다. 그러나 반드시 인라인을 많이 사용한다고 좋은 것만은 아니다. 인라인을
많이 사용할수록 호출부의 소스 코드는 비약적으로 길어지게 된다.

3 생성자와 소멸자

1. 초기화란?

지금까지 우리가 배웠던 초기화의 개념은 변수를 기본 데이터 타입으로 선언을 하고, 그 타입에 맞
게 변수를 선언한 후 바로 초기값을 대입하여 주는 것이다. 예를 들면 다음과 같은 것이다.

```cpp
int a = 5;
float b = 10.5;
int c[5] = {1, 2, 3, 4, 5};
```

즉, 변수 선언과 동시에 값을 부여해 주는 것이 바로 초기화이다. 만약 변수 선언과 동시에 값의
부여가 아닌 변수 선언 후 값의 할당이 이루어진다면 이것은 초기화라고 말할 수 없다. 다음과 같
은 형태를 말하는 것이다.

```
int a;
a = 5;
```

변수 a는 선언 후에 따로 5라는 값을 할당하고 있는데, 이러한 형태는 초기화라고 말하지 않는다.

2. 구조체의 멤버 초기화

이제 초기화에 대한 개념을 알게 되었다. 그렇다면 구조체 멤버를 초기화하는 형태를 상기해 보도록 하자. 이미 우리는 C 프로그래밍 과정에서 구조체를 수학한 바 있다. 그런데 왜 클래스를 얘기하다가 뜬금없이 초기화 및 구조체 멤버 초기화를 논하고 있는 걸까? 구조체와 클래스는 닮은 점이 참 많기 때문이다. 일단 둘 다 사용자 정의 타입이라는 점과 멤버변수를 가지고 있다는 점이 대표적이다. 일단 구조체의 초기화 형태를 보도록 하자.

● 3장\Class\StructInit.cpp

```
#include <iostream>
using namespace std;
struct  MousePoint

{
    int x;
    int y;
};
void main()
{
    MousePoint  point = {50, 100};   ← 구조체 변수 선언 시 멤버 초기화
    cout <<"x 좌표 : "<<point.x <<endl;
    cout <<"y 좌표 : "<<point.y <<endl;
}
```

MousePoint라는 이름의 구조체를 정의하고, 구조체 변수 point를 선언함과 동시에 구조체 멤버를 각각 50과 100으로 초기화하였다. 즉, 사용자 정의 타입인 MousePoint를 선언한 것이다. 클래스 또한 사용자 정의 타입이고, 구조체와 비슷한 구조를 가지고 있다고 하였다.

그러면 앞에서 작성한 구조체의 정의를 클래스의 정의로 변경해 보자.

3. 구조체를 클래스로

작성한 코드를 다음과 같이 수정하자. struct 구조체 선언부를 class 키워드로 변경한다. 즉 MousePoint라는 이름의 클래스가 선언된 것이고, 클래스의 멤버로는 각각 x, y 멤버 변수가 선언되어 있다. 빌드(F7)를 해보자.

● 3장\Class\StructInit.cpp

```cpp
#include <iostream>
using namespace std;
class  MousePoint
{
    int x;
    int y;
};

void main()
{
    MousePoint    point = {50, 100};
    cout <<"x 좌표 : "<<point.x <<endl;
    cout <<"y 좌표 : "<<point.y <<endl;
}
```

어떤 결과가 발생하는가? 아마 다음과 같은 3개의 에러 메시지를 맞이하게 될 것이다.

'point' : non-aggregates cannot be initialized with initializer list
'x' : cannot access private member declared in class 'MousePoint'
'y' : cannot access private member declared in class 'MousePoint'

첫 번째 에러 메시지는 point 객체의 초기화를 잘못한 것이고, 두 번째, 세 번째 에러 메시지의 내용은 private 멤버 변수에 직접 접근하려고 시도했기 때문에 생긴 에러이다. 그렇다면 이 문제를 어떻게 해결할 수 있을까?

4. 해결 방법

다음과 같은 두 가지의 방법으로 해결할 수 있다.

① 멤버변수 x, y의 접근 지정자를 private에서 public으로 변경한다.

② 멤버변수 x, y의 초기화를 위한 멤버함수를 구현한다.

첫 번째 방법인 ①번의 해결 방법대로 한다면 멤버변수 x, y는 접근 권한이 public 상태가 되므로 외부에서 멤버변수에 직접 접근할 수 있게 된다. 그러면 앞에서 발생했던 point.x와 point.y의 문장 에러는 해결된다.

● 3장\Class\StructInit.cpp

```cpp
#include <iostream>
using namespace std;
class  MousePoint
{
public:
    int x;
    int y;
};


void main()
{
    MousePoint    point = {50, 100};
    cout <<"x 좌표 : "<<point.x <<endl;
    cout <<"y 좌표 : "<<point.y <<endl;
}
```

그러나 여기서 문제가 하나 있다. 멤버변수의 접근 권한을 public으로 하여 외부에서 직접 접근하도록 하는 방법은 객체지향의 철학에 어긋난다. 즉, 객체지향의 철학인 데이터 은닉과 캡슐화에 위배된다는 말이다.

그렇다면 두 번째 방법인 ②번의 해결 방법대로 해보자. 본래 객체지향의 철학에 의거하면 데이터 멤버의 접근은 멤버함수를 통해서만 접근할 수 있도록 하였다. ②번의 해결 방법이 바로 멤버함수를 통해 초기화를 구현하고자 하는 것이므로 객체지향의 철학에도 위배되지 않고, 바람직한 해결 방법이라고 할 수 있다.

```
#include <iostream>
using namespace std;
class MousePoint
{
    int x;
    int y;
public:
    int GetX();
    int GetY();
};
int MousePoint::GetX()
{
    return x;
}
int MousePoint::GetY()
{
    return y;
}
void main()
{
    MousePoint  point = {50, 100};
    cout <<"x 좌표 : "<<point.GetX()<<endl;
    cout <<"y 좌표 : "<<point.GetY()<<endl;
}
```

멤버함수인 GetX()와 GetY()를 선언하였다. 그리고 각 함수는 각각 클래스의 멤버변수인 x값과 y값을 반환하는 기능을 하고 있다. 즉, 멤버변수 x와 y의 값을 얻어 오고 싶을 때 각 멤버함수 GetX() 함수와 GetY() 함수를 사용하면 멤버변수에 직접 접근하지 않고도 값을 얻어 올 수 있는 것이다. 이로써 접근 권한 관련 에러는 해결하였다. 빌드(F7)해 보자.

결과를 확인해 보면 두 개의 에러는 잡혔으나, 아직 객체의 초기화 관련한 에러는 남아 있다.

```
MousePoint  point = {50, 100};
```

에러의 위치인 이 문장은 MousePoint가 구조체인 경우에 각 구조체 멤버인 x, y를 각각 50과 100으로 초기화 해주는 문장이다. 그러나 클래스의 경우는 멤버변수 x, y의 접근 권한이 private 이기 때문에 직접 값을 대입할 수 없다고 하였다. 이 또한 멤버함수를 통해서만 멤버변수 x와 y를 초기화해 주어야 한다.

다음과 같이 SetXY()라는 이름으로 멤버함수를 추가하도록 하자.

● 3장\Class\StructInit.cpp

```cpp
#include <iostream>
using namespace std;
class MousePoint
{
    int x;
    int y;
public:
    int GetX();
    int GetY();
    void SetXY(int nX, int nY);
};
................... 중간 코드 생략 ...................
void MousePoint::SetXY(int nX, int nY)
{
    x = nX;
    y = nY;
}
void main()
{
    MousePoint    point;
    point.SetXY(50, 100);
    cout <<"x 좌표 : "<<point.GetX()<<endl;
    cout <<"y 좌표 : "<<point.GetY()<<endl;
}
```

초기화 시 바로 멤버변수에 접근하여 값을 지정할 수 없으므로, SetXY()라는 이름의 멤버함수를 선언 및 정의하고, 이 함수로부터 매개변수 nX, nY를 받아 이 값을 멤버변수 x, y에 대입해 줌으로써, 멤버변수의 초기화가 이루어진다. 빌드(F7)를 해보자. 컴파일 에러가 나지 않는 것이 확인되면 실행(Ctrl + F5)을 하자.

이로써 멤버변수의 초기화 및 접근 권한에 의한 컴파일 에러를 모두 해결하였다.

5. 생성자

일단 멤버함수를 사용하여 클래스화 시키는 것에는 성공을 하였으나 초기화 단계의 코드가 왠지 좀 찜찜하다.

```
MousePoint  point;
point.SetXY(50, 100);
```

point라는 이름의 객체를 선언하고, point 객체를 이용하여 멤버함수 SetXY() 함수를 이용하여 멤버변수 초기화를 하고 있는데, 클래스에서는 어차피 객체를 생성해야 할 것이고, 클래스 생성 시 매번 초기화를 위한 멤버함수를 만들어 주어야 한다는 것은 여간 불편한 일이 아닐 수 없다.

그래서 C++에서는 객체 생성 시 자동으로 초기화를 해주는 특별한 초기화 전용 멤버함수를 제공하고 있는데, 이것이 바로 생성자(Constructor)이다.

생성자의 특징

① 생성자의 이름은 클래스의 이름과 동일하다.
② 생성자의 타입은 지정하지 않는다.
③ 생성자의 호출은 객체 선언 시 자동으로 호출된다. 인위적으로 호출할 수 있는 함수가 아니다.
④ 반환값을 지정하지 않는다.
⑤ 디폴트 생성자가 존재한다.

생성자의 형태

생성자의 특징에 의거하여 다음과 같은 생성자의 형태를 구현할 수 있다.

```
MousePoint::MousePoint(int nX, int nY)
{
    x = nX;
    y = nY;
}
```

생성자의 특징에서 기술했던 것처럼 생성자의 이름은 클래스의 이름과 동일하고, 생성자의 타입 또한 없으며, 반환값도 없다. 생성자의 기능은 멤버변수의 초기화이므로 알고리즘은 SetXY() 함수와 동일하다. 다만 생성자는 일반 멤버함수처럼 명시적인 호출에 의해서 실행되는 것이 아니라, 클래스의 객체를 선언했을 때 자동으로 호출된다.

```
MousePoint  point(50, 100);
```

생성자는 객체 생성 시 자동으로 호출되는데, 값을 전달해야 하기 때문에 객체 선언 시 객체명 뒤에 소괄호로 실 매개변수 값을 넣어 주어야 한다.

전체 소스 코드를 보도록 하자.

● 3장\Class\StructInit.cpp

```
#include <iostream>
using namespace std;
class MousePoint
{
    int x;
    int y;
public:
    int GetX();
    int GetY();
    void SetXY(int nX, int nY);
    MousePoint(int nX, int nY);
};
MousePoint::MousePoint(int nX, int nY)
{
    x = nX;
    y = nY;
}
·················· 중간 코드 생략 ··················
void main()
{
    MousePoint    point(50, 100);
    cout <<"x 좌표 : "<<point.GetX()<<endl;
    cout <<"y 좌표 : "<<point.GetY()<<endl;
}
```

```
 C:\C++ 원고\예제\Chapter3_Class\D...
전달인자 2개인 생성자 호출
x 좌표 : 50
y 좌표 : 100
Press any key to continue
```

6. 디폴트 생성자

앞에서 작성한 생성자는 매개변수를 2개 갖고 있다. 즉, 전달인자로 값을 넘겨서 형식 매개변수에 값이 복사되고, 그 매개변수는 point 객체의 멤버변수에 대입이 된다. 그런데 왜 꼭 전달인자를 2개 넘겨 주어야 할까? 만약 전달인자를 넘겨 주지 않고, 다음과 같이 객체를 선언했다면 어떻게 될까?

```
MousePoint  point;
```

생성자는 객체 선언과 동시에 호출된다고 하였는데, point 객체는 선언 시 아무런 전달인자를 넘기지 않고 있다. 그런데 우리가 작성한 생성자는 매개변수를 2개 가지고 있으므로 형식이 맞지 않는다. 이 상태에서 컴파일을 해보자. 아마 컴파일 에러가 날 것이다.

```
'MousePoint' : no appropriate default constructor available
```

이 에러 메시지를 보면 default constructor라는 용어가 나온다. 이것은 디폴트 생성자를 말하는 것인데, 메시지의 의미는 사용할 수 있는 적절한 디폴트 생성자가 없다는 것이다.

C++에서는 모든 객체를 선언하게 되면 무조건 생성자를 호출하도록 설계되어 있다. 비록 MousePoint라는 클래스의 생성자를 명시적으로 정의하지 않더라도 생성자는 호출된다. 정의되지 않았는데 어떻게 호출된다는 말인가? 이는 C++에서 디폴트 생성자의 지원 기능을 제공하고 있기 때문이다.

앞에서 MousePoint 클래스의 객체를 point로 선언한 경우 이때 디폴트 생성자가 호출되는데, 명시적으로 생성자를 정의하지 않았더라도 디폴트 생성자가 호출된다는 것이다. 디폴트 생성자의 형태는 다음과 같다.

```
MousePoint:: MousePoint()
{
}
```

디폴트 생성자는 아무런 매개변수도 없고, 함수 내부에 아무것도 기술되어 있지 않기 때문에 아무런 동작을 하지 않는다. 결국 사용자가 명시적으로 정의하지 않는 디폴트 생성자는 어떤 특별한 기능을 하지 않는다. 그런데 디폴트 생성자의 특이한 점은 명시적으로 생성자를 정의해 주면 디폴트 생성자는 더 이상 호출되지 않는다는 점이다.

결국 앞에서 에러 메시지가 나왔던 이유는 매개변수가 2개인 명시적인 생성자를 정의해 주었으므로 객체 생성 시에는 명시적인 생성자만을 호출하도록 되어 있는데, 객체 생성 시에 우리가 명시했던 매개변수 2개에 대응하는 전달인자 2개를 넘겨 주지 않고 객체를 생성했기 때문이다.

그렇다면 이 문제를 어떻게 해결해야 할까? 방법은 간단하다. 명시적인 생성자가 존재하는 경우에도 필요에 따라서 디폴트 생성자를 호출할 수 있게 해주면 된다. 즉, 디폴트 생성자도 명시해 주면 된다. 그렇게 되면 생성자의 정의가 디폴트 생성자와 매개변수가 2개인 생성자 총 2개의 생성자가 존재하게 된다. 다음과 같이 코드를 추가하도록 하자.

● 3장\Class\StructInit.cpp

```cpp
#include <iostream>
using namespace std;
class MousePoint
{
    int x;
    int y;
public:
    int GetX();
    int GetY();
    void SetXY(int nX, int nY);
    MousePoint(int nX, int nY);
    MousePoint();
};
MousePoint::MousePoint(int nX, int nY)
{
    x = nX;
    y = nY;
    cout<<"전달인자 2개인 생성자 호출"<<endl;
}
MousePoint::MousePoint()
{
    cout<<"디폴트 생성자 호출"<<endl;
}
·················· 중간 코드 생략 ··················
void main()
{
    MousePoint    defaultpt;
    MousePoint    point(50, 100);
    cout <<"x 좌표 : "<<point.GetX()<<endl;
    cout <<"y 좌표 : "<<point.GetY()<<endl;
}
```

코드를 보면 MousePoint 클래스에 대한 생성자가 2개 정의되어 있는데, 바로 디폴트 생성자와 매개변수가 2개인 생성자이다. 이를 생성자 오버로딩이라고 하며, 앞으로 여러분은 클래스 정의 시 디폴트 생성자는 습관처럼 명시해 주도록 하자.

실행해 보면 클래스의 객체만 선언되어 있는 경우는 디폴트 생성자를 호출하고, 객체에 전달인자가 2개 선언되어 있는 경우는 매개변수 2개인 생성자를 호출하고 있다.

7. 소멸자

객체 생성 시 자동 호출되는 생성자가 있다면 그와 반대되는 개념으로 객체가 소멸할 때 자동으로 호출되는 소멸자(Destructor)가 존재한다. 소멸자의 특징은 다음과 같다.

① 소멸자도 생성자와 마찬가지로 클래스의 이름을 그대로 사용한다. 다만 생성자와 구분하기 위해서 맨 앞에 ~(틸드) 기호를 붙인다.

② 소멸자의 타입은 지정하지 않는다.

③ 소멸자는 객체 소멸 시 자동으로 호출된다. 인위적으로 호출할 수 있는 함수가 아니다.

④ 반환값을 지정하지 않는다.

⑤ 전달인자를 지정하지 않는다.

⑥ 소멸자는 생성자처럼 오버로딩이 되지 않는다.

소멸자 역시 디폴트 생성자와 마찬가지로 명시하지 않아도 객체가 소멸될 때 자동으로 호출된다. 즉, 디폴트로 호출되는 소멸자는 자동 호출만 될 뿐 특별한 기능을 하지 않는다. 만약 사용자가 객체가 소멸될 때 어떤 특정한 작업을 하고 싶다면 소멸자를 명시적으로 정의하도록 한다. 가장 대표적인 예로 생성자에서 동적으로 메모리를 할당했을 때 객체 소멸 시에는 소멸자에서 할당된 메모리를 해제해 주어야 하는 경우가 있다. 예제에 다음과 같이 소멸자 코드를 추가해 보도록 하자.

```cpp
#include <iostream>
using namespace std;
class MousePoint
{
    int x;
    int y;

public:
    int GetX();
    int GetY();

    void SetXY(int nX, int nY);
    MousePoint(int nX, int nY);
    MousePoint();
    ~MousePoint();
};
MousePoint::MousePoint(int nX, int nY)
{
    x = nX;
    y = nY;

cout<<"전달인자 2개인 생성자 호출"<<endl;
}
MousePoint::MousePoint()
{
    cout<<"디폴트 생성자 호출"<<endl;
}
MousePoint::~MousePoint()
{
    cout<<"소멸자 호출"<<endl;
}
·····················중간 코드 생략·····················
void main()
{
    MousePoint    defaultpt;
    MousePoint    point(50, 100);
    cout <<"x 좌표 : "<<point.GetX()<<endl;
    cout <<"y 좌표 : "<<point.GetY()<<endl;
}
```

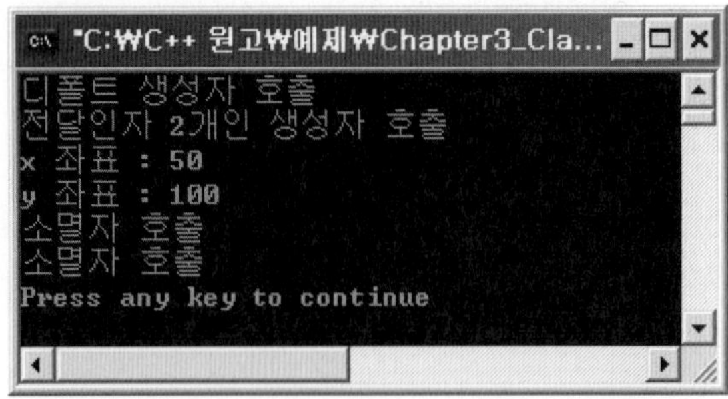

실행 결과를 보도록 하자. 소멸자의 호출 시점은 언제인가? 프로그램 종료 시점에 객체가 소멸될 것이다. 앞에서 선언한 객체는 defaultpt 객체와 point 객체인데, 이 두 객체가 각각 소멸되면서 두 번의 소멸자가 호출된 것이다. 그래서 "소멸자 호출"이라는 메시지가 두 번 출력된 것이다.

 **Chapter 04** 클래스의 특징과 객체 활용

이번 장에서는 실제 우리가 만든 클래스를 이용하여 객체를 생성하고, 어떻게 이 객체를 활용하는지에 대한 여러 가지 방법에 대해서 배워보도록 하겠다. 또한 클래스에서 지원하는 특징에 대해서도 알아보도록 하겠다.

1 객체 배열

1. 객체 배열이란?

객체 배열의 선언과 구조

클래스란 사용자가 정의한 하나의 자료형이라고 하였다. 일반적인 자료형은 변수를 선언하여 필요한 메모리를 할당하기 위해 필요한 타입을 말한다. 사용자가 정의한 자료형(클래스)도 마찬가지로 변수를 선언할 수 있는데, 우리는 이것을 변수라 하지 않고, 객체라고 명명한다고 앞에서 언급하였다. 어쨌든 객체의 속성은 일반변수의 속성과 동일하다. 일반변수 사용 시 다수의 변수를 선언하려면 배열을 사용하였는데, 객체 또한 변수와 동일한 속성을 가지고 있다고 하였으므로 배열을 선언할 수 있다. 이러한 객체의 형태를 '객체 배열'이라고 말한다.

객체 배열 선언 시 형태는 일반변수를 선언하는 형태와 동일하다. 사용자 정의 자료형인 클래스명을 쓰고, 객체명을 선언하되, 객체명에 배열 표시인 [](대괄호)를 덧붙이고, 그 안에 요소의 개수를 적어서 선언한다.

```
MousePoint pt[3];
```

우리가 앞에서 줄곧 사용했던 MousePoint 클래스를 예로 들었다. pt[3]은 pt라는 객체가 3개 선언되어 있다는 의미이다. 결국 객체는 각각 pt[0], pt[1], pt[2]이며, 각 객체별로 별도의 메모리를 할당받는다. 즉, 멤버변수도 객체별 메모리를 각각 할당받되, 멤버함수는 3개의 객체가 공유한다.

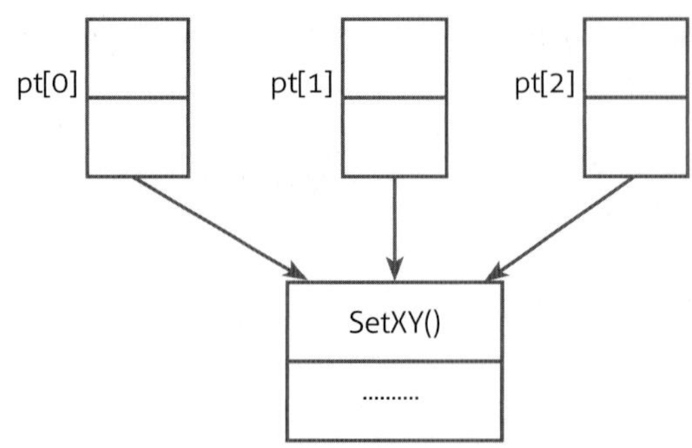

객체 배열의 활용

선언된 객체배열로 멤버함수를 명시적으로 호출한다면 다음과 같이 할 수 있다.

```
Pt[0].SetXY(10, 20);
Pt[1].SetXY(100, 200);
```

객체 생성 시 초기화 루틴으로 생성자라는 것이 자동 호출된다는 것을 알고 있다. 우리가 명시적으로 초기화를 하지 않으면 전달인자가 없는 디폴트 생성자가 호출되고, 전달인자가 있는 생성자의 경우는 명시적으로 호출하여 초기화시킨다. 객체 배열의 경우도 생성자를 호출한 것인데, 각 배열의 요소별로 명시적 호출을 한다.

```
MousePoint      pt[3] = {Point(10,20), Point(30,40), Point(50,60)};
```

형태를 보면 마치 일반 배열을 초기화하는 것과 매우 비슷하다. 초기값을 쉼표로 연결하고, 전체를 중괄호로 묶는다. 그리고 각 객체의 요소별 초기화 형태는 생성자를 명시적으로 호출하여 전달인자로 넘겨 주는 형식으로 작성한다. 객체 배열을 사용하여 초기화하고, 객체 배열에 저장되어 있는 멤버변수를 출력해 보자.

● 4장\ArrayObj\ArrayObj.cpp

```
#include <iostream>
using namespace std;
class MousePoint
{
private:
    int x, y;
public:
    MousePoint();
    MousePoint(int nX, int nY);
```

```cpp
        inline int GetX(){return x;};
        inline int GetY(){return y;};
        void SetXY(int x, int y);
    };
    MousePoint::MousePoint(int nX, int nY)
    {
        x = nX;
        y = nY;
    }
    void MousePoint::SetXY(int nX, int nY)
    {
        x = nX;
        y = nY;
    }
    void main()
    {
        MousePoint pt[3] = {MousePoint(10,20)
                            ,MousePoint(30,40)
                            ,MousePoint(50,60)};
        for(int i = 0; i<3; i++)
            cout<<i+1<<"번째 요소값: "<<pt[i].GetX()<<", "<<pt[i].GetY()<<endl;
    }
```

이 소스 코드를 보면 객체 배열을 사용하여 다수의 객체를 초기화하고 있다. 눈여겨보아야 할 부분은 생성자인데, 디폴트 생성자와 전달인자가 2개인 생성자로 구성되어 있다. 그리고 각 객체 배열의 요소 초기화 시에 전달인자가 2개인 생성자를 명시적으로 호출함으로써 각 객체의 멤버변수를 초기화하고 있는데, 저장되어 있는 각 객체의 멤버변수 값을 보기 위해서 객체 배열의 요소별로 멤버함수를 호출하여 출력하고 있다.

    pt[0].GetX(),pt[1].GetX()...

와 같은 식으로 호출 가능한데, 객체 배열의 모든 값을 출력하고자 한다면 루프를 돌려서 pt[i].GetX() 형태로 출력할 수 있다.

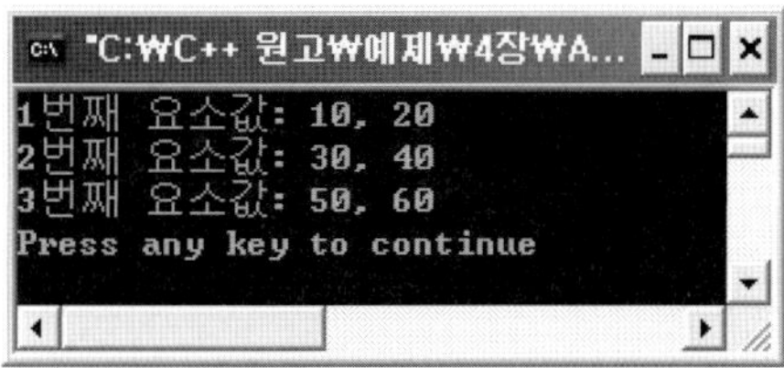

2 객체 포인터

일반 변수와 포인터 변수의 차이는 일반 변수는 값을 저장하는 메모리라면 포인터 변수는 주소값을 저장하는 메모리라는 것이다. 그래서 포인터 변수는 일반 변수의 주소값을 저장함으로써 일반 변수를 간접 참조하는 데 사용된다. 이러한 개념은 이미 C 언어에서 배웠던 것이다.

객체 또한 포인터의 속성을 가질 수 있는데, 우리는 이를 '객체 포인터'라고 명명한다. 객체 포인터는 객체의 주소값을 저장하기 위한 변수이며 객체를 간접 참조하기 위해 사용한다. 객체 포인터를 선언하는 형식은 다음과 같다.

```
MousePoint  *pObj;
```

선언된 객체 포인터는 특정 객체의 주소값을 저장하고 있어야 한다.

```
MousePoint  pt(10, 20);
pObj = &pt;
```

pObj = &pt; 문장에 대한 메모리 구조를 그림으로 살펴보도록 하자.

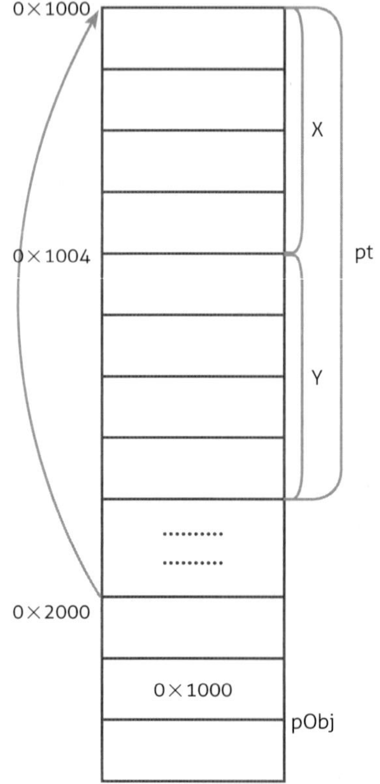

그림을 보면 단순한 포인터 메모리 구조이다. 그런데 특이한 점은 포인터 변수가 가리키고 있는 메모리는 바로 객체 메모리라는 점이다. 그러다 보니 한 개의 변수(x 혹은 y)에 대한 포인터가 아니라 pt라는 객체에 대한 포인터를 나타낸다.

이렇게 객체 포인터가 특정 객체를 가리키고 있다면 해당 객체를 주소값으로 간접 참조하게 된다. 멤버참조 연산자로는 직접 접근 연산자(.)와 간접 접근 연산자(->)가 있는데, 포인터의 경우는 간접 참조이므로, -> 연산자를 사용한다.

```cpp
cout<<pObj->GetX()<<endl;
```

● 4장\PointerObj\PointerObj.cpp

```cpp
················· 클래스 선언 코드 생략 (앞의 코드 참조) ·················
void main()
{
    MousePoint   *pObj;
    MousePoint   pt(10,20);
    pObj = &pt;
    cout<<pObj->GetX()<<", "<<pObj->GetY()<<endl;
}
```

클래스의 포인터 변수인 객체 포인터 pObj를 선언하고, 클래스의 객체인 pt를 선언 및 초기화하였다. pt의 주소값을 pObj 객체 포인터에 대입함으로써 pObj는 pt객체의 멤버에 간접 참조를 할 수 있으므로, pObj->GetX()와 같이 멤버함수의 간접 참조가 가능하다.

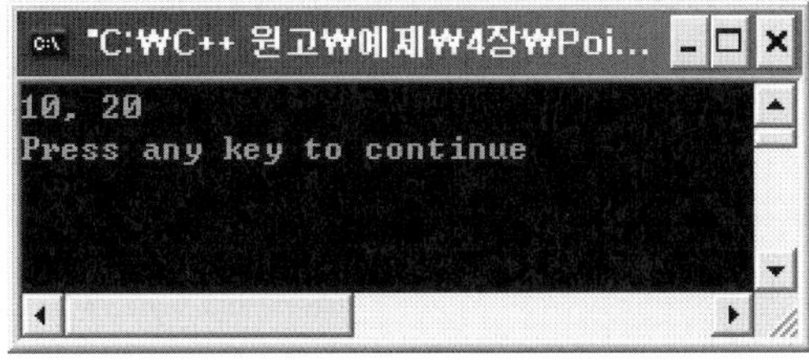

3 this 포인터

1. this 포인터가 필요한 이유

앞의 객체 배열에서 살펴본 내용은 여러 개의 객체 생성 시 각 객체마다 멤버변수의 메모리 블록은 별도로 갖고 멤버함수의 메모리 블록만 공유하도록 되어 있었다. 다시 한번 그 형태를 보도록 하자.

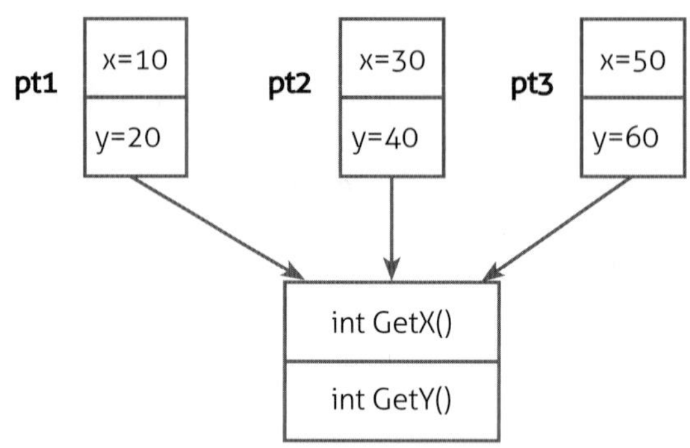

각 객체가 멤버함수를 호출하면 당연히 자기 자신이 갖고 있는 데이터를 멤버함수가 사용할 것이라고 생각하게 된다. 그러나 이번에는 조금만 관점을 달리하여 멤버함수 입장에서 생각해 보자. 멤버함수 입장에서는 어떤 객체가 자기 자신을 호출했는지 알 수 있을까?

그림에서 3개의 객체 pt1, pt2, pt3 모두 GetX(), GetY() 멤버함수를 호출할 수 있다. 예를 들어 객체 pt1의 입장에서 GetX() 멤버함수를 호출했다면 10이라는 값을 보여줄 것이라고 독자들은 확신할 것이다. 그러나 GetX() 멤버함수 입장에서 보면 세 개의 객체(pt1, pt2, pt3) 중에 어떤 객체가 호출했는지 알 수 없으므로 어떤 x 값을 반환할지 알 수 없게 된다. 이때 필요한 정보가 바로 this 포인터이다.

2. this 포인터의 활용

this 포인터는 멤버함수를 호출한 객체를 가리키는 const 포인터이다. 객체의 멤버함수를 호출할 때 컴파일러는 객체의 주소를 this 포인터에 넣은 다음 멤버함수를 호출한다. 멤버함수가 객체의 멤버변수에 접근할 때마다 this 포인터를 사용하는 셈이다. 객체의 멤버변수에 접근할 때마다 this 포인터를 사용할 수 있다. 따라서 기존의 SetXY() 멤버함수를 다음과 같이 수정할 수 있다.

```
void MousePoint::SetXY(int nX, int nY)
{
    this->x = nX;
    this->y = nY;
}
```

명확하게 사용하려면 객체의 멤버변수 접근 시마다 this 포인터를 사용하면 된다. 어쩌면 아직도 this 포인터가 군이 왜 필요한지 이해가 안 갈 수도 있다. 그렇다면 다음에 제시하는 예를 보면 사용 당위성이 더욱 명백해질 것이다.

```
void MousePoint::SetXY(int x, int y)
{
    this->x = x;
    this->y = y;
}
```

자, 이번에는 nX, nY라는 이름의 변수를 모두 x, y로 변경하였다. 이러한 경우 x를 x에 대입하고, y를 y에 대입하는 꼴인데, 각각의 x, y의 값이 멤버변수인지 아니면 멤버함수의 전달인자로 넘어온 x, y인지 구분할 수가 없다. 이러한 경우 멤버변수를 나타내는 x, y는 앞에 this 포인터를 붙여 줌으로써 현재 호출한 객체의 멤버변수임을 명시하고, 아무것도 붙어 있지 않은 x, y는 함수의 전달인자로 넘어온 x, y임을 알 수 있다.

4 전달인자가 객체인 함수

함수의 전달인자는 보통 int나 float와 같은 기본 데이터형을 사용한다. 그런데, 클래스의 객체, 즉 사용자 정의 데이터형도 기본 데이터형과 마찬가지로 함수의 전달인자로 사용할 수 있다. 전달 방식에는 기본 데이터형과 마찬가지로 객체에 대한 값 전달 방식과 객체에 대한 레퍼런스 전달 방식이 있다.

1. 객체에 대한 값 전달 방식

기본 자료형의 값 전달 방식

함수에서 전달인자의 값 전달 방식은 실 매개변수에서 형식 매개변수로의 값의 복사로 이루어진다. 실 매개변수란 함수 호출 시 대입되는 전달인자의 실제 값을 나타내고, 형식 매개변수란 함수 정의 시 전달인자를 받아줄 형식 매개변수를 의미한다. 예를 들어 main() 함수에서 다음과 같은 SetXY()라는 함수를 호출한다고 가정하자.

```
void main()
{
    int  a = 10, b = 20;
    MousePoint   pt1;
    pt1.SetXY(a, b);   ◀──── 실 매개변수
}
```

```
void MousePoint::SetXY(int nX, int nY) ◀──── 형식 매개변수
{
    this->x = nX;
    this->y = nY;
}
```

main() 함수 안에서 호출하고 있는 SetXY() 함수의 전달인자 a와 b가 실 매개변수이고, SetXY() 함수의 정의부에 나타나는 전달인자 int nX와 int nY가 형식 매개변수이다. 함수 호출의 원리를 보면 a라는 값은 변수 nX에 복사되고 b라는 값은 변수 nY에 복사되는 형태인데, 결국 10과 20의 값을 가진 메모리와 nX와 nY 변수의 메모리가 각각 존재하고 있는 것이다.

객체에 대한 값 전달 방식

객체도 기본 자료형과 같이 함수의 전달인자로 사용할 수 있는데, 앞에서처럼 값 전달 방식으로 넘겨줄 수 있다. 값 전달 방식의 기본은 실 매개변수와 형식 매개변수가 각각의 메모리를 가지며, 값을 복사하는 것이라고 하였다. 다만 전달하려는 값의 대상이 객체가 되는 것이다. 값이 복사가 된다는 의미는 기본적으로 타입이 같아야 하는데, 객체끼리 복사된다는 의미 또한 같은 타입을 가지고 있다는 의미이므로 동일한 클래스라는 말이다.

예제를 하나 작성해 보자. MousePoint 클래스를 통해, 2개의 객체 생성 후 임의의 전역함수

SetRect() 함수를 통해 두 객체를 전달받도록 한다. 값 전달 방식으로 호출하기 때문에, 실 매개변수와 형식 매개변수 각각의 메모리가 생성될 것이고, 각 매개변수의 객체를 통해 변경된 멤버변수 값들을 출력해 보면 실 매개변수 값은 SetRect() 함수 안에 형식 매개변수 객체 값과 별도로 관리되고 있음을 알 수 있다.

● 4장\ParameterObj\callbyvalue.cpp

```cpp
#include <iostream>
using namespace std;
class MousePoint
{
public:
    MousePoint();
    MousePoint(int nX, int nY);
    void SetXY(int nX, int nY);
    int GetX() const;
    int GetY() const;
private:
    int x, y;
};

MousePoint::MousePoint()
{
}
MousePoint::MousePoint(int nX, int nY)
{
    x = nX;
    y = nY;
}
void MousePoint::SetXY(int nX, int nY)
{
    this->x = nX;
    this->y = nY;
}
int MousePoint::GetX() const
{
    return x;
}
int MousePoint::GetY() const
{
    return y;
}
```

```cpp
void SetRect(MousePoint pt1, MousePoint pt2)
{
    cout<<pt1.GetX()<<", "<<pt1.GetY()<<endl;
    cout<<pt2.GetX()<<", "<<pt2.GetY()<<endl;
    pt1.SetXY(1000, 2000);
    cout<<pt1.GetX()<<", "<<pt1.GetY()<<endl;
}
void main()
{
    MousePoint mp1(10, 20), mp2(100, 200);
    SetRect(mp1, mp2);
    cout<<mp1.GetX()<<", "<<mp1.GetY()<<endl;
}
```

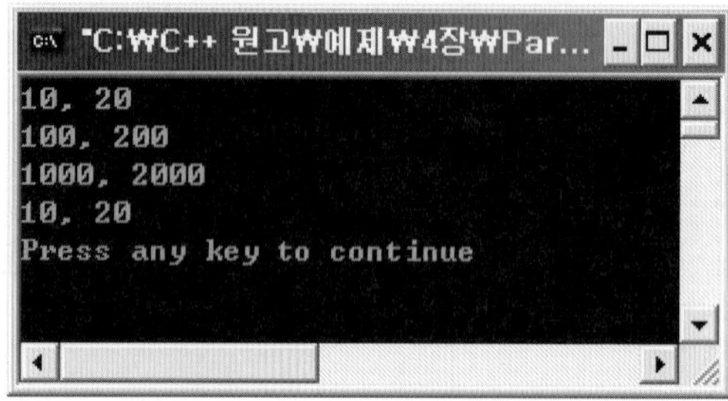

예제 결과를 보면 한 가지 의문이 든다. 외부의 mp1 객체가 pt1 객체로 값을 넘겨주고, SetXY() 함수를 통해 pt1 객체의 멤버 변수값을 1000과 2000으로 변경하였다. 그렇다면 main()에서 mp1 객체를 통해 출력한 값이 변경한 1000과 2000으로 출력될 것이라 기대하지만, 실상은 10과 20이 출력되는 것을 볼 수 있다. 그 이유는 다음과 같은 메모리 구조 때문이다.

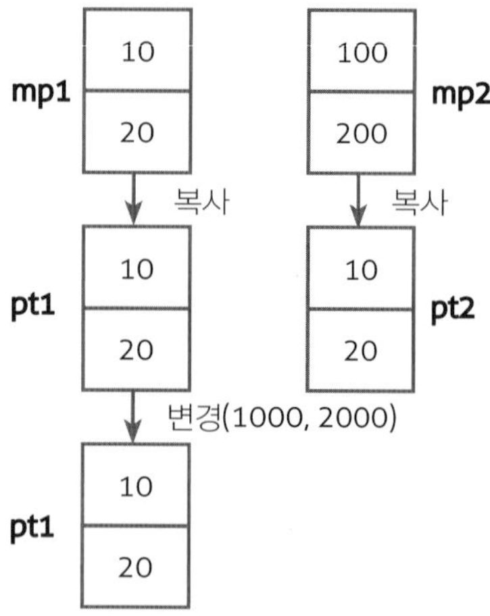

mp1, mp2와 pt1, pt2는 값을 복사하고 받는 별도의 메모리이지 결코 하나가 아니다. 그러다 보니, pt1 객체 값을 변경하더라도 mp1 객체 값은 변하지 않는 것이다.

2. 객체에 대한 레퍼런스 전달 방식

값 전달 방식의 단점과 한계

기본 연산자의 경우 같은 타입이면 복사가 가능하다고 하였다. 그러므로 객체 또한 같은 클래스이면 복사가 가능하다. 일반 정수의 경우 변수 간의 값이 복사된다.

```
int  a = 10, b = 20;
a = b;
```

객체의 경우는 다음과 같이 객체끼리 복사가 이루어지는데 객체의 멤버변수가 복사된다.

```
MousePoint mp1(10, 20), mp2(100, 200);
mp1 = mp2;
```

이렇게 객체를 복사하는 루틴을 함수로 구현해 보도록 하자. 함수 이름은 CopyObject()라고 하겠다.

● 4장\ParameterObj\callbyvalue.cpp

```cpp
#include <iostream>
using namespace std;
class MousePoint
{
public:
    MousePoint();
    MousePoint(int nX, int nY);
    void SetXY(int nX, int nY);
    int GetX() const;
    int GetY() const;
private:
    int x, y;
};
MousePoint::MousePoint()
{
}
```

```cpp
MousePoint::MousePoint(int nX, int nY)
{
    x = nX;
    y = nY;
}
void MousePoint::SetXY(int nX, int nY)
{
    this->x = nX;
    this->y = nY;
}
int MousePoint::GetX() const
{
    return x;
}
int MousePoint::GetY() const
{
    return y;
}
void CopyObject(MousePoint pt1, MousePoint pt2)
{
    pt1 = pt2;
    cout<<pt1.GetX()<<", "<<pt1.GetY()<<endl;
}
void main()
{
    MousePoint mp1(10, 20), mp2(100, 200);
    cout<<mp1.GetX()<<", "<<mp1.GetY()<<endl;
    CopyObject(mp1, mp2);
    cout<<mp1.GetX()<<", "<<mp1.GetY()<<endl;
}
```

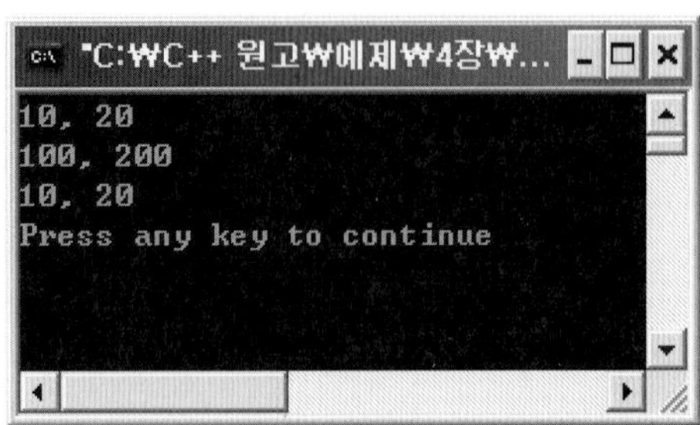

이 예제의 결과는 예상했던 것과 달라 좌절을 다시 맛보게 될 것이다. 즉, mp1, mp2는 각각 10과 20, 그리고 100과 200으로 값을 초기에 설정해 주었다. 그리고 CopyObject() 함수에 각 객체를 넘겨주고, 넘겨받은 객체를 통해 함수 내에서 객체의 복사가 이루어졌다. 하지만 함수 외부로 나와서 변경한 대상이 되는 객체로 출력해 보면 우리가 예상한 100, 200이 아닌 10, 20이 출력되는 것을 확인할 수 있다. 그 이유는 값 전달 방식이기 때문에 실 매개변수 mp1과 형식 매개변수 pt1의 메모리 관리가 별도로 이루어지고 값만 복사되었기 때문이다. 즉, 함수의 호출 방식을 값 전달 방식으로 하게 되면 절대로 실 매개변수의 값을 변경할 수 없다는 말이다. 이것이 값 전달 방식의 한계이고 단점이다. 실 매개변수를 함수를 통해 변경하고 싶다면 레퍼런스 전달 방식을 사용해야 한다.

레퍼런스 방식의 장점

레퍼런스 방식이란 실 매개변수와 형식 매개변수 각각의 메모리를 따로 생성하여 관리하는 것이 아니고, 실 매개변수의 별칭을 형식 매개변수에 부여함으로써 변수는 2개이지만 결국 같은 메모리의 값을 참조하고 있는 방식이다. 그러므로 레퍼런스 방식에서는 형식 매개변수를 변경하면 실 매개변수로 변경이 된다. 레퍼런스를 사용하여 CopyObject() 함수를 수정해 보자.

● 4장\ParameterObj\callbyvalue.cpp

```
·············· 중복 코드 생략 ··············
void CopyObject(MousePoint &pt1, MousePoint  &pt2)
{
    pt1 = pt2;
    cout<<pt1.GetX()<<", "<<pt1.GetY()<<endl;
}
void main()
{

    MousePoint mp1(10, 20), mp2(100, 200);
    cout<<mp1.GetX()<<", "<<mp1.GetY()<<endl;
    CopyObject(mp1, mp2);
    cout<<mp1.GetX()<<", "<<mp1.GetY()<<endl;
}
```

레퍼런스 표시는 객체 앞에 & 표시를 해주면 되고, 내부적으로는 형식 매개변수 별도의 메모리를 생성하지 않고 실 매개변수의 별칭으로 사용되므로 메모리 절감 효과가 있다. 함수 내부에서 pt2의 값을 pt1에 대입하고 있는데, 실제로 함수를 빠져나가서 실 매개변수인 mp1을 출력해 보면 변경된 값으로 출력된다. 값 전달 방식의 결과와 레퍼런스 전달 방식의 결과를 보면서 비교해 보길 바란다. 이 예제의 메모리 구조는 다음과 같다.

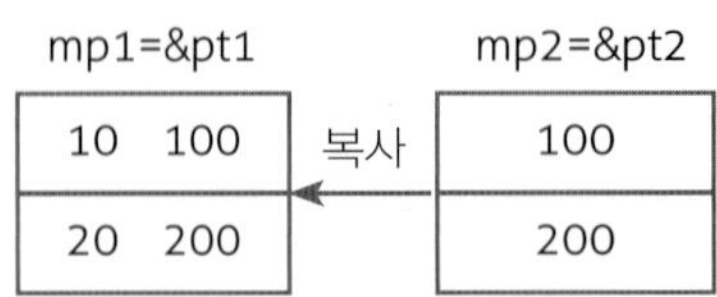

레퍼런스 방식을 통해서 얻을 수 있는 이익은 다음과 같이 2가지이다.

① 레퍼런스를 통해 함수 내에서 실 매개변수의 값을 변경할 수 있다.

② 실 매개변수와 형식 매개변수 별도의 메모리를 생성하지 않고, 단지 실 매개변수의 별칭을 생성하여 메모리를 공유하고 있기 때문에 메모리 절감 효과가 있다.

레퍼런스 방식의 반환 형태

앞에서 작성한 CopyObject() 함수는 객체끼리 복사하는 기능을 하였는데, 그 결과값을 반환하려면, 반환하려는 값의 타입과 함수의 반환 타입을 일치시켜 주면 된다. 현재 CopyObject() 함수 내에서 반환하고 싶은 값이 pt1 객체라고 가정했을 때, pt1의 타입은 MousePoint이므로, 이 함수의 반환 타입을 MousePoint라고 변경해 주면 된다.

```
MousePoint  CopyObject(MousePoint &pt1, MousePoint &pt2)
{
    pt1 = pt2;
    return pt1;
}
```

함수의 결과를 반환하게 되면 메모리 구조에서처럼 결과값을 저장하기 위한 별도의 메모리가 할당된다.

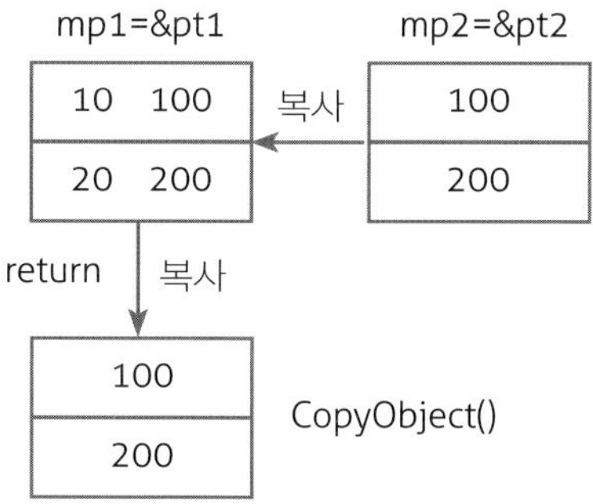

함수의 반환값도 레퍼런스 형식으로 처리할 수 있는데, 레퍼런스로 처리하게 되면 함수의 결과값을 별도로 저장하기 위한 메모리를 따로 할당할 필요 없이 반환값 변수의 별칭이 되므로 메모리를 절감할 수 있다.

```
MousePoint &  CopyObject(MousePoint &pt1, MousePoint &pt2)
{
    pt1 = pt2;
    return  pt1;
}
```


5 const 멤버함수와 const 객체

일반적으로 변수를 상수화시킬 때 사용하는 예약어로 const 키워드를 사용하였다. 그런데 const 키워드를 클래스의 멤버함수와 객체에도 사용할 수 있다. 이 두 경우 const 적용 시 어떻게 사용되는지 살펴보도록 하자.

1. const 멤버함수

먼저 멤버함수에 const 적용 시 어떻게 동작하는지 보도록 하겠다. 멤버함수에서 const를 사용하는 것은 객체의 멤버변수를 변경시킬 수 없도록 하기 위해서이다. 앞에서부터 애용하고 있는 MousePoint 클래스를 다시 한 번 살펴보기로 하자.

```cpp
class MousePoint
{
private:
        int x, y;
public:
    MousePoint();
    MousePoint(int nX, int nY);
    inline int GetX() const {return x;};
    inline int GetY() const {return y;};
    void SetXY(int nX, int nY) const;
};
```

각 멤버 함수명 뒤에 const라는 예약어를 붙여 주면 된다. 멤버함수 정의 시에도 다음과 같이 const 예약어를 붙여 주어야 한다.

```cpp
void MousePoint::SetXY(int nX, int nY) const
{
    this->x = nX;
    this->y = nY;
}
```

const 예약어가 붙은 const 멤버함수는 객체의 멤버변수를 변경할 수 없는 읽기 전용 함수가 된다. 또한 const 멤버함수는 const로 지정되지 않은 다른 멤버함수도 호출할 수 없다. 왜냐하면 읽기 전용으로 지정된 const 멤버함수에서 const로 지정되지 않은 멤버함수를 호출함으로써 간접적으로 객체의 멤버변수를 변경시킬지도 모르는 가능성을 배제시키기 위함이다. const로 선언된 멤버함수에서 객체의 데이터를 변경하려고 시도한다면 컴파일러는 다음과 같은 에러 메시지를 보내게 된다.

l-value specifies const object

앞의 SetXY() 함수의 경우 객체의 멤버변수를 변경하려고 시도하고 있다. 그런데 함수는 const 멤버함수이다. 이러한 경우 에러가 발생한다.

일반적으로 const 멤버함수를 사용하는 경우는 함수 내부에서 멤버변수에 접근하지 않는 경우, 즉 데이터를 변경할 필요가 없거나 변경해서는 안 되는 함수일 때 const 멤버함수로 선언하는 것이 좋다. SetXY()와 같은 멤버변수에 접근하는 함수는 const 멤버함수로 사용하면 안 되고, GetX() 나 GetY()와 같이 데이터의 변화 없이 단순히 값을 반환하거나 화면에 출력하는 기능을 하는 함수를 const 멤버함수로 선언하는 것이 바람직하다.

생성자와 소멸자는 const 예약어를 사용할 수 없다. 생성자와 소멸자는 항상 객체의 데이터를 변경시키야 하기 때문이다.

2. const 객체

변수나 멤버함수뿐만 아니라 객체에도 const 예약어를 사용할 수 있다. 객체 생성 시 const 예약어를 사용하면, 그 객체는 상수로 취급되어 초기화된 데이터 외의 다른 데이터로 변경할 수 없다. 다음 예를 보도록 하자.

```
const MousePoint pt1(10, 20);
```

pt1 객체는 적절한 생성자를 호출하여 초기에 각 멤버변수에 10과 20으로 초기화를 해주고 있다. 그런데 const가 붙어 있으므로, 이 pt1 객체는 초기값 10과 20의 값을 다른 값으로 변경할 수 없다.

```
const MousePoint pt1(10, 20);
MousePoint pt2(100, 200);
pt1 = pt2;    //에러가 발생한다.
```

pt2 객체는 초기에 100과 200으로 각각 초기화하였다. 그리고 앞에서 초기화했던 pt1 객체에 대입을 시도하고 있는데, pt1 객체는 const로 지정되어 있으므로 에러를 유발시킬 것이다.

```
binary '=' : no operator defined which takes a left-hand operand of type
'const class MousePoint' (or there is no acceptable conversion)
```

그리고 const 객체는 데이터 멤버를 변경할 수 있는 멤버함수의 호출 또한 허용하지 않는다. 왜냐하면 const 객체이므로 초기화된 멤버변수를 변경할 수 있는 여지가 있기 때문이다.

```
pt1.SetXY(50,100);  //에러가 발생한다.
```

const 객체 pt1은 SetXY() 멤버함수를 호출함으로써 다음과 같은 에러를 유발시킬 것이다.

```
SetXY' : cannot convert 'this' pointer from 'const class MousePoint' to 'class MousePoint  &'
Conversion loses qualifiers
```

그러므로 const 객체는 const 멤버함수만 사용할 수 있다. pt1 객체는 멤버변수를 변경하지 않는 멤버함수를 호출할 수 있는데, 이러한 멤버함수를 우리는 보통 const 멤버함수로 지정한다.

우리가 앞선 예제에서 보았던 멤버함수를 보면, GetX(), GetY()와 같은 멤버함수들은 멤버변수를 변경하지 않고 다만 기존 저장되어 있는 멤버변수의 값을 반환하고 있으므로 const 멤버함수로 선언하였다. 그래서 다음과 같이 호출이 가능하다.

```
pt1.GetX();
pt1.GetY();
```

정리하면, const 객체는 생성해야 할 필요가 있는 경우, 해당 클래스에서는 반드시 const 멤버함수로 지정해야 한다. 만약 const 객체는 선언하였는데 const 멤버함수가 없다면, 그 객체는 사용할 수 없는 무용지물의 객체가 될 것이다.

6 static 멤버

1. static 멤버의 개요

이번에는 static 멤버에 대해 논해 보기로 하자. 예를 들어 은행의 예금계좌에 대한 클래스를 작성한다고 생각해 보자.

이 클래스에는 고객명과 고객의 예금 잔액을 저장할 멤버변수가 있어야 하고, 현재 이자율을 표시하는 이자율 멤버함수가 있어야 한다. 이때 이자율에 주목을 해보자. 이자율은 고객명이나 고객의 예금 잔액과는 달리 각자의 고객이 아닌, 모든 고객에 해당하는 공통변수이다. 그래서 이자율 멤버변수는 모든 고객이 공통적으로 적용 가능하도록 전역변수의 특성을 가져야 할 것이다. 그리고 이자율은 수시로 변하기 때문에 상수가 아닌 변수를 사용해야 한다. 그런데 이러한 조건을 만족하는 변수를 선언하는 데는 몇 가지 제약이 따른다.

앞에 말했듯이 이자율은 전역변수의 특성을 가져야 한다고 했는데, 만약 이자율 자체가 클래스의 멤버변수로 선언된다면 각각의 객체에는 이자율 멤버변수가 각각 포함되기 때문에 똑같은 정보를 여러 객체가 가지고 있다는 점에서 메모리 낭비가 된다. 또한 이자율 수정 시 모든 객체의 이자율을 각각 수정해야 한다는 부담감도 있다.

그렇다면 이러한 문제점으로 인해 이자율을 전역변수로 선언한다고 가정하자. 이러한 경우는 각 각의 객체마다 이자율을 가지고 있다는 불합리함은 없어지지만 새로운 문제점이 생긴다. 전역변수 는 현재 클래스뿐만 아니라 다른 클래스 멤버함수에서도 접근할 수 있는 것이므로 객체지향의 기 본 철학에 위배되고, 데이터 보안에 있어서도 매우 위험한 방법이다. 한마디로 이쪽 구멍을 때우면 저쪽 구멍이 뚫리고, 저쪽 구멍을 막으면 이쪽 구멍이 뚫리는 형태이다. 이 두 가지 모순을 해결할 수 있는 방법이 있다.

우리가 원하는 것은 하나의 클래스 내에 속해 있는 객체들에서만 사용할 수 있는, 전역변수와 같 은 성질의 멤버변수인데, 이것이 바로 static 멤버 선언 방식이다. 즉, 클래스의 외부함수에서는 접 근할 수 없다.

2. static 멤버변수

static 멤버변수의 선언과 속성

static 멤버변수는 메모리 구조상 전역변수와 같은 공간인 데이터 영역에 메모리가 할당된다. 하지 만 전역변수와 비슷한 성질을 가지면서도 클래스에 국한되어 사용된다는 차이가 있다. static 멤버 변수는 일반 변수 선언문 맨 앞에 'static' 키워드를 붙여 준 형태이다.

```
static double dInterestRate;
```

이자율에 대한 멤버변수를 static으로 선언하면 클래스에 대한 객체가 생성된다 하더라도 단 하 나의 변수만 메모리에 할당된다. 그리고 static 멤버변수는 클래스에 속해 있는 멤버이므로 일반 다 른 멤버변수와 같이 취급된다.

static 멤버변수가 private 속성을 갖는다면 같은 클래스의 멤버함수에서만 접근이 가능하다. 결국 클래스 외부의 함수에서는 접근이 불가능하다는 말이다.

static 멤버를 가지는 클래스의 선언 및 구조

앞에서 언급한 static 멤버변수의 특성을 기반으로 실제 은행 예금 계좌를 나타내는 클래스를 작 성해 보도록 하자.

```cpp
class Deposit
{
public:
    Deposit()
    {
    }
    Deposit(char *name, double balance)
    {
        strName = name;
        dBalance = balance;
    }
    void BankBalance()
    {
        dBalance = dBalance + (dBalance * dInterestRate);

    }
private:
    char *strName;
    double dBalance;
    static double dInterestRate;
};
```

　　Deposit이라는 이름의 클래스를 생성하였다. 생성자는 디폴트 생성자와 고객이름과 예금잔고를 입력할 수 있는 생성자로 정의되어 있으며, 실제 이자율이 적용된 잔고를 계산하는 함수를 BankBalance()라는 이름으로 정의하였다. 각각의 멤버변수는 strName, dBalance로 구성되어 있으며, 이자율은 모든 객체에 공통적으로 적용되어야 하므로 이자율 멤버변수 dInterestRate를 static 변수로 선언하였다.

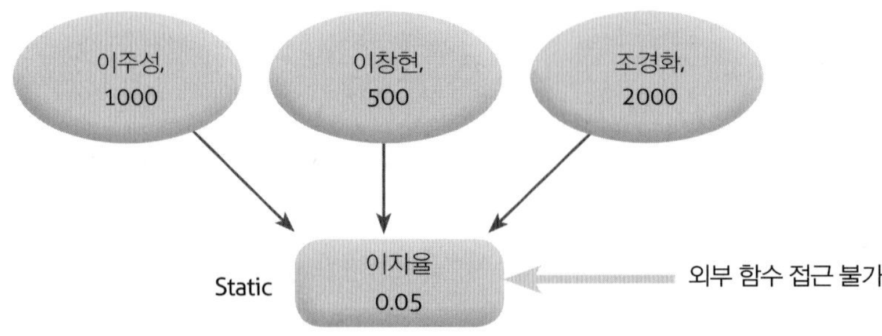

static 변수는 전역변수처럼 프로그램이 시작되면서 멤버변수가 메모리에 할당된다. 즉, 클래스의 객체가 생성되지 않더라도 static 멤버변수는 메모리에 할당된다는 말이다. 따라서 객체 생성 시에만 메모리 영역이 할당되는 일반 멤버함수와는 다르다.

static 멤버변수의 초기화

static 멤버변수는 일반 멤버변수와 메모리 생성 시점이 다르므로 초기화하는 영역 또한 다르다. 일반 멤버변수의 초기화를 클래스의 생성자에서 했다면 static 멤버변수는 생성자에서 초기화가 불가능하다. 왜냐하면 객체 생성 시마다 초기화된다면 해당 클래스를 통해 생성되는 각각의 객체마다 사용하는 값이 달라지기 때문이다. 따라서 static 멤버변수는 전역변수와 같이 프로그램 시작 시 단 한 번만 초기화되어야 한다. 이때 static 멤버변수의 접근 지정자는 초기화 과정에 전혀 영향을 주지 않으므로, private 속성의 static 멤버일지라도 클래스 외부에서 초기화가 가능하다. 초기화 형식은 다음과 같다.

```
double   Deposit::dInterestRate = 0.05;
```

초기화 구문의 순서도 타입이 가장 먼저 나오고 소속 클래스명과 그 위에 영역 결정 연산자(::) 표시를 해줌으로써 초기화할 static 멤버변수의 소속을 지정해 준다. 그리고, static 초기화 코드는 헤더 파일에 작성하지 않도록 한다. 왜냐하면 초기화는 한 번만 이루어져야 하는데 헤더 파일은 프로그램 내에서 여러 번 포함될 수 있기 때문이다.

static 멤버변수의 외부참조

static 멤버변수의 접근 지정자는 public으로 지정한다면 해당 클래스의 외부에서도 접근할 수 있다. 예를 들어 main() 함수에서 클래스 객체를 선언하고 static 멤버변수를 호출하는 코드를 작성해 보자.

● 4장\staticMember\staticMem.cpp

```
void main()
{
Deposit  kim, lee;
    kim.dInterestRate = 0.05;
}
```

외부인 main() 함수에서 Deposit 클래스의 객체 kim, lee를 선언하였다. 이 두 객체를 통해 멤버를 호출할 수 있는데, kim 객체로 static 멤버변수를 호출하여 dInterestRate 값을 변경하고 있다. 얼핏 보면 kim 객체의 멤버변수가 수정되는 것으로 착각할 수 있다. 그러나, dInterestRate의 값은 kim 객체뿐만 아니라 lee 객체에도 적용되는, 즉 Deposit 클래스 전체 객체의 dInterestRate 값이 수정되는 것이다. 그래서 코드상 dInterestRate 값이 static 멤버변수라는 사실을 모른다면 kim.dInterestRate라는 코드는 잘못 해석하여 kim 객체에 국한된 멤버변수로 오해할 수 있다. 따라서 앞에서처럼 클래스 외부에서 static 멤버변수에 접근할 필요가 있다면 다음과 같이 클래스명과 영역 결정 연산자(::)를 static 멤버변수 앞에 붙임으로써 객체에 의해 각각의 객체에 대한 일반 멤버변수가 변경되는 것이 아니라 클래스 내의 static 멤버 변수의 값이 변경되는 것이라고 명확하게 해줄 필요가 있다.

● 4장\staticMember\staticMem.cpp

```
void main()
{
        Deposit kim, Lee;
        Deposit::dInterestRate = 0.05;
}
```

그런데 static 멤버변수도 클래스에 속한 멤버변수인데 접근 지정자를 public으로 해줌으로써 외부로부터 접근 가능하게 하였으므로, 클래스의 기본 철학에 위배된다. 이러한 경우 멤버변수는 private으로 선언하고 static 멤버함수를 public으로 선언하여 static 멤버함수를 통해 static 멤버변수에 접근하게 한다.

3. static 멤버함수

static 멤버함수의 사용 방법

static 멤버변수의 값을 변경하기 위해서 static 멤버함수를 사용한다고 하였다. static 멤버함수는 클래스의 객체가 생성되지 않아도 호출될 수 있는데, 멤버함수 선언 시 앞에 static 예약어만 붙여주면 된다. 예를 들어 이자율을 변경하는 멤버함수를 static 형태로 선언한다고 하자.

```
static void SetInterestRate(double dNewRate)
{
    dInterestRate = dNewRate;
}
```

우리는 앞에서 static 멤버변수를 호출하는 방법을 배웠다. 외부에서 호출 시 접근 지정자를 public 으로 변경하고, 선언한 클래스의 객체를 통해 접근하거나, 아니면 클래스명 뒤에 영역 결정 연산자 (::)를 붙여 호출하는 방법이 있었다.

마찬가지로 static 멤버함수를 호출하는 방법에는 두 가지 방법이 있는데, 선언한 클래스의 객체 를 통해 () 연산자를 사용하여 호출할 수도 있고 클래스명 뒤에 영역 결정 연산자(::)를 붙여 호출 할 수도 있다.

```cpp
void main()
{
        Deposit kim, Lee;
        kim.SetInterestRate(0.03);     // ①
        Deposit::SetInterestRate(0.03);   // ②
}
```

이 두 가지 방법을 보면 앞에서 static 멤버변수를 변경시켰던 방법이 연상된다. 그때도 객체를 사 용하여 변경시키는 방법이 있었고 클래스의 영역 결정 연산자를 통해 변경시키는 방법이 있었는데, 결론은 후자의 방법을 사용하자는 것이었다. 그 이유는 static 멤버변수가 클래스 전체에서 사용되 는 공통변수이기 때문에 특정 객체에 국한된 변수처럼 보이게 되면 혼동의 우려가 있으므로 공통 변수라는 것을 명시하기 위함이었다. static 멤버함수도 마찬가지다. ①번의 경우는 kim이라는 특 정 객체를 통해 이자율을 0.03으로 변경하고 있다. 하지만 실제로는 kim 객체만의 이자율이 변경 된 것이 아니라 전체 이자율이 변경된 것이다. 그러므로 마치 kim 객체만의 이자율만 변경된 것처 럼 오해할 우려가 있으므로 ②번과 같은 방법으로 멤버함수를 호출하는 것이다. 즉, static 멤버함 수를 호출함으로써 static 멤버함수가 변경되었다는 것을 명시해 주는 구문이다.

static 멤버함수의 사용 목적

일단 static 멤버변수, static 멤버함수를 사용하는 방법에 대해서는 충분히 숙지하였다. 그런데 static 멤버변수의 경우 static 멤버함수 내에서 사용하도록 했지만 일반 멤버함수에서도 static 멤버변수에 접근할 수 있다. 왜냐하면 static 멤버변수도 하나의 클래스 멤버변수이기 때문이다. 그렇다면 군이 static 멤버함수를 사용하는 목적은 무엇일까? 그 이유는 객체가 생성되어 있지 않아도 static 멤버 함수는 호출할 수 있고 private 속성의 static 멤버변수 dInterestRate에 접근하기 위해 사용할 수 있기 때문이다. static 멤버함수를 사용한 코드를 작성해 보자.

```cpp
#include <iostream>
using namespace std;

class Deposit
{
public:
    Deposit()
    {
    }
    Deposit(char *name, double balance)
    {
        strName = name;
        dBalance = balance;
    }
    void BankBalance()
    {
        dBalance = dBalance + (dBalance * dInterestRate);
    }
    static void SetInterestRate(double dNewRate)
    {
        dInterestRate = dNewRate;
    }
    static double GetInterestRate()
    {
        return dInterestRate;
    }
private:
    char *strName;
    double dBalance;
    static double dInterestRate;
};
double Deposit::dInterestRate = 0.05;

void main()
{
    Deposit::SetInterestRate(0.03);
    cout<<"변경된 이자율:"<<Deposit::GetInterestRate()<<endl;
}
```

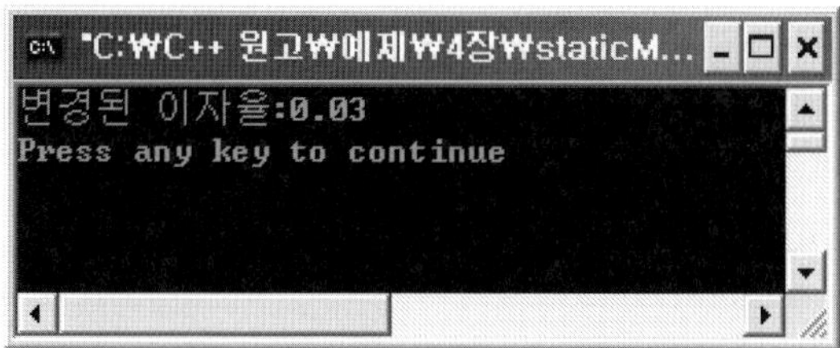

초기에 이자율 멤버변수인 dInterestRate 값은 0.05인데 static 형태로 선언되어 있다. 이 멤버변수를 객체 생성 없이 변경시키는 방법은 static 멤버함수를 사용하는 것이므로, SetInterestRate()이라는 static 멤버함수를 통해 값을 0.03으로 변경하였다.

this 포인터 사용 불가

static 멤버함수는 아주 제한적으로 사용된다. static 멤버함수는 클래스의 특정 객체에 영향을 미치지 않으므로 this 포인터를 사용할 수 없다. 따라서 static 멤버함수는 static이 아닌 일반 변수에 접근할 수 없고 static이 아닌 일반 멤버함수도 호출할 수 없다.

```
static void SetInterestRate(double dNewRate)
{
        this->dInterestRate = dNewRate;
}
```

코드를 보면 일반 멤버변수인 dInterestRate를 this 포인터를 사용하고 있는데, static 멤버함수는 특정 객체에 영향을 미치지 않으므로 다음과 같은 에러 메시지를 내보내게 된다.

```
'SetInterestRate' : static member functions do not have 'this' pointers
left of '->dInterestRate' must point to class/struct/union
```

이번에는 static 멤버함수 안에서 일반 멤버함수를 호출했을 경우이다.

```
static void SetInterestRate(double dNewRate)
{
        dInterestRate = dNewRate;
        BankBalance();
}
```

이 경우도 다음과 같은 에러 메시지를 내보내게 된다. static 멤버함수는 특정 객체에 영향을 미치지 않는데, 일반 멤버함수인 BankBalance()는 특정 객체를 통해서 호출이 되어야 하는 함수이므로, static 멤버함수 내에서 사용되어서는 안 된다.

객체 상태 정보 관리

앞에서 static 멤버변수와 멤버함수의 사용법과 용도에 대해 알아보았는데, static 멤버는 클래스 내에서 단 하나 생성하고 초기화되는 멤버라고 하였다. 이러한 특성 때문에 static 멤버변수를 사용하여 객체의 상태 정보 관리에도 사용할 수 있는다. 즉, 각각의 객체 생성 시 생성자의 호출을 카운트하거나, 소멸자 호출을 카운트하여 현재 객체가 얼마나 생성되었고, 소멸되었는지 파악하는 용도로 사용할 수 있다. 다음과 같이 코드를 작성해 보자.

● 4장\staticMember\staticMem.cpp

```cpp
#include <iostream>
using namespace std;

class Deposit
{
public:
    Deposit()
    {
        nCount++;
        cout<<"객체 생성 개수 : "<<nCount<<endl;
    }
    ~Deposit()
    {
        nCount--;
        cout<<"객체 소멸 개수 : "<<nCount<<endl;
    }
·············· 이하 중복 생략 ··············
private:
    char *strName;
    double dBalance;
    static double dInterestRate;
    static int nCount;
};
```

```cpp
double Deposit::dInterestRate = 0.05;
int  Deposit::nCount = 0;

void main()
{
    Deposit kim, Lee;
}
```

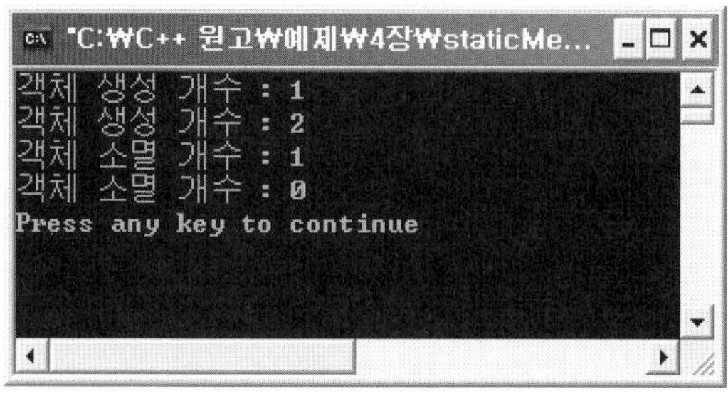

정수형 nCount라는 변수를 static 형태로 선언하고 생성자에서 nCount 변수를 증가, 소멸자에서 nCount 변수를 감소시키고 있는데, nCount 변수는 static 멤버변수이므로 특정 객체에 종속되어 각각 초기화되는 것이 아니라 특정 클래스 전체에 단 하나 존재하는 멤버변수이다. 따라서 초기화는 프로그램 실행 시 단 한 번 초기화되고, 객체 생성 시 증가, 객체 소멸 시 감소되고 있다.

7 프렌드(friend)

1. friend의 개요

앞에서 클래스의 멤버변수의 접근 지정자는 private으로 지정하여 클래스의 외부에서는 접근할 수 없도록 하고, 오직 멤버함수를 통해 멤버변수에 접근할 수 있도록 한다고 하였다. 그러므로 클래스 간에 자신의 멤버변수 외에 다른 클래스의 멤버변수에 접근하려면 멤버함수를 사용하여 접근해야지 그렇지 않고 직접 접근하는 것은 불가능하였다.

그런데 C++에서는 이러한 기본 규칙을 깨는 변칙적인 기능을 제공한다. 바로 프렌드(friend) 기능이다. 프렌드란 '친구'라는 의미이다. 여러분도 알다시피 가족 다음으로 소중하게 생각하는 사람이 친구이다. 클래스에서의 친구, 즉 friend의 의미는 나만이 접근할 수 있는 영역을 친구라고 지정한 녀석에게도 접근할 수 있도록 허용하는 것을 말한다.

예전에 일영이라는 친구가 있었다. 이 친구가 어느 날 급한 일이 있다고 나에게 현금카드를 주며, 은행에서 대신 돈을 좀 출금해 달라는 부탁을 한 적이 있었다. 그러면서 나에게 인출카드의 비밀번호를 알려주었는데, 비번은 '1010(일영일영)'이었다. 비밀번호는 다른 사람에게는 절대 노출해서는 안 되는 자신만이 알고 있어야 하는 일급비밀인데, 내가 친구라는 이유만으로 알려준 것이다. 일영이라는 친구 입장에서는 나를 친구로 지정했으므로, 나는 비밀번호를 알고 있고 돈을 뺄 수 있지만, 반대로 내 입장에서는 일영이라는 친구를 친구로 지정한 것은 아니므로 일영이는 내 통장 계좌에 접근할 수 없다. 즉, 내가 친구라고 지정하였다면 상대방은 내 통장 계좌에 접근 가능하겠지만, 반대로 내가 상대방의 통장에 접근할 수는 없는 것이다. 이것이 바로 프렌드의 기본 원리이다.

프렌드로 지정할 수 있는 영역으로는 클래스 영역과 함수 영역이 있다.

2. friend 클래스

하나의 클래스에서 다른 클래스를 friend로 선언하면, friend로 선언된 클래스에서는 자기를 friend로 선언한 클래스의 어떠한 멤버에든 접근이 가능하게 된다.

● 4장\Friend\FriendClass.cpp

```cpp
#include <iostream>
using namespace std;

class MyDeposit
{
    friend class FriendDeposit;
public:
    MyDeposit()
    {
        strName = "이창현";
        dBalance = 1000;
    }
```

```cpp
    ~MyDeposit()
    {
    }
private:
    char *strName;
    double dBalance;
};

class FriendDeposit
{
public:
    FriendDeposit(MyDeposit md)
    {
        cout<<"이름 : "<<md.strName<<endl;
        cout<<"잔고 : "<<md.dBalance<<endl;
    }
    ~FriendDeposit()
    {
    }
private:
    char *strFName;
    double dFBalance;
};

void main()
{
    MyDeposit  md;
    FriendDeposit  fd(md);
}
```

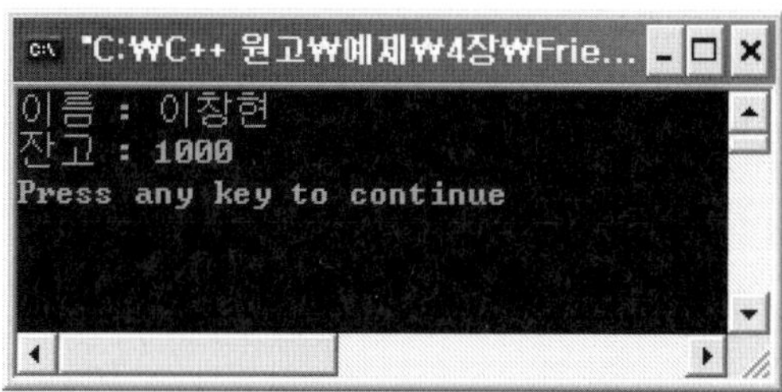

friend 선언은 접근 지정자에 영향을 받지 않고, 클래스 내의 어느 위치에서 선언되든 상관이 없다. 대체로 눈의 띄는 클래스 내부의 상단에 선언하는 것이 일반적이다. 앞의 friend 개요에서 설명했듯이, friend 선언은 단방향 접근이다. 즉, 내가 상대방을 친구라고 지정한다 할지라도 상대방이 나를 친구라고 생각하지 않으면 내 입장에서만 상대방을 친구라고 여기고 있는 것이 된다.

코드를 보면, MyDeposit 클래스 내에 FriendDeposit 클래스가 friend로 선언되어 있으므로, FriendDeposit 클래스는 MyDeposit 클래스의 모든 멤버에 접근할 수 있다. 왜냐하면 친구이니까. 그런데 반대로 MyDeposit 클래스는 FriendDeposit 클래스의 멤버에 접근할 수 없다. 왜냐하면 FriendDeposit 클래스는 MyDeposit 클래스를 friend(친구)라고 선언하지 않았기 때문이다.

FriendDeposit의 객체 fd를 통해 생성자를 호출하되, MyDeposit 클래스의 객체 md를 전달인자로 넘겨 받고 있다. 그리고 넘겨 받은 md를 통해 멤버변수인 strName과 dBalance에 접근하여 값을 가져올 수 있다. 이러한 접근이 가능한 이유는 MyDeposit 클래스가 FriendDeposit 클래스의 friend이기 때문인 것이다.

클래스 간 friend 기능 사용 시에는 하나의 클래스가 단독으로 사용되는 것이 아니라 두 개의 클래스가 연관되어 기능을 형성하므로 어느 한 클래스의 기능 수정 시 두 클래스 모두 각별한 주의를 요한다. 즉, friend 클래스의 사용은 아주 신중하게 그리고 최소한으로 하는 것이 좋다.

3. friend 함수

클래스를 friend로 지정하는 대신 전역함수를 friend로 지정하여 함수 내에서 클래스의 멤버에 접근할 수 있도록 하는 것을 friend 함수라고 한다. 먼저 예제를 통해 알아보도록 하자.

● 4장\Friend\FriendClass.cpp

```cpp
#include <iostream>
using namespace std;

class MyDeposit
{
public:
    friend void withdraw(MyDeposit md); //전역 함수 프렌드 선언
    MyDeposit()
    {
        strName = "이창현";
        dBalance = 1000;
    }
```

```cpp
        ~MyDeposit()
        {
        }
    private:
        char* strName;
        double dBalance;
    };
    void withdraw(MyDeposit md)
    {
        cout<<"프렌드 함수 withdraw : "<<md.strName<<endl;
        cout<<"프렌드 함수 withdraw : "<<md.dBalance<<endl;
    }

    void main()
    {
        MyDeposit md;
        withdraw(md);
    }
```

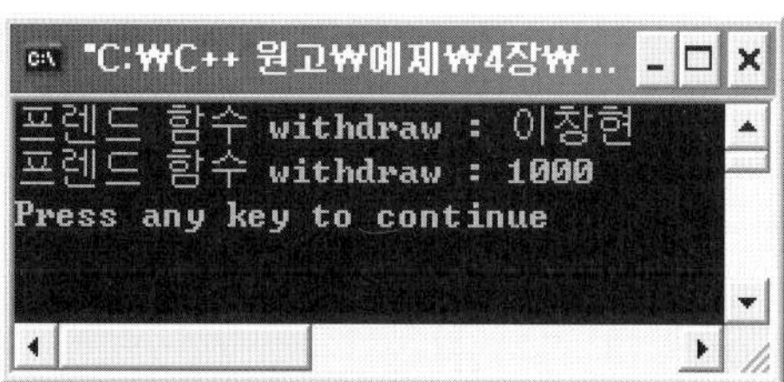

MyDeposit이라는 클래스에 withdraw() 함수를 friend라고 선언하였다. withdraw() 함수는 전역 함수인데 함수의 전달인자로 MyDeposit 클래스 객체를 전달하고 있다. 함수를 클래스 MyDeposit 안에서 friend라고 선언하였으므로, 이 의미는 함수로 하여금 MyDeposit 클래스의 모든 멤버에 접근할 수 있도록 하겠다는 의미이다.

withdraw() 함수를 보면, 전달인자로 MyDeposit의 객체를 넘기고 있고, 객체 md를 통해 MyDeposit 클래스의 멤버에 접근하고 있다. 결국 함수 자체가 특정 클래스 안에서 friend로 선언되어 있으므로 클래스의 멤버에 접근이 가능한 것이다.

클래스와 동적 메모리 할당

이번 장에서는 기본 데이터형에 대한 동적 메모리 할당에 대하여 알아보고, 클래스 내부에서 객체 생성 시 동적 메모리를 할당하는 방법에 대해서 알아볼 것이다. 또한 클래스 안에서 동적으로 메모리 생성 및 소멸 시 발생하는 문제점과 그 문제점을 해결하기 위한 방법인 대입 연산자 오버로딩 및 복사 생성자에 대해서 알아보겠다.

1 new / delete 연산자와 동적 메모리

1. 동적 메모리의 필요성

동적 메모리는 실행 시간에 할당되어 사용되는 메모리 블록을 말한다. 동적의 반대말은 정적인데, 정적 메모리의 할당은 컴파일 시점에 발생한다. 그러므로 정적 메모리의 경우는 프로그램 작성 시에 미리 얼마만큼의 메모리 블록이 필요한지 미리 결정할 수 있을 때 동적 메모리의 경우는 프로그램 작성 시에 얼마만큼의 메모리가 필요한지 알지 못하는 경우에 사용된다. 그래서 동적 메모리의 크기는 프로그램 실행 시간에 결정되며, 할당되는 동적 메모리 영역을 우리는 힙(Heap) 영역이라고 한다. C 언어에서는 malloc()이라는 함수를 이용하여 동적 메모리를 할당하였고, free()라는 함수를 이용하여 동적 메모리를 해제하였다. 그런데 C++에서는 이와 대응되는 동적 메모리 할당을 하는 연산자가 제공되는데, 바로 new와 delete 연산자이다. 우선 new 연산자와 delete 연산자에 대해 알아보기 전에, 동적 메모리가 왜 필요한지 예제를 통해 알아보도록 하자.

● 5장\NewDelete\NewDelete.cpp

```cpp
#include <iostream>
using namespace std;
void main()
{
    int nLength;
    cin>>nLength;
    int nArray[nLength];
}
```

위 코드를 컴파일하면 다음과 같은 에러가 발생할 것이다.

```
error C2057: expected constant expression
error C2466: cannot allocate an array of constant size 0
error C2133: 'nArray' : unknown size
```

이 메시지의 뜻은 배열의 길이가 상수가 아닌 변수 nLength로 설정되어 있어서 문제가 있다는 말이다. 그 이유는 배열이 생성되는 시점은 컴파일 시점인데 변수 nLength는 실행 시점에 사용자로부터 입력을 받도록 되어 있기 때문이다.

시간상 컴파일이 먼저 일어나고 실행이 나중에 일어나 배열의 경우 컴파일 시점에 그 크기가 결정되어 있어야 하는데, 사용자로부터 입력받아야 할 변수로 설정되어 있으므로 문제가 되는 것이다. 결론은 배열 선언 시 배열의 길이는 상수로 지정되어야 한다는 것이다.

```
int nArray[10];
```

그렇다면 배열의 크기를 무조건 배열 선언 시 결정해야만 하는가? 만약 프로그램 작성 시 배열의 크기를 결정할 수 없는 경우, 즉 메모리를 얼마만큼 할당해야 할지 모를 경우는 어떻게 해야 할까? 이러한 경우를 위해서 동적 메모리 할당이 필요한 것이다.

2. new/delete 연산자

new 연산자

C++에서는 힙 메모리에 동적 메모리를 할당할 때 C에서의 malloc() 함수 대신 new 연산자를 사용한다. 여기서 malloc()은 함수이고, new는 연산자이다. 연산자는 함수와 달리 언어 자체에서 지원하는 기능이다. 즉, malloc() 함수의 경우는 전달인자로 크기만 넘겨주면 넘겨진 메모리의 크기만을 생성할 뿐 메모리 타입이나 그의 어떤 정보도 없이 void*만 넘길 뿐이다. 그러나 new 연산자는 자신이 할당하는 객체의 데이터형을 알고 있을 뿐 아니라 그 데이터형의 포인터를 반환해 준다. 다음 예제를 보자.

● 5장\NewDelete\NewDelete.cpp

```cpp
#include <iostream>
using namespace std;
void main()
{
```

```cpp
int *pBuffer; //메모리 주소값을 저장할 포인터 변수 선언
int nLength;
cout<<"힙 영역에 할당할 메모리 수:";
cin>>nLength;
pBuffer = new int[nLength];
for(int i = 0; i<nLength; i++)
    pBuffer[i] = i+1;
for(i = 0; i<nLength; i++)
    cout<<pBuffer[i]<<" ";
cout<<endl;
delete[] pBuffer;
}
```

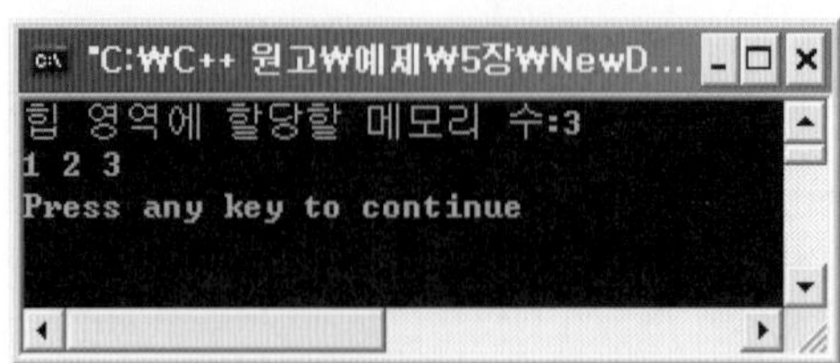

배열 선언 시 컴파일 시점에 배열의 길이를 상수로 설정해야 하는 한계를 new 연산자를 통해 메모리를 동적으로 할당함으로써 실행 시점에 배열의 길이를 설정하는 방법을 보여주고 있다. 기존 메모리의 생성, 소멸이 스택 메모리 영역에서 이루어졌다면, 동적 메모리의 할당 방식은 힙 메모리 영역에서 이루어진다. 다음 그림을 보자.

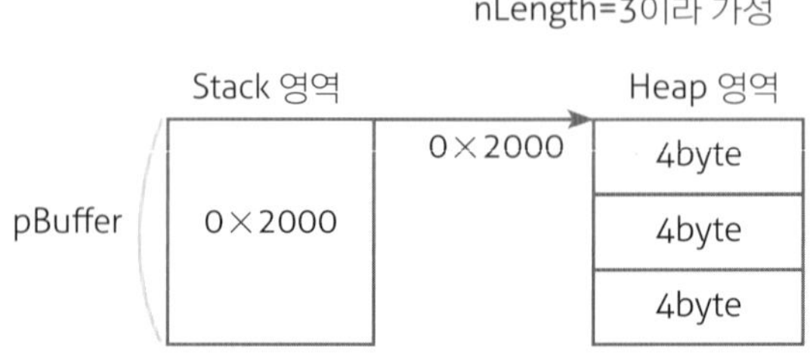

pBuffer는 스택 메모리에 선언하고 nLength의 값은 사용자로부터 3을 입력받았다고 가정하자. new 연산자를 통해 타입이 int이고, 길이가 3인 총 12byte의 메모리를 힙 영역에 할당하고, 그 주소값을 pBuffer에 넘겨주고 있다.

delete 연산자

메모리 할당 후 사용이 끝나면 반드시 해제해 주어야 한다. malloc() 함수가 free() 함수와 짝을 이루는 것처럼, new 연산자는 delete 연산자와 짝을 이룬다. 즉, delete 연산자는 new 연산자로 힙 영역에 동적으로 할당한 메모리를 해제시키고, 해제된 메모리 블록을 힙 영역에 다시 되돌려 준다. 일반적으로 다음과 같이 사용할 수 있다.

```
delete pBuffer;
```

이러한 경우 pBuffer가 가리키고 있는 포인터 주소값을 삭제하겠다는 의미이므로, 힙 영역에 할당한 메모리 블록을 해제시킨다. 그런데 힙 영역에 할당한 메모리 블록이 배열의 형태로 할당되어 있는 경우 다음과 같이 사용할 수 있다.

```
delete[] pBuffer;
```

[]표시는 배열을 나타내며, pBuffer가 가리키는 힙 영역의 메모리 블록을 모두 해제하겠다는 의미이다.

앞에서 new/delete 연산자를 이용해서 힙 영역에 메모리를 할당 및 해제하는 방법을 배웠는데, 기본 데이터형을 기본으로 하였다. 그런데 앞으로 우리가 주목해야 할 부분은 사용자 정의 데이터형인 클래스를 통해 생성된 객체 또한 동적 메모리 할당 및 해제기 기능히다는 것이다. 한마디로 힙 영역에 메모리 블록을 할당하고 객체를 생성하겠다는 말이다.

2 객체의 동적 메모리 할당

1. 힙 영역에 객체 생성

일단 힙 영역에 메모리를 할당하기 위해서는 객체를 가리킬 포인터(객체 포인터 변수)가 하나 필요하고, new 연산자를 통해 클래스 타입의 메모리를 생성한 후 앞에서 선언한 객체 포인터 변수에 주소 값을 넘겨준다.

```
MousePoint *pt;
pt = new MousePoint(10, 20);
```

갑자기 기본 데이터 형에서 객체로 넘어오니 당황스러운가? MousePoint를 앞서 살펴본 int와 같은 기본 데이터형으로 대체하여 생각해 보면 그다지 어렵지 않다. 다만 타입이 사용자 정의 타입인 클래스로 변경되었다는 차이밖에 없다. 힙 영역에 MousePoint라는 타입의 메모리를 할당하고, 그 메모리 블록의 주소값을 pt 객체 포인터 변수에 넘겨주고 있는 형태이다. pt는 힙 영역상에서 생성된 MousePoint 클래스의 포인터 주소값을 가진 객체이므로, MousePoint 클래스의 멤버에 접근할 수 있다. 간단한 예제를 하나 보도록 하자.

● 5장\newObject\newObj.cpp

```cpp
#include <iostream>
using namespace std;
class MousePoint
{
public:
    MousePoint();
    MousePoint(int nX, int nY);
    void SetXY(int nX, int nY);
    int GetX() const;
    int GetY() const;
private:
    int x, y;
};
MousePoint::MousePoint()
{
}
MousePoint::MousePoint(int nX, int nY)
{
    x = nX;
    y = nY;
}
void MousePoint::SetXY(int nX, int nY)
{
    x = nX;
    y = nY;
}

int MousePoint::GetX() const
{
    return x;
}
```

```cpp
int MousePoint::GetY() const
{
    return y;
}

void main()
{
    MousePoint *pt;
    pt = new MousePoint(10, 20);
    cout<<"X좌표:"<<pt->GetX()<<","<<"Y좌표:"<<pt->GetY()<<endl;
    delete pt;
}
```

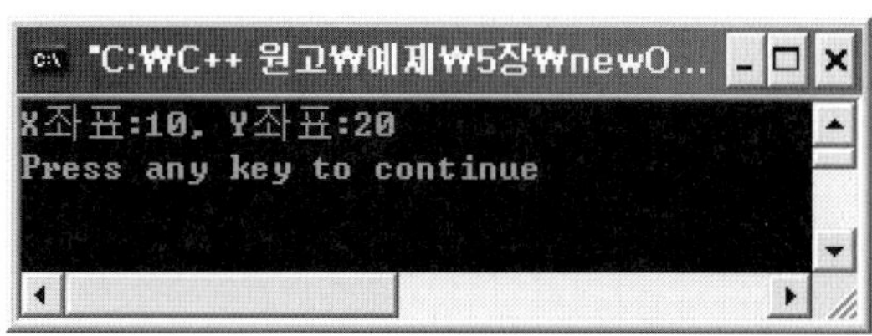

　기존의 MousePoint 클래스 예제와 결과를 비교해 보면 별반 차이가 없다. MousePoint 클래스 객체를 생성하여 클래스 내에 저장되어 있는 멤버변수의 값을 출력하는 예제이다. 그런데 큰 차이점은 기존 예제에서는 스택 영역에서 객체를 생성하여 처리했다면, 현재 예제에서는 힙 영역에서 객체를 생성하여 처리하고 있다는 점이다. 힙 영역에서 객체 생성 시 전달인자가 2개인 객체를 생성한 후 그 포인터 주소값을 pt 객체 포인터 변수에 넘기고, pt를 통해 GetX(), GetY()와 같은 멤버 함수에 접근하여 멤버변수의 값을 출력하고 있다. pt의 사용이 끝나면 delete 연산자를 통해 메모리를 해제한다.

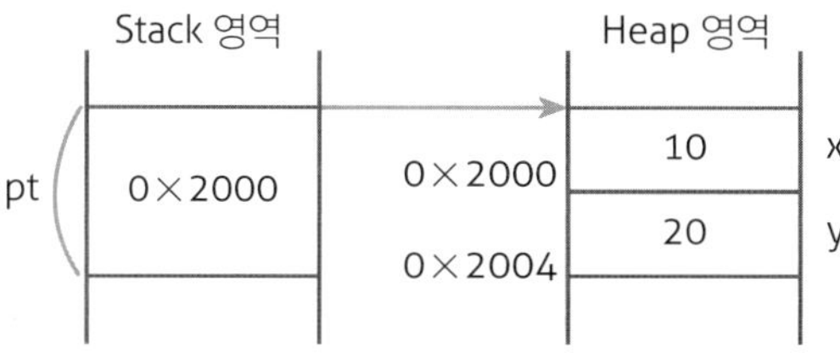

2. 객체 포인터 배열

일반 변수 여러 개를 관리할 때 배열을 선언하여 사용하듯이 객체 포인터 변수 또한 여러 개의 객체를 관리하는 방법으로 배열을 선언하여 사용할 수 있는데, 이를 '객체 포인터 배열'이라고 한다.

```
MousePoint *pArr[3];
```

포인터는 주소값만 저장할 수 있는 변수를 나타내는데, 길이가 3인 배열로 설정되어 있으므로 총 3개의 객체 포인터 변수에 주소값을 저장할 수 있는 기억 공간이 생성된 것이다.

pArr[0]	pArr[1]	pArr[2]
4byte	4byte	4byte

예를 들면 각 기억 공간에 다음과 같이 객체를 생성하여 주소값을 넘겨줄 수 있다.

```
pArr[0] = new MousePoint(10, 20);
pArr[1] = new MousePoint(100, 200);
pArr[2] = new MousePoint(1000, 2000);
```

객체 포인터 변수를 배열로 선언하여 각각 객체 포인터 변수에 생성한 객체 포인터 주소값을 넘겨받고 있다. 그림을 통해 메모리 구조를 살펴보도록 하자.

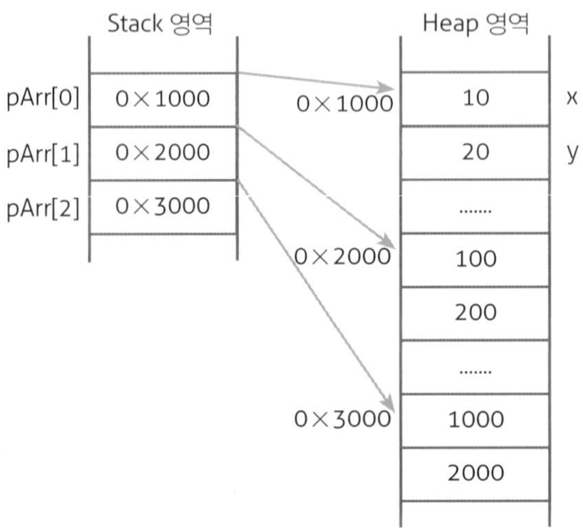

```cpp
·············· 클래스 선언 코드 중복 생략 ··············
void main()
{
    MousePoint  *pArr[3];
    pArr[0] = new MousePoint(10, 20);
    pArr[1] = new MousePoint(100, 200);
    pArr[2] = new MousePoint(1000, 2000);

    for(int i = 0; i<3; i++)
        cout<<pArr[i]->GetX()<<", "<<pArr[i]->GetY()<<endl;

    for(i = 0; i<3; i++)
        delete pArr[i];
}
```

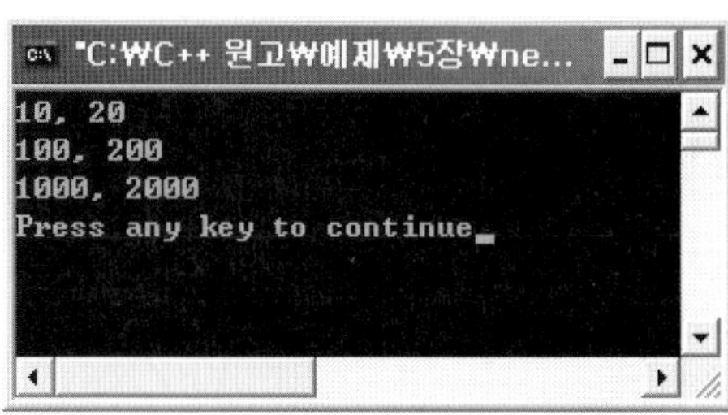

3 포인터 멤버변수를 갖는 클래스

앞에서 동적 메모리 할당을 통해 객체 포인터 배열을 다루는 방법을 배웠다. 그런데 이러한 동적 메모리 할당들이 모두 클래스 외부에서 이루어졌다. 이번에는 클래스 내부에 포인터 멤버변수를 선언하고 내부적으로 생성자에서 동적 메모리 할당이 일어나도록 설계할 것이다. 즉, 생성자에서 new 연산자를 통해 객체를 생성하는데 원하는 크기만큼 입력받아 기억 공간을 할당하고, 그 포인터 주소값을 클래스의 포인터 멤버변수에 넘겨준다.

1. 클래스 내의 동적 메모리 할당

이제부터 새로운 클래스를 만들어 보기로 하자. 우리가 만들려는 클래스의 이름은 **String**이라고 하고, 객체 생성 시 문자와 크기를 2개의 전달인자로 갖는다. 즉, 클래스의 생성자가 2개의 전달인 자를 갖는다는 의미이다. 예제를 다음과 같이 작성해 보자.

● 5장\ClassInPointer\ClassInPointer.cpp

```cpp
#include <iostream>
using namespace std;

class String
{
public:
    String(char ch, int nSize);
    ~String();
private:
    int nLength;
    char *pBuffer;
};

String::String(char ch, int nSize)
{
    nLength = nSize;
    pBuffer = new char[nLength + 1];
    memset(pBuffer, ch, nLength);
    pBuffer[nLength] = '\0';
    cout<<"pBuffer :"<<pBuffer<<endl;
    cout<<"nLength :"<<nLength<<endl;
}
String::~String()
{
    delete pBuffer;
}

void main()
{
    String str1('A', 5);
}
```

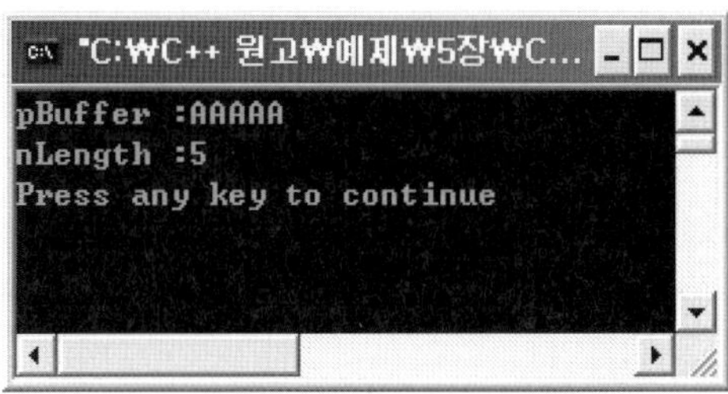

코드를 보면 생성자는 2개의 전달인자를 가지고 있는데 첫 번째 전달인자는 버퍼에 채울 문자를, 두 번째 전달인자는 힙 영역에 할당할 메모리 크기를 전달하고 있다. new 연산자를 통해 nLength+1 크기만큼의 기억 공간을 할당하고, 그 메모리 주소값을 pBuffer 포인터 멤버변수에 넘겨주고 있다. 그리고 memset() 함수를 통해 각 기억 공간을 ch 문자로 채운다.

2. 객체끼리의 대입 및 문제점

겉으로 보기에 이 String 클래스는 문제가 없어 보인다. 그러나 다음과 같이 클래스의 객체를 생성하여 대입한다고 해보자.

● 5장\ClassInPointer\ClassInPointer.cpp

```cpp
void main()
{
    String str1('A', 3), str2('B', 5);
    str2 = str1;
}
```

str1과 str2 객체를 각각 생성한 후 str2 객체에 str1 객체를 대입한다. 눈으로 보기에 크게 이상한 점은 없어 보인다. 컴파일 후 실행해 보자. 아마 다음과 같은 치명적인 오류가 나타날 것이다.

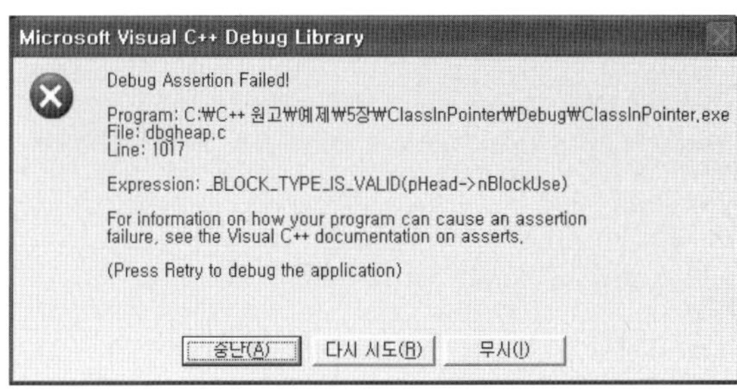

왜 이런 결과가 나오는 걸까? 코드의 str2 = str1 구문을 잘 생각해 보자. str1 객체를 str2에 대입을 하고 있는 형태이다. 객체끼리의 대입은 멤버 대 멤버의 복사가 일어난다. 즉, 위 대입 코드를 풀어서 쓰면 다음과 같다.

```
str2.nLength = str1.nLength;
str2.pBuffer = str1.pBuffer;
```

여기서 nLength 멤버 변수끼리의 대입은 문제가 없다. 그러나 pBuffer 멤버변수는 포인터이기 때문에 문제가 발생한다. 포인터 대입의 결과를 str1.pBuffer와 str2.pBuffer는 같은 메모리 주소를 가리키기 때문이다. 그림을 통해 분석해 보도록 하자.

대입 이전

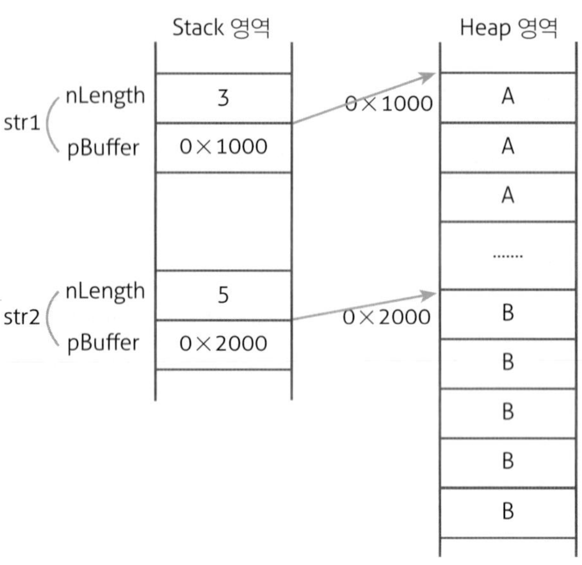

대입 이전의 그림을 보면 str1 객체와 str2 객체는 각각의 독립적인 메모리 공간을 확보하고 있다. 각 객체를 통해 멤버변수인 nLength와 pBuffer에 값을 할당하고 있는데, 클래스의 생성자에서 new 연산자를 통해 동적으로 메모리를 할당하고 있으므로 힙 영역에 메모리 초기화를 하고 있고, 이 메모리 주소를 pBuffer가 가리키고 있다.

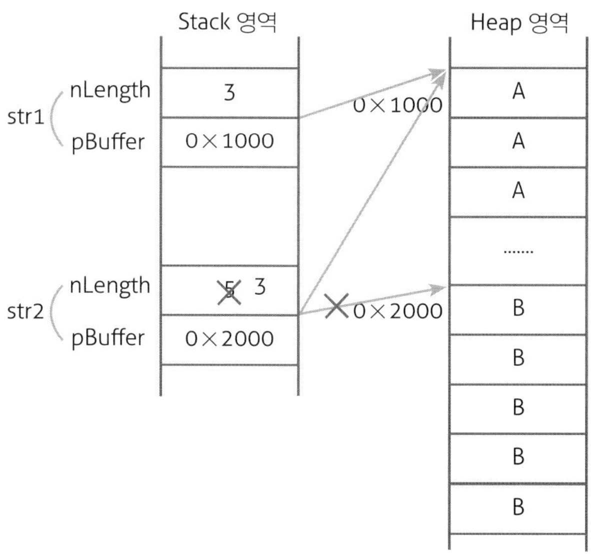

자, 대입 이후의 형태를 보면 nLength의 경우 값 전달 방식으로 적용이 되어 nLength와 pBuffer의 값이 복사되었는데, nLength는 실제 값이 복사되어 문제가 없으나 pBuffer의 경우는 주소 값이 복사되었으므로 str2가 가리키는 곳은 str1이 가리키는 힙 메모리와 동일한 영역이 된다. 같은 주소값을 가지는 것이 무슨 문제가 되는가? 그렇다. 이건 문제가 되지 않는다. 여기서 문제가 되는 부분은 바로 객체가 소멸할 때이다. 예제에서는 프로그램 종료 시 str2 객체가 먼저 소멸될 것이다. 따라서 str2 객체가 소멸 시 소멸자를 호출하게 되면, str2의 pBuffer 멤버변수가 가리키고 있는 메모리 영역을 delete하게 된다. 결국 그 메모리 영역은 str1도 가리키고 있는 메모리 영역인데, str1 객체 또한 소멸 시 pBuffer가 가리키는 메모리 영역을 다시 delete하려는 시도를 함으로써 치명적인 에러를 유발하는 것이다.

또한 원래 str2 객체가 처음에 가리키고 있던 주소는 포인터를 잃어버리기 때문에, 이 메모리 블록은 지워지지 않고 쓸데없이 메모리를 낭비하는 결과를 가져오게 된다. 클래스가 포인터 멤버변수를 가지고 있을 때 이러한 문제를 해결하기 위해 '**대입 연산자 오버로딩**(Assignment Operator Overloading)'이라는 방법을 사용한다.

4 대입 연산자 오버로딩

1. 연산자 오버로딩이란?

함수명이 같고, 전달인자의 타입이나 개수가 다른 함수를 여러 개 만들어 사용하는 방법을 '함수의 오버로딩'이라고 했었다. 이와 마찬가지로 연산자도 기호가 같은 연산자를 여러 가지 기능을 가질 수 있도록 정의할 수 있다. 이러한 것을 '**연산자 오버로딩**'이라고 한다.

우리는 이번 시간에 객체 간 대입 시의 문제점을 해결하기 위해 연산자 오버로딩 중에서도 '**대입 연산자 오버로딩**'에 대해서 배울 것이다. 나머지 연산자에 대한 오버로딩 방법은 다음 장인 <6장. 연산자 오버로딩>에서 자세히 배우도록 할 것이다.

2. 대입 연산자 오버로딩 멤버함수 작성

앞에서 작성했던 ClassInPointer.cpp 예제에서 다음과 같이 대입 연산자 코드 operator=()를 추가해 보도록 하자. 그리고 현재 객체의 멤버변수를 화면에 출력해 주는 멤버함수 SetData()를 정의하도록 하자.

● 5장\ClassInPointer\ClassInPointer.cpp

```cpp
#include <iostream>
using namespace std;


class String
{
public:
    String(char ch, int nSize);
    ~String();
    void operator=(const String& s);
    void SetData();
private:
    int nLength;
    char *pBuffer;
};
```

```cpp
String::String(char ch, int nSize)
{
    nLength = nSize;
    pBuffer = new char[nLength + 1];
    memset(pBuffer, ch, nLength);
    pBuffer[nLength] = '\0';
}
String::~String()
{
    delete pBuffer;
}
void String::operator=(const String& s)
{
    delete pBuffer;
    nLength = s.nLength;
    pBuffer = new char[nLength + 1];
    strcpy(pBuffer, s.pBuffer);
}
void String::SetData()
{
    cout<<"pBuffer :"<<this->pBuffer<<endl;
    cout<<"nLength :"<<this->nLength<<endl;
}

void main()
{
    String str1('A', 3), str2('B', 5);
    cout<<"대입 전 str2";
    str2.SetData();
    str2 = str1;
    cout<<"대입 후 str2";
    str2.SetData();
}
```

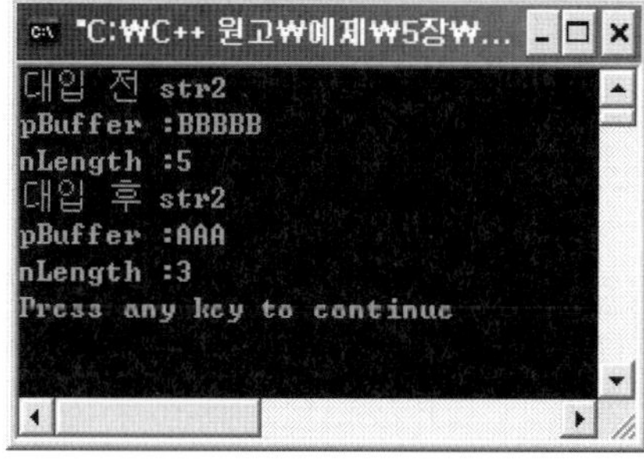

코드를 보면 operator=() 멤버함수로 pBuffer 멤버변수에 저장된 포인터를 delete하여 해제하고, 새로운 메모리를 할당받은 후, 매개변수에 넘겨진 문자열의 내용을 pBuffer에 복사한다. 그러므로 main() 함수에서의 str2=str1과 같은 대입 코드 문장은 다음과 같은 의미이다.

```
str2.operator=(str1);
```

앞에서 정의한 operator=() 멤버함수에 대입하여 어떻게 동작하는지 분석해 보자.

기존 pBuffer는 먼저 삭제하고, 전달인자로 넘겨준 str1 객체를 레퍼런스로 넘겨받아 str1 객체에 대한 s.nLength를 str2의 멤버변수인 nLength에 복사하고, pBuffer 또한 new 연산자를 사용하여 힙 영역에 새로운 메모리 공간을 할당받고, str1 객체의 s.pBuffer 문자열의 내용을 복사하고 있다. 그리고 str2 객체 생성 시 객체의 멤버를 초기화해 준 값을 SetData() 함수를 통해 출력해 보고 str2 = str1 문장을 통해 객체 간 대입 후 SetData() 함수를 통해 출력해 봄으로써, operator=() 함수 동작을 통해 pBuffer 메모리가 새로 할당되고 해당 메모리에 데이터가 복사되는 것을 확인할 수 있었다. 헷갈린다면 그림을 통해 이해를 해보자.

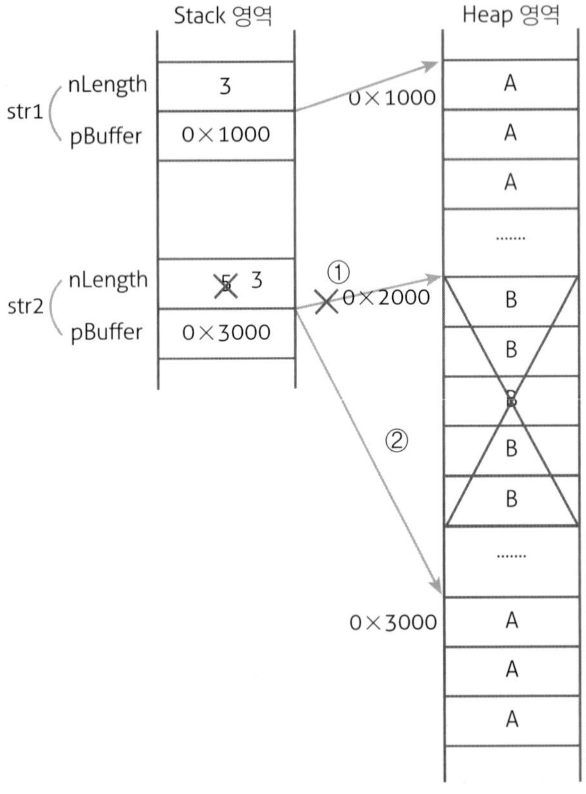

코드 str1 = str2 문장에 대한 메모리 구조인데, 단순히 str2가 str1이 가리키는 메모리 주소를 공유하는 것이 아니라, 기존에 가리키고 있던 메모리 주소값을 삭제(delete)하고(①), 힙 영역에 메모리를 새로 할당한 후, 문자열 값을 메모리에 대입하고 있다(②). 그러므로 각 객체는 같은 메모리 주소를 참조하고 있지 않기 때문에 객체 소멸 시 나타났던 치명적인 오류는 발생하지 않는다. 결국 앞에서 객체끼리의 대입으로 인한 오류를 해결할 수 있게 되었다.

3. 객체의 자기 자신 대입 시에 대한 처리

객체간에 대입 시 자기 자신을 대입해서 넘겨주는 경우는 어떻게 될 것인가? 바로 이러한 경우이다.

```
str1 = str1;
```

str1 = str1 문장이 실행된다면 str1.operator=(str1)과 같은 루틴이 동작할 것이다. operator=() 멤버 함수의 코드를 보면 먼저 str1이 가리키는 메모리가 delete 될 것이고, 새로운 메모리 공간을 힙 영역에 nLength 길이만큼 할당할 것이다. 그러나 문제는 strcpy() 시에 s.pBuffer 값을 가져올 수 없으므로 결국 복사는 실패하게 된다.

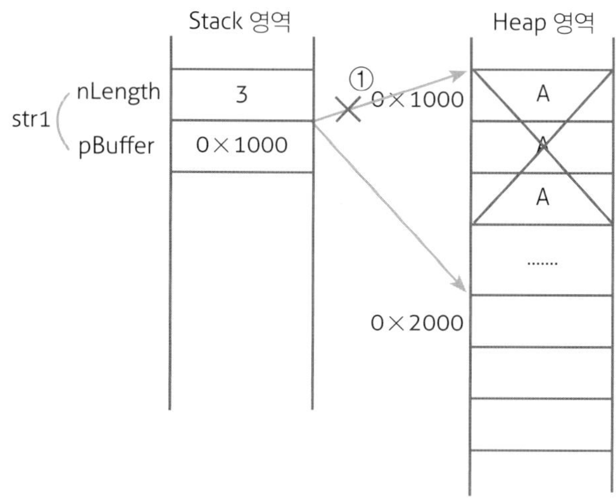

예제를 수정해 보자. 앞의 예제의 main() 함수만 조금 수정하면 된다.


```
·················· 중복 코드 생략 ··················
void main()
{
    String str1('A', 3), str2('B', 5);
    cout<<"대입 전 str1";
    str1.SetData();
    str1 = str1;
    cout<<"대입 후 str1";
    str1.SetData();
}
```

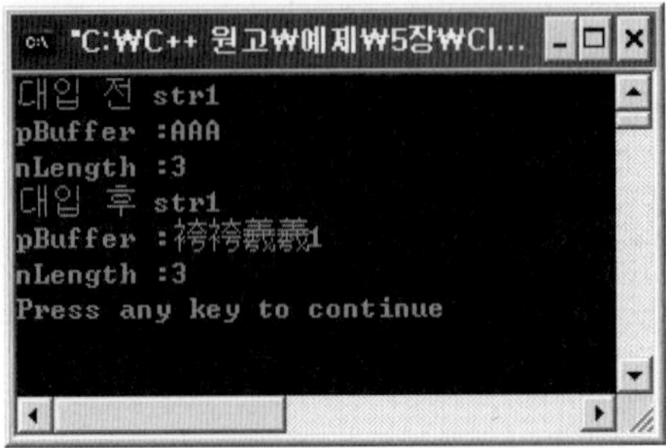

결과를 보면, 자기 자신의 객체를 복사하게 됨으로써, 이미 삭제된 메모리를 복사하게 되므로, 대입 후의 pBuffer를 출력해 보면 쓰레기 값이 출력되는 것을 볼 수 있다. 위와 같은 자기 자신에 대한 대입 시 오류가 발생하지 않도록 예외 처리를 해주어야 하는데, 이때 this 포인터를 사용한다. this는 현재 클래스 자신이라고 하였다. 그러므로 operator=() 멤버함수 내부 구현에서 시작 직전에 전달인자로 넘겨받은 클래스 객체와 현재 operator=() 멤버함수의 소속 클래스가 같은지 검사해서, 같으면 이후 코드는 실행되지 않도록 return 처리한다. 다음과 같이 operator=() 멤버함수 코드를 수정해 보자.

⬤ 5장\ClassInPointer\ClassInPointer.cpp

```
·················· 중복 코드 생략 ··················
void String::operator=(const String& s)
{
    if(&s == this)
        return;
    delete pBuffer;
    nLength = s.nLength;
```

```cpp
    pBuffer = new char[nLength + 1];
    strcpy(pBuffer, s.pBuffer);
}
```


4. 객체의 다중 대입 시에 대한 처리

앞에서 str2 = str1과 같이 두 객체의 대입 연산에 대해 알아보았다. 그런데 만약 현재 operator=() 멤버함수에서 str1 = str2 = str3 과 같은 세 객체의 대입 연산도 허용 가능할까? 현재 코드 구조에서는 처리가 되지 않는다. 왜냐하면 현재 코드는 두 객체의 멤버끼리 복사만 하고 끝나기 때문이다. 다중 대입 시의 연산 순서는 다음과 같다.

```cpp
str1 = (str2 = str3);
```

즉, str2에 str3이 대입되고 그 객체가 str1에 다시 대입되어야 한다. 결국, str2 = str3 문장 수행 후 멤버 간의 복사에 그치지 않고 str3 객체를 str2 객체에 반환을 해주어야 한다. 그렇게 해야만 다시 str1에 대입이 가능하기 때문이다. Operator=() 멤버함수를 다음과 같이 수정해 보자.

● 5장\ClassInPointer\ClassInPointer.cpp

```cpp
#include <iostream>
using namespace std;

class String
{
public:
    String(char ch, int nSize);
    ~String();
    String& operator=(const String& s);
    void SetData();
```

```cpp
private:
    int nLength;
    char *pBuffer;
};
String::String(char ch, int nSize)
{
    nLength = nSize;
    pBuffer = new char[nLength + 1];
    memset(pBuffer, ch, nLength);
    pBuffer[nLength] = '\0';
}
String::~String()
{
    delete pBuffer;
}

String&  String::operator=(const String& s)
{
    if(&s == this)
        return *this;
    delete pBuffer;
    nLength = s.nLength;
    pBuffer = new char[nLength + 1];
    strcpy(pBuffer, s.pBuffer);
    return *this;
}

void String::SetData()
{
    cout<<endl;
    cout<<"pBuffer :"<<this->pBuffer<<endl;
    cout<<"nLength :"<<this->nLength<<endl;
}

void main()
{
    String str1('A', 3), str2('B', 5), str3('C', 4);
    cout<<"대입 전 str1";
    str1.SetData();
```

```cpp
    str1 = str2 = str3;
    cout<<"대입 후 str1";
    str1.SetData();
}
```

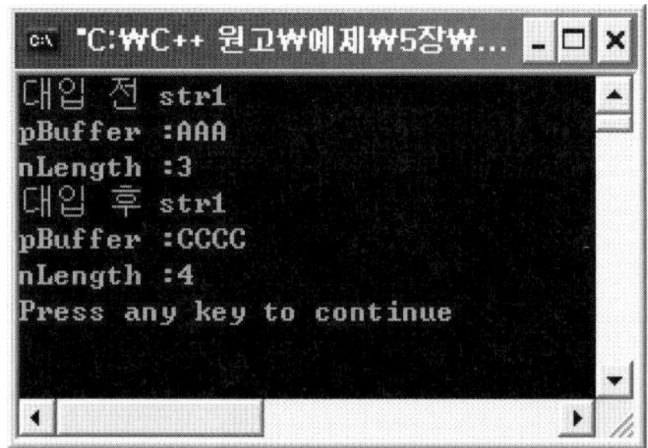

반환값은 자기 자신 클래스인 *this를 반환하되, 반환형을 자기 자신 클래스형인 레퍼런스형 String&
로 선언하였다. 결과를 보면 대입 전의 str1 객체를 출력한 결과와 다중 대입 후의 str1 객체 출력 결
과를 통해 결국 str3 객체의 값이 정상적으로 대입되었음을 확인할 수 있다.

5 복사 생성자

1. 복사 생성자란?

우리는 생성자란 객체 생성 시 객체의 멤버를 초기화하는 함수이며, 전달인자가 없는 디폴트 생성
자와 전달인자가 있는 생성자가 있다는 것을 알고 있다. 그럼 '복사'라는 말이 앞에 붙은 복사 생성
자는 무엇일까? 복사 생성자 또한 객체 생성 시 초기화를 하되, 생성되는 객체를 다른 객체로 초기
화 시에 호출된다는 특징이 있다. 이를테면 이런 것이다.

```cpp
String str1('A", 3); //일반 생성자 호출

String str2 = str1;  //복사 생성자 호출
     혹은
String str2(str1);   //복사 생성자 호출
```

str1 객체 생성 시 일반 생성자를 호출한다. 일반 생성자에서는 각 전달인자를 통해서 멤버변수를 초기화시킨다. 그런데 그 다음 라인을 보면 이미 초기화된 str1 객체를 새로 생성한 str2 객체에 대입함으로써 초기화를 시키고 있다. 이때 복사 생성자가 호출되는 것이다. 마지막 String str2(str1) 문장 또한 동일한 의미의 문장이고 이 때에도 복사 생성자가 호출된다. 즉, 복사 생성자는 클래스의 객체를 다른 객체 값으로 초기화할 때마다 호출된다.

일단 복사 생성자가 무엇인지, 언제 호출되는지까지는 알 수 있게 되었다. 그런데 여기서 눈여겨보아야 할 부분이 있는데, 바로 객체 간의 대입이라는 점이다. 앞에서 배운 대입 연산자에 의하면 객체 간 대입 시 문제가 되었던 부분이 바로 포인터 멤버변수인데, 이는 데이터 자체가 주소값이므로 값에 의한 복사 방식을 이용하여 주소값을 복사하게 되면 두 객체의 멤버변수가 같은 메모리 주소를 가리키게 되므로 각 객체 소멸 시 문제가 발생한다고 하였다. 복사 생성자 또한 객체 간의 복사이므로 이러한 문제에 대해서 처리해 주어야 한다.

자, 그럼 이제 복사 생성자를 실제로 구현해 볼 것인데, 복사 생성자는 객체 생성 시 다른 객체로 초기화 시 호출되는 생성자라는 점과 객체 간 대입 시 포인터 멤버변수에 대한 처리를 해주어야 한다는 점에 유의하도록 한다. 그리고 복사 생성자 작성 시 일반 생성자와 동일한 다음과 같은 특성을 가지고 있다는 점도 알아두자.

① 함수명이 클래스명과 동일하다.
② 반환형이 없다.

이제 다음과 같이 복사 생성자를 이용한 코드를 작성해 보자.

● 5장\CopyConstructor\CopyConstructor.cpp

```cpp
#include <iostream>
using namespace std;

class String
{
public:
    String(char ch, int nSize);
    ~String();
    String& operator=(const String& s);
    void SetData();
    String(const String& s);
```

```cpp
private:
    int nLength;
    char *pBuffer;
};
String::String(char ch, int nSize)
{
    nLength = nSize;
    pBuffer = new char[nLength + 1];
    memset(pBuffer, ch, nLength);
    pBuffer[nLength] = '\0';
}
String::~String()
{
    delete pBuffer;

}
String& String::operator=(const String& s)
{
    if(&s == this)
        return *this;
    delete pBuffer;
    nLength = s.nLength;
    pBuffer = new char[nLength + 1];
    strcpy(pBuffer, s.pBuffer);
    return *this;
}

void String::SetData()
{
    cout<<endl;
    cout<<"pBuffer :"<<this->pBuffer<<endl;
    cout<<"nLength :"<<this->nLength<<endl;
}
String::String(const String& s)
{
    nLength = s.nLength;
    pBuffer = new char[nLength + 1];
    strcpy(pBuffer, s.pBuffer);
}
```

```cpp
void main()
{
    String str1('A', 3);
    String str2 = str1; //str1을 str2에 대입
    cout<<"대입 후 str2";
    str2.SetData();
}
```

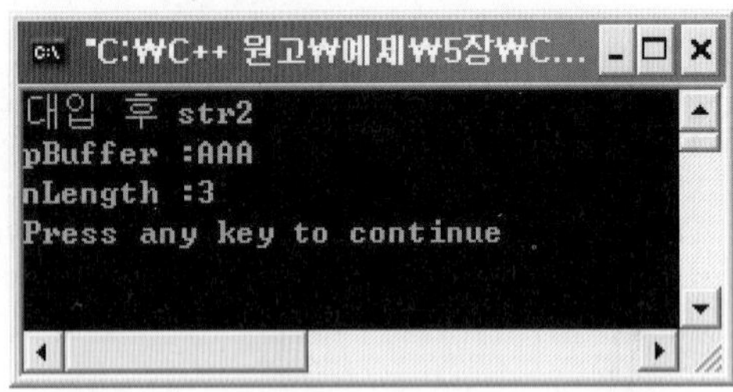

String 클래스의 복사 생성자 구현을 보면 operator=() 대입 연산자와 비슷하다는 것을 볼 수 있다. 객체 간 복사 시 nLength 멤버변수의 경우는 값에 의한 복사를 하지만, pBuffer의 경우는 힙 영역에 동적으로 메모리를 새로 할당하여 주소값을 가리키고 있다. 그리고 전달인자로 받은 해당 객체의 pBuffer를 새로 할당한 자신의 pBuffer에 복사하고 있다. 또한 복사 생성자는 전달인자로 &s를 넘겨받고 있는데, 이때 const 키워드를 사용한 이유는 객체를 상수화시킴으로써 복사하고자 하는 객체의 변경을 막기 위함이다.

main() 함수에서 str1 객체를 초기화하고, str2 객체를 생성과 동시에 str1으로 초기화하고 있다. 이때 복사 생성자가 호출이 되는데, 결국 str1 객체값이 str2 객체로 복사가 되고, str2 객체를 출력해보면, str1 객체에서 초기화했던 값들이 그대로 복사되어 출력된 것을 확인할 수 있다.

2. 대입 연산자와의 차이점

대입 연산자인 operator=() 멤버함수와 복사 생성자는 객체 간 복사를 한다는 점에서 기능상 유사하지만 몇 가지 차이점이 있다.

① 대입 연산자인 operator=() 멤버함수는 이미 생성된 객체에서만 호출되는 반면에 복사 생성자는 새로운 객체를 만들 때 호출된다. 따라서 operator=() 멤버함수에서는 원래 할당했었던 메모리를 해제하고 새로 할당해야 하지만, 복사 생성자는 객체가 처음 생성되는 시점이기 때문에 전혀 그럴 필요가 없다.

② 대입 연산자인 operator=() 멤버함수는 자기 자신의 객체를 대입하였는지 검사해야 하지만, 복사 생성자는 자기 자신의 초기화가 불가능하기 때문에 그럴 필요가 없다.

③ 대입 연산자인 operator=() 멤버함수는 다중 대입문을 지원해야 하므로 *this를 반환해야 하지만, 복사 생성자는 생성자이기 때문에 반환값을 가질 수 없다.

연산자 오버로딩

이번 시간에는 연산자 오버로딩에 대해서 알아보자. 오버로딩이라는 개념은 함수에서 다룬 적이 있다. 이번에는 연산자에 관한 오버로딩을 살펴볼 것인데 연산자 오버로딩이란 무엇인지, 어떻게 사용하는지, 그리고 연산자 오버로딩의 종류에는 무엇이 있는지 살펴보도록 하자.

1 연산자 오버로딩이란?

1. 연산자 오버로딩의 의미

연산자를 오버로딩한다는 것은 C++에서 가장 특이한 점이면서도 강점이라고 할 수 있다. 기본적으로 제공되는 연산자의 연산 외에 사용자가 직접 연산자를 오버로딩하여 새로운 기능으로 정의할 수 있기 때문이다. 우리는 정수+정수, 혹은 실수+실수 연산에 대해서 당연히 문제 없다고 생각한다. 예를 들어,

```
int n = 1 + 2;
double d = 3.14 + 3.15;
```

위의 코드 내용을 보고 우리는 당연히 덧셈 연산이 될 것이라고 믿어 의심치 않는다. 그렇다면 문자열+문자열을 연산한다면 어떨까? 즉, 2개의 char*를 더하는 것이 가능할까?

```
char* s = "C++" + "Programming";
```

당연히 이러한 문장은 성립할 수 없다는 것을 우리는 이미 알고 있다. 그러나 이렇게 성립이 안 되는 문장을 C++에서는 가능하게 만든다. 이것을 가능하게 만드는 것이 바로 연산자 오버로딩이다. 즉, + 연산자를 다시 정의하겠다는 말이다.

2. 연산자 오버로딩의 사용 형식

연산자 함수를 통해 구현할 수 있다. 연산자 함수의 이름은 다음과 같이 구성된다.

```
operator op;;
```

operator는 이 함수가 연산자 함수임을 나타내는 키워드이다. 그리고 op는 +, -, * 와 같은 실제 연산자를 나타낸다.

3. + 연산자를 오버로딩 한 예

다음은 + 연산자를 Point 타입을 연산할 수 있도록 오버로딩 한 예이다.

◉ 6장\PlusOverloading\plusoverloading.cpp

```cpp
class Point
{
private:
    int m_x;
    int m_y;
public:
    Point(int x, int y) : m_x(x), m_y(y){}
    Point operator+(const Point& p);
    void ShowPoint();
};

Point Point::operator+(const Point& p)
{
    return Point(m_x + p.m_x, m_y + p.m_y);
}
```

4. 연산자 구별법

프로그램 중에 기본 연산자가 사용되었을 때 이 연산자가 기본 연산자인지, 오버로딩된 연산자인지는 피연산자가 어떤 형인지 보면 알 수 있다. 다음과 같이 실제로 + 연산을 하는 예제를 작성해 보자.

```cpp
void main()
{
    Point p1(10, 10);
    Point p2(20, 20);
    int n1 = 10;
    int n2 = 20;
    Point a = p1 + p2;  // + 는 중복 연산자
    int b = n1 + n2;
    a.ShowPoint();
    cout<<endl;
}
```

Point a의 경우 p1 + p2 연산의 경우 내부적으로 다음과 같은 연산을 한다.

```cpp
p1.operator+(p2);
```

즉 operator+라는 함수 내부를 보면 Point의 생성자를 반환하고 있는데, 그 생성자 전달 인자의 연산을 보면 p1의 멤버변수와 p2의 멤버변수를 각각 더하고 있음을 볼 수 있다. 결국 p1과 p2를 더한 결과값을 Point 형식으로 반환한다. 반면 int b의 경우에는 n1+n2의 결과로 + 의 기본 연산자를 그대로 사용하였다. 그러므로 b에는 30이라는 결과값이 대입될 것이라고 예상할 수 있다.

5. + 연산자 오버로딩 사용 예제

앞의 코드들을 종합하여 + 연산자 오버로딩 사용 예제를 만들어 보자. 사용자 정의형인 Point 타입의 객체를 더할 수 있도록 + 연산자를 오버로딩 하고 기본 타입+연산자의 연산을 통해 비교해 보도록 하자.


```cpp
#include <iostream>
using namespace std;

class Point
{
```

```cpp
private:
    int m_x;
    int m_y;
public:
    Point(int x, int y) : m_x(x), m_y(y){}
    Point operator+(const Point& p);
    void ShowPoint();
};

Point Point::operator+(const Point& p)
{
    return Point(m_x + p.m_x, m_y + p.m_y);
}
void Point::ShowPoint()
{
    cout<<m_x<<" "<<m_y<<endl;
}

void main()
{
    Point p1(10, 10);
    Point p2(20, 20);
    int n1 = 10;
    int n2 = 20;
    Point a = p1 + p2;  // + 는 연산자 오버로딩
    int b = n1 + n2;  // + 는 기본 연산자
    cout<<"+ 연산자 오버로딩 결과 : ";
    a.ShowPoint();
    cout<<"+ 기본 연산 결과 : ";
    cout<<b<<endl;
}
```

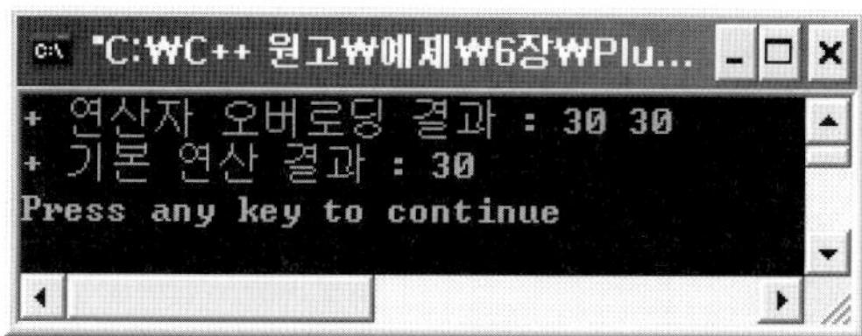

Point 객체인 p1과 p2를 더하여 Point a에 결과값을 저장한다. 그런데 기본 데이터형이 아닌 사용자가 만든 객체를 더하고 있는데, 이를 기본 연산자인 +를 사용한다면 정상적인 연산이 이루어지지 않는다. 그래서 객체만의 + 연산을 위한 연산자를 오버로딩 하였다.

6. 연산자 오버로딩 시 주의할 점

① 기존에 존재하지 않는 연산자는 정의할 수 없다.

② 연산자의 피연산자 수는 변경할 수 없다.

③ 연산자의 우선순위와 결합 방향은 변경할 수 없다.

④ 기본 데이터형에 대해서는 연산자를 오버로딩 할 수 없다.

⑤ :: . , * ? : sizeof 연산자는 오버로딩 할 수 없다.

⑥ = () [] -> 연산자를 오버로딩 시 연산자 함수는 멤버함수로 구현된다.

2 멤버 연산자 함수와 프렌드 함수

연산자 함수를 구현하는 방법에는 멤버함수로 구현하는 방법과 프렌드 함수로 구현하는 방법 2가지가 있다.

1. 멤버 연산자 함수 사용

연산자의 첫 번째 피연산자는 *this가 되어야 하고, 연산자의 첫 번째 피연산자에 *this가 올 수 없다면 연산자를 멤버함수로 오버로딩 할 수 없다. 다음의 두 식을 살펴보도록 하자.

```
Point p(10, 10);
Point a = p + 100; //operator+를 멤버함수로 구현 가능
Point b = 100 + p; //operator+를 멤버함수로 구현 불가능
```

p+100 연산의 경우는 p.operator+(100) 과 같은 의미로 연산자의 첫 번째 피연산자에 *this가 올 수 있으므로 연산자를 멤버함수로 오버로딩이 가능하나, 100+p의 경우는 100.operator+(p)와 같은 식이 성립하지 않으므로, 연산자를 멤버함수로 오버로딩 할 수 없다.

2. 프렌드 연산자 함수 사용

앞서 살펴본 멤버함수로 구현하기 어려운 연산자 함수(100 + p)는 프렌드 함수로 구현할 수 있다. 연산자 함수를 프렌드 함수로 구현하면 연산자의 첫 번째 피연산자가 *this가 될 수 없는 경우에도 오버로딩 될 수 있다.

● 6장\PlusOverloading\plusoverloading.cpp

```cpp
class Point
{
private:
    int m_x;
    int m_y;
public:
    Point(int x, int y);
    Point operator+(int n);
    friend Point operator+(int n, const Point& p);
};

Point::Point operator+(int n)
{
    return Point(m_x + n, m_y + n);
}

Point operator+(int n, const Point& p)
{
    return Point(n + p.m_x, n + p.m_y);
}
```

위 코드를 통해서 알 수 있듯이 + 연산자 오버로딩을 각각 멤버함수와 프렌드 함수로 정의하였다. 멤버함수에서는 불가능했던 연산도 연산자 오버로딩을 통해 가능해짐을 알 수 있다. 각 연산의 내부적인 연산 형태를 보면 다음과 같다.

연산식	설명
p + 100	p.operator+(100); 이라는 형태로 연산
100 + p	operator+(100, p); 이라는 형태로 연산

즉, 멤버함수를 통해 불가능한 연산식은 프렌드 함수 연산식을 통해 표현이 가능함을 볼 수 있었다. 이때 멤버 연산자 함수의 전달인자는 한 개 필요하고 프렌드 연산자 함수의 전달인자는 두 개 필요함을 알 수 있다.

3 여러 가지 연산자 오버로딩

앞에서 대표적으로 + 연산자에 대한 오버로딩 방법에 대해 살펴보았는데, 여러 가지 연산자를 어떻게 오버로딩 하여 사용하는지 다양한 형태의 연산자 오버로딩을 알아보도록 하자.

1. 관계 연산자

관계 연산자 오버로딩의 특징

앞서 + 연산자만을 대상으로 하는 기본적인 연산자 오버로딩을 알아보았는데, 이번에는 관계 연산자의 오버로딩에 대해 알아보도록 하겠다. 관계 연산자는 두 기본형에 대해 대소를 비교하는 것이 기본 목적이다. 그런데 사용자가 직접 만든 클래스 타입의 두 객체에 대해 비교를 해야 한다면, 이는 관계 연산자 입장에서 알 수 없는 타입이므로 비교할 수 없다. 이를테면 다음과 같은 경우이다.

```
Point  p1(10, 10);
Point  p2(20, 20);
if(p1 == p2)
```

각각 p1과 p2는 기본 연산자가 아닌 Point 클래스의 객체이다. 이 두 객체를 조건문을 통해 같은지 물어보고 있다. 이를 기본 관계 연산자인 ==가 인지할 수 있을까? 당연히 없다. 그래서 두 객체에 대해 상등 및 대소 비교를 하려면 관계 연산자 오버로딩을 해야 한다.

관계 연산자 오버로딩의 사용 예제

다음과 같이 관계 연산자를 오버로딩 하는 예제를 작성해 보자. 관계 연산자로는 ==, <, > 이렇게 3가지 정도만 오버로딩 해보자.

● 6장\RelateOverloading\relateoverloading.cpp

```
#include <iostream>
using namespace std;
class Point
{
private:
    int m_x;
    int m_y;
```

```cpp
public:
    Point(int x, int y):m_x(x), m_y(y){}
    bool operator==(const Point& p);
    bool operator>(const Point& p);
    bool operator<(const Point& p);
};

bool Point::operator==(const Point& p)
{
    if(m_x == p.m_x && m_y == p.m_y)
        return true;
    else
        return false;
}
bool Point::operator>(const Point& p)
{
    if(m_x > p.m_x)
        return true;
    else if(m_y > p.m_y)
        return true;
    return false;
}
bool Point::operator<(const Point& p)
{
    if(m_x < p.m_x)
        return true;
    else if(m_y < p.m_y)
        return true;
    return false;
}

void main()
{
    Point p1(10, 10);
    Point p2(20, 10);

    if(p1>p2)
        cout<<"p1이 p2보다 크다"<<endl;
    else if(p1<p2)
```

```cpp
        cout<<"p1이 p2보다 작다"<<endl;
    else if(p1==p2)
        cout<<"p1과 p2는 같다"<<endl;
}
```

각각 ==, <, >에 대한 오버로딩을 하였다. ==의 경우에는 두 객체의 멤버변수를 각각 비교하여 두 멤버변수가 모두 같을 때 true를 리턴하고, >와 <의 경우에는 두 객체를 비교하되, p1과 p2의 요소 중 m_x가 우선적으로 큰 쪽이 큰 것이고, m_x가 같을 경우에는 m_y를 비교하여 대소를 비교하 도록 하였다.

2. 증가 및 감소 연산자

증가 연산자 ++와 감소 연산자 --도 연산자 오버로딩이 가능한데, 주의할 점은 전위형인지 후위형 인지에 따라 연산자 함수를 다르게 만들어야 한다는 점이다.

전위형 연산자 함수

전위형 연산자는 피연산자 앞에 연산자가 위치하는 것을 말하는데, 보통 ++k 이런 식으로 사용한 다. 그런데 연산자 오버로딩으로 전위형 연산자를 표현하자면 다음과 같다.

```cpp
operator++()
```

후위형 연산자 함수

후위형 연산자는 피연산자 뒤에 연산자가 위치하는 것을 말하는데, 보통 k++ 이런 식으로 사용한 다. 마찬가지로 연산자 오버로딩으로 후위형 연산자를 표현하자면 다음과 같다.

```cpp
operator++(int)
```

특이하게 후위형 연산자는 int형 전달인자를 갖는다. 그 이유는 전위형 연산자 함수와 구분하기 위함이지, 실제로 int형 전달인자가 사용되는 것은 아니다.

증감 연산자 오버로딩 사용 예제

증가 및 감소 연산자 오버로딩 예제를 작성하되, 전위형과 후위형을 모두 작성해 보도록 하자.

● 6장\PlusplusOverloading\plusplusoverloading.cpp

```cpp
#include <iostream>
using namespace std;

class Point
{
private:
    int m_x;
    int m_y;

public:
    Point(int x, int y);
    Point operator++();
    Point operator++(int);
    Point operator--();
    Point operator--(int);
};

Point Point::operator++()
{
    return Point(++m_x, ++m_y);
}
Point Point::operator++(int)
{
    return Point(m_x++, m_y++);
}
Point Point::operator--()
{
    return Point(--m_x, --m_y);
}
Point Point::operator--(int)
{
    return Point(m_x--, m_y--);
}
```

```cpp
void Point::ShowPoint()
{
    cout<<m_x<<" "<<m_y<<endl;
}

void main()
{
    Point p1(10, 10);
    Point p2(20, 20);
    Point p3(30, 30);
    Point p4(40, 40);

    Point a = ++p1;
    Point b = p2++;
    Point c = --p3;
    Point d = p4--;

    a.ShowPoint();
    b.ShowPoint();
    c.ShowPoint();
    d.ShowPoint();
}
```

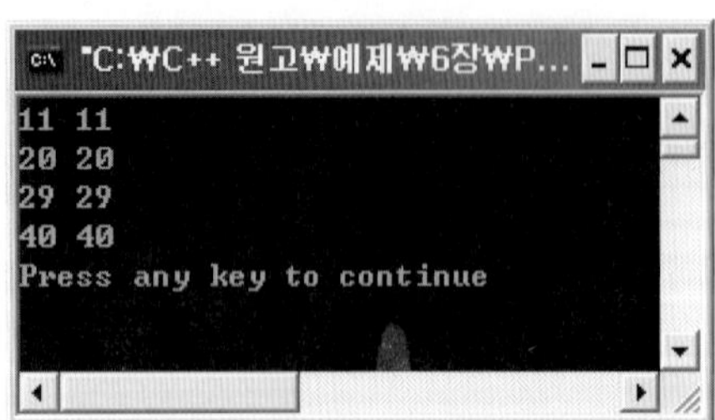

위 예제는 Point라는 클래스 객체 값의 증감 연산을 하기 위한 예제이다. operator++()는 Point 형을 반환하되, 생성자의 전달인자를 1씩 증가(++m_x, ++m_y 혹은 m_x++, m_y++)시키고 있다. operator--()는 증가 연산과 반대로 생성자의 전달인자를 1씩 감소(--m_x, --m_y 혹은 m_x--, m_y--) 시키고 있다. 그러므로 Point p1(10, 10) 선언 후, 전위 연산 ++p1 연산을 하게 되면 해당 증가 연산 오버로딩 함수가 동작하게 되며, 출력 결과는 11 11이 나오게 된다. 마찬가지로 Point p2(20, 20) 선언 후 후위 연산 p2++ 연산을 하게 되면 해당 증가 연산 오버로딩 함수가 동작하게 되며 출력 결과는 20 20이 나오게 되는데, 입력한 전달인자와 변화가 없는 이유는 후위 연산을 했기 때문임을 알 수 있다. 나머지 감소 연산하는 operator--() 부분도 같은 원리이므로 출력 결과를 보고 쉽게 분석이 가능할 것이다.

3. 《, 》 연산자

《, 》 연산자 오버로딩의 특징

우리는 지금까지 C++을 사용하면서 어떤 특정 타입 출력 시에 출력 객체인 cout을 사용하였다. 이때 사용되는 연산자가 «인데, 피연산자가 정수이든 실수이든 표준형이면 가리지 않고 출력할 수 있었다. 그 이유는 cout의 소속 클래스인 ostream 내부에 « 연산자가 각 타입별로 오버로딩 되어 있기 때문이다.

```
ostream& operator<<(char);
ostream& operator<<(char);
ostream& operator<<(char);
ostream& operator<<(char);
················ 생략 ················
```

사용자 타입일 경우는 어떨까? 이 문제는 앞에서 우리가 제기했던 연산자 오버로딩의 사용 이유를 다시 물어보는 것과 같은 말이다. 즉, 사용자가 만든 클래스 객체의 경우 마찬가지로 « 연산자를 오버로딩하여 사용하지 않을 수 없다. 예를 들어,

```
Point  p(10, 20);
cout << p;
```

위 문장을 보면 객체 p를 출력하라는 의미인데 기본형이 아니므로 « 연산자를 인식할 수 없다. 그러므로 « 연산자를 재정의해야 한다.

《, 》 연산자 오버로딩의 사용 예제

«, » 연산자 오버로딩의 사용 예제를 작성해 보자.

⊙ 6장\OutputInputOverloading\outputinputoverloading.cpp

```
#include <iostream.h>
using namespace std;

class Point
{
```

```cpp
private:
    int m_x;
    int m_y;
public:
    Point(){}
    Point(int x, int y):m_x(x), m_y(y){}
    friend ostream& operator<<(ostream& os, const
    Point& p);
    friend istream& operator<<(istream& os, Point&
    p);
};

ostream& operator<<(ostream& os, const Point& p)
{
    os<<"("<<p.m_x<<", "<<p.m_y<<")";
    return os;
}

istream& operator>>(istream& is, Point& p)
{
    is>>p.m_x>>p.m_y;
    return is;
}

void main()
{
    Point p1;
    cin>>p1;
    cout<<"p1 = "<<p1<<endl;
}
```

혹여 Visual C++ 6.0 사용자라면 빌드 시에 ambiguous 관련 빌드 에러가 발생할지도 모른다. 이 경우에는 헤더 파일의 iostream을 iostream.h로 변경하고, using namespace std;를 주석으로 막는다. 물론 그 이상의 버전에서는 문제 없이 동작하므로 기존 방식 그대로 사용하면 된다.

위 코드에 따르면 컴파일러는 cout<< 연산식으로 만났을 때 ostream 클래스의 멤버 연산자 함수 <<를 검색해 보고 Point형의 인수를 취하고 있는 오버로딩 연산자가 있는지 조사한 후, 없으면 프렌드 함수로 <<를 오버로딩 한 함수를 찾는다. 결국 Point 객체 출력 시에 operator<<(cout, A) 연산자 함수가 호출되며, Point 객체의 두 좌표 값을 순서대로 출력하고 있다.

4. () 연산자

() 연산자 오버로딩의 특징

() 연산자 또한 일종의 연산자로써 함수를 호출하는 역할을 한다. () 연산자 오버로딩 시 인수의 개수를 원하는 만큼 정할 수 있고, 인수의 개수나 타입이 다르면 얼마든지 오버로딩이 가능하다.

() 연산자 오버로딩의 사용 예제

다음은 () 연산자를 오버로딩 한 예제이다. 인수의 개수를 달리하여 ()를 두 개 정의하였다.

● 6장\BracketOverloading\bracketoverloading.cpp

```cpp
#include <iostream>
using namespace std;

class Point
{
public:
    int operator()(int x, int y)
    {
        return x + y;
    }
    int operator()(int x, int y, int z)
    {
        return x + y + z;
    }
};
```

```cpp
void main()
{
    Point p;
    cout<<p(10, 20)<<endl;
    cout<<p(10, 20, 30)<<endl;
}
```

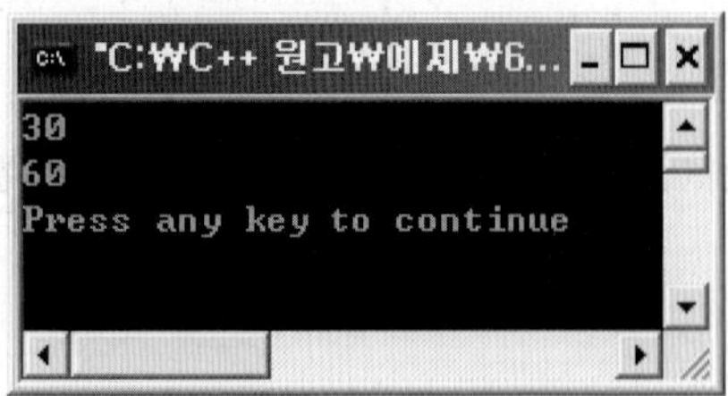

멤버변수는 갖지 않고 2개의 정수 합을 구하는 () 연산자와 3개의 정수 합을 구하는 () 연산자를 정의하였다. main()에서 Point p 객체를 생성하고, 각각 p(10, 20), p(10, 20, 30)을 호출하여 각각 정의된 () 연산자를 호출하였다. 물론 두 개의 함수가 인수의 개수에 따라 오버로딩 되어 있으므로 해당 연산자 함수를 호출하고 있다.

하나의 프로젝트 혹은 프로그램을 작성하다 보면 기존에 작성했던 기능이 현재 프로그램의 기능에 중복되는 경우가 많이 발생한다. 이러한 경우 가장 원초적인 방법은 복사&붙여넣기지만, 기능을 이용하는 좀 더 우아한 방법으로 객체지향 언어에서는 '상속성'을 제공한다. 이번 시간에는 상속이란 무엇인지와 클래스의 상속 관계를 알아보고, 상속을 통한 이점 그리고 상속을 통한 오버라이딩 기법에 대해 알아보도록 하자.

1 상속의 구조

1. 상속의 개념

상속이라는 개념은 부모로부터 재산을 물려받는 개념과 비슷하게 생각하면 된다. 이때 부모의 자산은 물론 유전적인 요소도 물려받게 되는데, 이는 다음과 같이 표현할 수 있다.

"부모 A는 자식 B에게 100만 원을 상속하였다. (물려주었다.)"
"부모 A는 자식 B에게 보조개를 상속하였다. (물려주었다.)"

이러한 식으로 자식 입장에서 부모에게 물려받는 형태가 상속의 개념이다. 사실 상속 개념을 모르는 사람은 거의 없을 것이다. 하지만 일반적인 상속의 개념이 우리가 지금껏 배워온 객체지향 클래스에 어떻게 적용이 되는지 정확하게 아는 것이 중요하다. 즉 상속의 개념을 왜 도입했으며, 클래스에 적용했을 때 상속의 개념이 얼마나 유용하게 작용하는지에 대해 알아가는 것이 키 포인트라고 할 수 있다.

2. 부모 클래스와 자식 클래스

객체 지향에서의 상속성

클래스라는 것은 사용자가 정의한 하나의 데이터형이다. 우리는 앞서 사용자로부터 데이터형의 이름을 정하고, 멤버변수 및 멤버함수를 통해 하나의 클래스를 만들었다. 그런데 이러한 완성된 하나의 데이터형을 다른 데이터형에 상속하게 함으로써 기능을 제공할 수 있는데, 이것이 바로 객체지향의 '상속성(Inheritance)' 개념이다.

회사 인사 시스템의 예

회사 인사 시스템의 예를 통해서 클래스의 상속 개념에 대해 구체적으로 알아보도록 하자. 보통 회사는 월급을 받는 직원들로 구성되어 있다. 그런데 회사 직원들은 크게 정규 직원과 임시 직원으로 나눌 수 있다. 두 직원의 차이점은 급여 계산 방식인데, 정규 직원은 연봉제로 매월 정기 급여를 받는 형태이고, 임시 직원은 근무한 일자와 근무 시간에 시급을 곱해 급여를 받는 형태이다. 그 외에 이름과 주소 같은 일반 정보들은 공통 사항이다. 즉, 모든 직원들의 이름, 주소, 입사일자는 모두 공통적으로 인사 시스템에 보여주되, 급여 지급 방식에 있어서만 정규 직원과 임시 직원으로 나누어 계산한 결과를 보여주어야 한다.

대충으로나마 머릿속에 시스템이 그려지는가?

우리는 앞에서 클래스를 작성하는 방법에 대해서 배웠다. 객체지향 개념에서도 설명했듯이 객체지향의 모토가 실제 세계의 프로그래밍화이므로 인사 시스템도 클래스의 형태로 작성할 수 있을 것이다.

아직까지는 상속의 개념을 어떻게 적용해야 할지는 잘 모르겠으나, 일단 앞에서 언급한 회사 직원에 대한 정보 클래스를 작성해 보도록 하자. 클래스명은 Employee라고 하자.

```cpp
class Employee
{
public:
        Employee();
        Employee(char* pName, char*pAddr);
        ~Employee();
        void DisplayEmployee();
private:
    char* strName;
    char* strAddr;
}
```

위는 앞서 설명했던 회사 직원의 공통적인 요소를 클래스화시킨 것이다. 즉, 회사 직원의 기본 정보인 이름과 주소에 대한 멤버변수를 선언하였고, 이를 출력해 주는 멤버함수인 DisplayEmployee()를 선언하였다. 이를 실제로 완성된 코드로 작성하여 화면에 출력해 보자.


```cpp
#include <iostream>
using namespace std;

class Employee
{
public:
    Employee();
    Employee(char* pName, char* pAddr);
    ~Employee();
    void DisplayEmployee();
private:
    char* strName;
    char* strAddr;
};

Employee::Employee()
{
    strName = NULL;
    strAddr = NULL;
}

Employee::Employee(char* pName, char* pAddr)
{
    cout<<"인자가 2개인 생성자 호출"<<endl;
    strName = new char[strlen(pName)+1];
    strAddr = new char[strlen(pAddr)+1];
    strcpy(strName, pName);
    strcpy(strAddr, pAddr);
}

Employee::~Employee()
{
}
```

```cpp
void Employee:: DisplayEmployee()
{
    cout<<"이름 :"<<strName << endl;
    cout<<"주소 :"<<strAddr << endl;
}

void main()
{
    Employee emp("이창현", "영통구 매탄동");
    emp. DisplayEmployee();
}
```

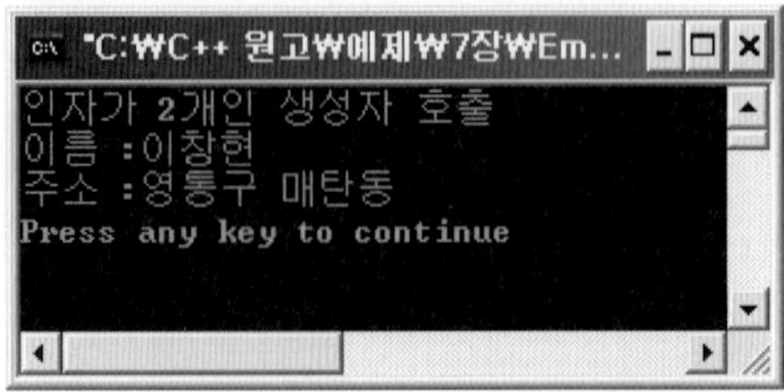

우리가 익히 해본 클래스의 기본 코드이기 때문에 자세한 설명은 필요 없을 것 같다. 다만 매개변수가 2개인 생성자를 정의하고, 클래스의 객체 생성 시, 회사 직원의 이름과 주소값을 입력한다. 그리고 화면에 출력하는 함수인 Display()를 정의하여 출력해 주고 있다.

부모 클래스와 자식 클래스의 개념

지금까지 인사 시스템에서 회사 직원에 대한 클래스를 작성하였다. 그런데 우리가 작성한 클래스는 보편적인 회사 직원에 대한 정보이지 앞서 언급했던 정규 직원과 임시 직원에 대한 클래스는 아니다.

그렇다면 어떻게 해야 할까? 가장 단순한 방법은 정규 직원의 클래스와 임시 직원의 클래스를 따로 제작하는 것이다. 그런데 여기서 문제점이 하나 생긴다. 정규 직원 클래스에도 이름과 주소라는 멤버변수가 존재할 것이고, 임시 직원에게도 이름과 주소라는 멤버변수가 존재할 것이다. 그 외 만약 또 다른 직원의 종류가 추가된다면 이름과 주소에 대한 멤버변수는 직원 종류에 따라 늘어날 것이다. 중복되는 변수들을 각 클래스별로 가지고 있게 되는 셈이다.

이러한 비효율적인 중복성을 제거하고자 객체지향 언어에서는 '상속성'이라는 기능을 제공한다.

자, 앞에서 우리는 Employee라는 클래스를 가지고 회사 직원에 대한 클래스를 만들었다. 회사 직원에는 정규 직원과 임시 직원으로 구분할 수 있다고 하였고, 그 구분의 기준은 급여 계산의 차이라고 하였다.

그렇다면 우리는 추상적으로나마 이렇게 생각할 수 있다. 이름, 주소와 같은 공통 변수는 말 그대로 공통으로 사용하고 급여 계산 루틴만 다르게 작성하면 되지 않을까? 그렇다. 우리는 정규 직원과 임시 직원에 대한 각각의 클래스를 생성하되, 회사 직원 클래스를 공통으로 상속받아 사용함으로써, 효율적인 코드를 작성할 수 있다. 이때 상속해 주는 회사 직원 클래스인 Employee 클래스를 부모 클래스라고 하고, 상속을 받는 정규 직원과 임시 직원 클래스를 자식 클래스라고 한다.

클래스 상속의 구조

자식 클래스인 정규 직원 클래스를 만들어 보면서, 클래스 간의 상속 구조를 알아보도록 하겠다.

```
class 자식 클래스명 : 접근 지정자 부모 클래스명
{
public:
        반환형   함수명(매개변수);
private:
        데이터형   변수명;
}
```

자식 클래스의 구조를 보면 일반 클래스 생성하는 방법과 동일하나, 클래스명 뒤에 콜론(:)을 붙이고, 부모 클래스명을 써 준다는 차이가 있다. 이는 현재 클래스가 부모 클래스로부터 상속받겠다는 의미이다. 이 상속 구조를 토대로 실제 정규 직원 클래스를 구현해 보도록 하자.

```cpp
class Regular : Employee
{
public:
        Regular();
        Regular(char* pName, char* pAddr, double dSalary);
        ~Regular();
        double PayCheck() const;
private:
        double salary;
};
```

클래스 구현에서 보듯 회사 직원에 대한 공통 정보인 이름, 주소에 대한 멤버변수는 Employee 클래스로부터 상속받았으므로 정규 직원 클래스인 Regular 클래스에서는 별도로 이름, 주소에 대한 변수를 별도로 선언하지 않았고, 다만 급여액 관련된 멤버변수인 salary와 멤버함수인 PayCheck() 함수만 별도로 선언하였다. 구조는 다음과 같다.

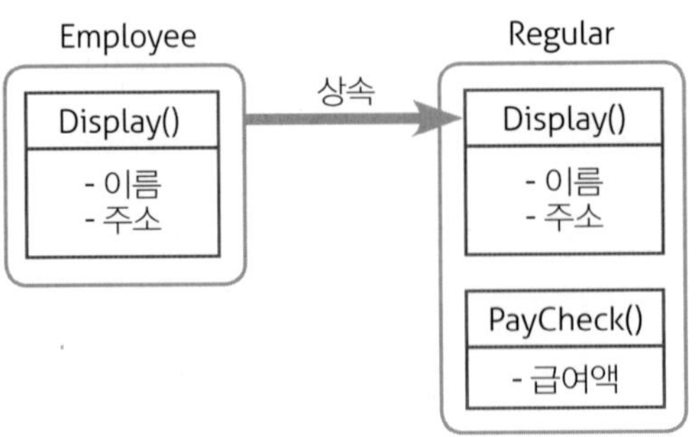

임시 직원 클래스 또한 정규 직원 클래스와 마찬가지로 작성할 수 있다. 임시 직원 클래스명은 Temporary라고 하자.

```cpp
class Temporary : public Employee
{
public:
    Temporary();
    Temporary(char* pName, char* pAddr, double dDailyPayCheck, int nDays);
    ~Temporary();
    double PayCheck() const;
private:
    double dailyPayCheck;
    int days;
};
```

임시 직원 클래스 또한 마찬가지로 이름, 주소에 대한 변수를 별도로 선언하지 않았고 급여액과 관련된 멤버변수인 dailyPayCheck와 days라는 두 개의 변수를 선언한 것을 볼 수 있다. 임시직원은 일수에 따라 급여를 계산해야 하기 때문이다.

임시 직원의 상속 구조는 다음과 같다.

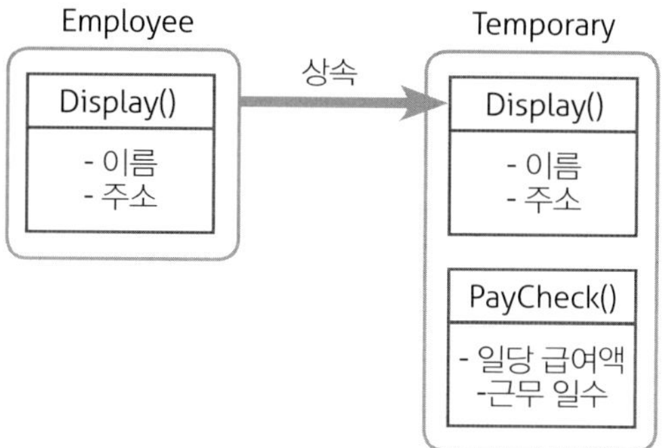

이러한 부모 클래스와 자식 클래스 간의 관계를 '상속성'이라고 하며, 상속성을 도표로 나타낸 것을 '클래스 계층도(Class Hierarchy)'라고 한다. 우리가 작성한 3개의 클래스인 Employee, Regular, Temporary 클래스를 클래스 계층도로 나타내면 다음과 같다.

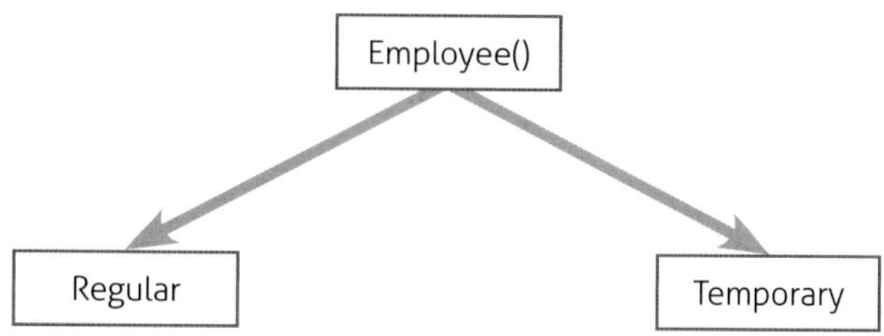

코드 작성

3개의 클래스 Employee, Regular, Temporary의 상속관계에 대해서 알아보았는데, 각각 실제로 어떻게 구현되는지 코드를 작성해 보자.

● 7장\Employee 상속\Regular+Temporary.cpp

```cpp
#include <iostream>
using namespace std;

class Employee
{
public:
    Employee();
    Employee(char* pName, char* pAddr);
    ~Employee();
    void DisplayEmployee();
protected:
    char* strName;
    char* strAddr;
};
```

```cpp
class Regular : public Employee
{
public:
    Regular();
    Regular(char* pName, char* pAddr, double dSalary);
    ~Regular();
    double PayCheck() const;
private:
    double salary;
};

class Temporary : public Employee
{
public:
    Temporary();
    Temporary(char* pName, char* pAddr, double dDailyPayCheck, int nDays);
    ~Temporary();
    double PayCheck() const;
private:
    double dailyPayCheck;
    int days;
};

Employee::Employee()
{
    strName = NULL;
    strAddr = NULL;
}

Employee::Employee(char* pName, char* pAddr)
{
    cout<<"Employee 인자가 2개인 생성자 호출"<<endl;
    strName = new char[strlen(pName)+1];
    strAddr = new char[strlen(pAddr)+1];
    strcpy(strName, pName);
    strcpy(strAddr, pAddr);
}
```

```cpp
Employee::~Employee()
{
}

void Employee:: DisplayEmployee()
{
    cout<<"이름 :"<<strName << endl;
    cout<<"주소 :"<<strAddr << endl<<endl;
}

Regular::Regular()
{
}

Regular::Regular(char* pName, char* pAddr, double dSalary)
{
    cout<<"Regular 인자가 3개인 생성자 호출"<<endl;
    strName = pName;
    strAddr = pAddr;
    salary = dSalary;
    cout<<"이름 :"<<strName << endl;
    cout<<"주소 :"<<strAddr << endl;
}

Regular::~Regular()
{
}
double Regular::PayCheck() const
{
    return salary;
}

Temporary::Temporary()
{
}
```

```cpp
Temporary::Temporary(char* pName, char* pAddr, double dDailyPayCheck, int nDays)
{
    cout<<"Temporary 인자가 4개인 생성자 호출"<<endl;
    strName = pName;
    strAddr = pAddr;
    dailyPayCheck = dDailyPayCheck;
    days = nDays;
    cout<<"이름 :"<<pName << endl;
    cout<<"주소 :"<<pAddr << endl;
}

Temporary::~Temporary()
{
}

double Temporary::PayCheck() const
{
    return dailyPayCheck * days;
}

void main()
{
    Employee emp("이창현", "영통구 매탄동");
    emp. DisplayEmployee();

    Regular rgl("이주성", "분당구 수내동", 300);
    cout<<"급여 :"<<rgl.PayCheck()<<endl<<endl;

    Temporary tmp("조경화", "장안구 조원동", 10, 20);
    cout<<"급여 :"<<tmp.PayCheck()<<endl<<endl;]
}
```

기존 Employee 클래스를 부모 클래스로 하여, 두 개의 자식 클래스 Regular와 Temporary를 생성하였다. 두 클래스는 일반 사원이라는 공통점이 있는 반면 급여 계산이 달라야 하는 차이점이 있으므로, 사원 정보에 대한 멤버변수인 strName(이름)과 strAddr(주소)는 공통 변수로 사용하되 급여 계산 루틴(PayCheck)만 멤버함수로 각각 작성하였다.

각 클래스의 객체를 생성하여 사원 정보와 급여를 출력해 보면 다음과 같은 출력 결과를 얻을 수 있다.

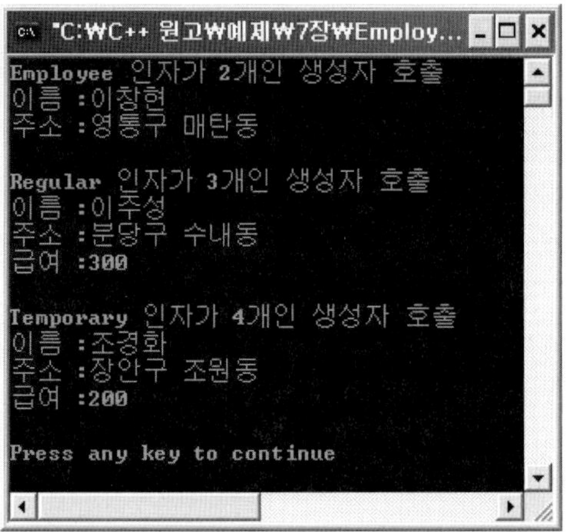

헤더와 구현부의 분리

우리가 단일 클래스를 사용했을 때는 클래스 정의 및 구현을 하나의 cpp 파일에 했었다. 그러나 우리가 상속 개념을 배우게 되면서 하나의 클래스로부터 파생된 클래스가 많아지기 시작하였고, 코드가 길어지기 시작한다. 앞의 예제만 보더라도 Employee 클래스로부터 파생된 두 개의 자식 클래스를 추가했더니 코드의 길이가 3배 정도는 길어진 것 같다.

코드를 효율적으로 관리하기 위해서는 헤더부와 구현부를 분리하는 것이 좋다. 헤더부는 주로 클래스 선언을 하고, 구현부에서는 클래스 정의를 하도록 한다.

그렇다면 앞의 예제를 헤더부와 구현부로 나누어서 보도록 하자. 대부분 C++ 클래스 라이브러리도 헤더부와 구현부로 나뉘어 구현되어 있으며, 여러분은 이 구조에 익숙해져 있어야 한다. 우리도 앞으로는 이러한 구조에 따라서 작성하도록 할 것이다.

● 7장\Employee_헤더부_구현부_분리\Employee.h

```cpp
class Employee
{
public:
    Employee();
    Employee(char* pName, char* pAddr);
    ~Employee();
    void DisplayEmployee();
protected:
    char* strName;
    char* strAddr;
};
```

```cpp
class Regular : public Employee
{
public:
    Regular();
    Regular(char* pName, char* pAddr, double dSalary);
    ~Regular();
    double PayCheck() const;
private:
    double salary;
};
class Temporary : public Employee
{
public:
    Temporary();
    Temporary(char* pName, char* pAddr, double dDailyPayCheck, int nDays);
    ~Temporary();
    double PayCheck() const;
private:
    double dailyPayCheck;
    int days;
};
```

● 7장\Employee_헤더부_구현부_분리\Employee.cpp

```cpp
#include <iostream>
#include "Employee.h"
using namespace std;

Employee::Employee()
{
    strName = NULL;
    strAddr = NULL;
}


Employee::Employee(char* pName, char* pAddr)
{
    cout<<"Employee 인자가 2개인 생성자 호출"<<endl;
```

```cpp
    strName = new char[strlen(pName)+1];
    strAddr = new char[strlen(pAddr)+1];
    strcpy(strName, pName);
    strcpy(strAddr, pAddr);
}

Employee::~Employee()
{
}

void Employee:: DisplayEmployee()
{
    cout<<"이름 :"<<strName << endl;
    cout<<"주소 :"<<strAddr << endl<<endl;
}

Regular::Regular()
{
}

Regular::Regular(char* pName, char* pAddr, double dSalary)
{
    cout<<"Regular 인자가 3개인 생성자 호출"<<endl;
    strName = pName;
    strAddr = pAddr;
    salary = dSalary;
    cout<<"이름 :"<<strName << endl;
    cout<<"주소 :"<<strAddr << endl;
}

Regular::~Regular()
{
}

double Regular::PayCheck() const
{
    return salary;
}
```

```cpp
Temporary::Temporary()
{
}

Temporary::Temporary(char* pName, char* pAddr, double dDailyPayCheck, int nDays)
{
    cout<<"Temporary 인자가 4개인 생성자 호출"<<endl;
    strName = pName;
    strAddr = pAddr;
    dailyPayCheck = dDailyPayCheck;
    days = nDays;
    cout<<"이름 :"<<pName << endl;
    cout<<"주소 :"<<pAddr << endl;
}

Temporary::~Temporary()
{
}

double Temporary::PayCheck() const
{
    return dailyPayCheck * days;
}

void main()
{
    Employee emp("이창현", "영통구 매탄동");
    emp. DisplayEmployee();
    Regular rgl("이주성", "분당구 수내동", 300);
    cout<<"급여 :"<<rgl.PayCheck()<<endl<<endl;
    Temporary tmp("조경화", "장안구 조원동", 10, 20);
    cout<<"급여 :"<<tmp.PayCheck()<<endl<<endl;
}
```

실행하여 결과를 출력해 보면, 앞의 예제와 똑같은 결과를 볼 수 있을 것이다. 우리는 코드의 내용을 변경한 것이 아니라 구조만 변경한 것이기 때문이다.

3. 상속의 장점

우리는 클래스 간 상속에 관해서 배우고 있다. 어떻게 상속을 받는지, 어떻게 사용하는지에 대한 방법은 배웠으나, 상속 기법을 사용했을 때 어떤 장점이 있는지는 언급하지 않았다. 다음에서 상속의 3가지 특징이자 장점을 정리해 보겠다.

계층적 명확성

클래스 간 상속을 통해 클래스가 계층적으로 명확해진다는 것을 볼 수 있다. 즉, 각 클래스 간의 역할 관계를 명확하게 정의할 수 있다. 가장 상위 클래스에 사장님이 있고, 그 아래 전무님, 이사님, 부장님, 팀장님 등으로 계층이 내려오는 회사 조직도를 보면 이러한 상하관계를 명확하게 구분할 수 있는 것처럼 클래스 간 상속 또한 상속관계의 계층을 명확하게 보여준다.

코드의 재사용성

상속성의 가장 큰 장점을 꼽으라면 바로 코드의 재사용성이라고 말할 수 있다. 자식 클래스는 부모 클래스로부터 상속을 받으면 부모 클래스의 멤버들을 소유하게 된다. 공통되는 기능을 부모 클래스에서 한 번만 작성해 주면, 상속받아 사용할 수 있으므로 반복적인 중복 코드를 피할 수 있게 된다.

앞의 예에서 Employee라는 공통 클래스를 Regular와 Temporary라는 자식 클래스가 상속 받음으로써 회사 직원에 대한 이름이나 주소에 대한 정보의 중복은 피할 수 있었다. 이는 다르게 말하면 상속받은 자식 클래스인 Regular와 Temporary에서 Employee 클래스를 재사용했다고 할 수 있다.

확장성

상속을 함으로써 클래스를 확장하기가 더욱 용이해졌다. 만약 기존 클래스가 약간 수정되는 정도의 유사한 기능을 갖는 클래스가 필요하다면, 클래스를 상속받아 새로운 클래스를 생성함으로써 확장할 수 있는데, 기존 클래스(부모 클래스)에 없는 멤버는 새로 정의하고, 기능을 변경하거나 확장해야 하는 경우는 재정의(Overriding)하여 새로운 클래스를 정의할 수 있다.

2 상속관계의 특성

1. 상속되는 멤버와 상속되지 않는 멤버

앞에서 살펴본 바와 같이 자식 클래스는 부모 클래스의 멤버들을 상속받을 수 있다. 그러나 자식 클래스가 부모 클래스의 멤버들을 모두 상속받는 것은 아니다. 상속되지 않는 멤버들이 있는데 바로 생성자와 소멸자, 그리고 friend 멤버이다.

생성자와 소멸자

생성자와 소멸자는 자식 클래스로 상속되지 않는다. 부모 클래스의 생성자는 자기 클래스의 멤버 변수에 대해서만 알고 있다. 설령 부모 클래스가 어떤 자식 클래스에 상속을 하여도 부모 클래스에서는 알지 못한다. 반대로 자식 클래스 입장에서도 자신이 추가한 멤버변수만 접근하고 초기화하기를 원할 수도 있다. 따라서 자식 클래스 입장에서는 부모 클래스의 생성자가 상속되는 것을 원하지 않게 될 것이다.

friend 멤버

부모 클래스의 friend 멤버는 자식 클래스로 상속되지 않는다. 만약 부모 클래스에서 friend로 지정한 멤버를 모두 상속할 수 있게 된다면, 자식 클래스 입장에서도 원하지 않는 멤버를 상속받을 수 있게 된다. 마치 부모님의 친구가 자식 입장에서 자신의 친구로 받아들여야 하는 아이러니한 상황이 될 수 있다. 그러나 부모님의 친구는 내 친구가 될 수 없다. 내 친구를 내가 선택할 수 있는 것처럼, 자식 클래스에서도 friend를 선택할 자유가 있다. 그러므로 friend 멤버는 상속되지 않는다.

2. 자식 클래스의 객체 생성 및 소멸

객체 생성 순서

클래스 간의 상속관계에 있어서 객체 생성 시 생성되는 순서가 있다. 기본적으로 자식 클래스의 객체가 생성되기 전에 부모 클래스의 객체가 먼저 생성된다. 즉, 자식 클래스를 통해 객체를 생성하게 되면 먼저 부모 클래스가 없는지 확인하고 있다면 부모 클래스의 객체를 먼저 생성한 후 자식 클래스의 객체를 생성한다는 것이다.

class A, class B, class C와 같이 3개의 클래스가 있으며 class A가 가장 상위 클래스(부모 클래스)이고, 그 다음이 class B, 그리고, class C가 가장 하위 클래스(자식 클래스)라고 가정하자. 이때 class A의 객체를 생성하게 되면 그냥 class A의 객체가 생성된다. class B나 class C에 어떠한 영향도 받지 않는다. 왜냐하면 가장 상위 부모 클래스이기 때문이다.

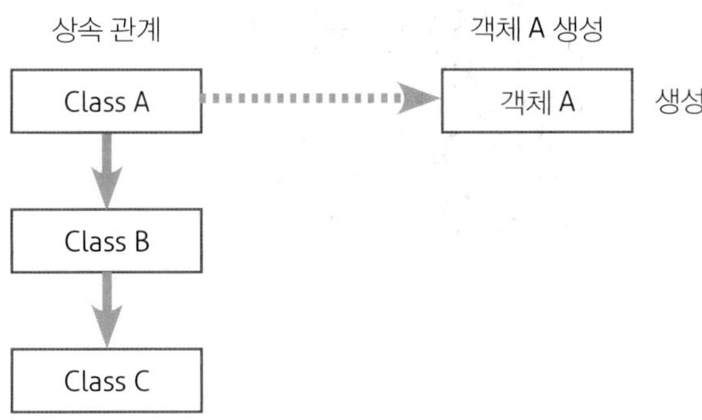

그런데 class B 객체를 생성하게 되면 class B의 객체 생성 전에, 그 상위 클래스가 있는지 확인하고, 있다면 상위 클래스의 객체를 먼저 생성해야 한다. class B의 상위 클래스는 class A이므로 class A 객체 생성 후 class B의 객체를 생성하게 된다.

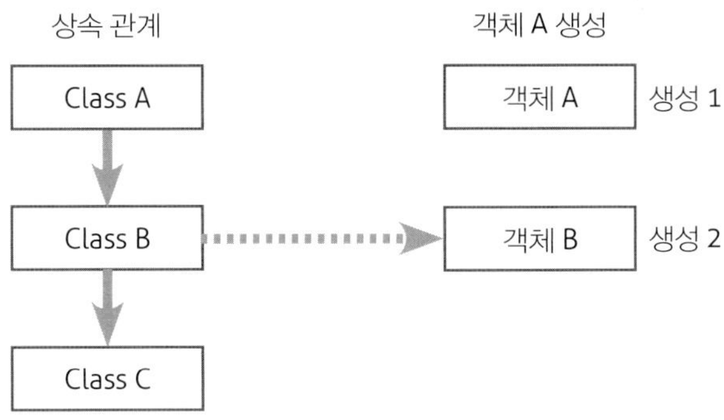

class C 객체를 생성하게 되면 마찬가지로 그 상위 클래스를 확인하는데, 상위 클래스로는 class B가 있고, 또 그 상위 클래스로 class A가 있으므로, 객체 생성 순서는 class A → class B → class C가 될 것이다.

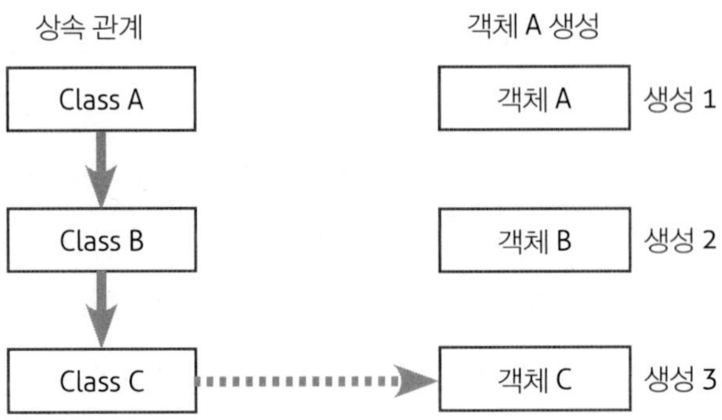

이러한 객체 생성 순서 관계를 명확하게 확인할 수 있는 방법이 있는데, 각 클래스의 객체 생성 시 객체의 초기화를 위해 자동으로 호출되는 함수가 바로 생성자이므로 생성자의 호출 순서를 출력해 보면 위에서 설명한 객체 생성 순서를 명확히 알 수 있다.

객체 소멸 순서

객체 소멸 시에는 생성 순서와 역순으로 처리된다. 즉, 앞에서 객체 생성 시에는 먼저 상위 클래스(부모 클래스)를 체크해 보고 상위 클래스가 있다면 상위 클래스 객체를 먼저 생성하였지만, 소멸 시에는 하위 클래스(자식 클래스)가 먼저 소멸되고 그 다음에 상위 클래스(부모 클래스)가 소멸된다.

앞에서 예를 들었던 class A, class B, class C 관계에서 class C 객체를 소멸한다고 가정하면 소멸되는 순서는 다음과 같다.

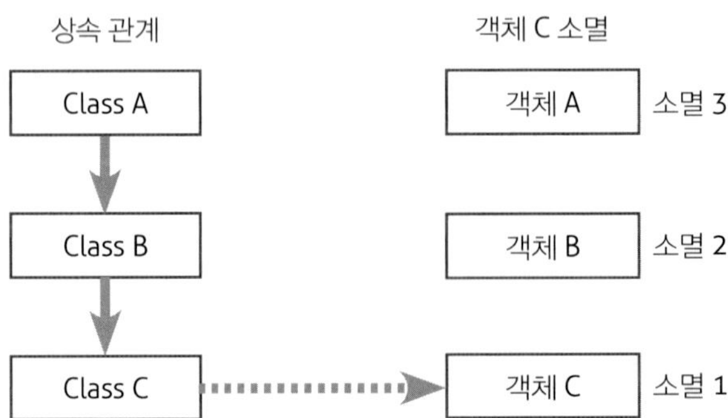

생성자의 콜론(:) 초기화

앞에서 우리는 부모 클래스의 생성자는 자식 클래스에 상속되지 않는다고 배웠다. 그런데 객체 생성 순서는 부모 클래스 객체가 먼저 생성되고, 자식 클래스 객체가 나중에 생성된다고 한다. 그런데 생성자는 상속되지 않은 상태에서 자식 클래스 객체를 만들게 되면 분명 부모 클래스의 객체를 생성하려 할 것이다. 이때 부모 클래스는 멤버변수 초기화에 대한 문제점이 발생하게 된다.

이러한 문제점의 해결 방법으로 자식 클래스에서는 부모 클래스의 생성자에게 명확하게 초기값을 설정하게 함으로써 부모 클래스의 객체를 생성할 수 있게 한다. 이때 자식 클래스 생성자 정의 시, 콜론(:) 초기화를 사용하여 부모 클래스에 초기화 매개변수를 넘겨줄 수 있다.

다음은 자식 클래스인 Regular 클래스의 생성자 호출 시 부모 클래스인 Employee 클래스를 콜론(:) 초기화해 주는 형태이다. 인자가 없는 생성자의 경우와 인자가 있는 생성자의 경우가 있다.

```
Regular::Regular() : Employee(), salary(0.0)
{
}
Regular::Regular(char* pName, char* pAddr, double dSalary) : Employee(pName, pAddr)
{
}
```

자식 클래스의 객체가 생성되는 시점에 부모 클래스의 객체를 초기화해 주고 있다. 인자가 있는 생성자의 경우, 자식 클래스에 대입된 pName과 pAddr의 값을 Employee 생성자에 대입함으로써 상위 클래스를 초기화해 주고 있다.

예제 작성

앞에서 배운 내용들을 예제로 작성해 보자. 상속관계에서의 생성자 및 소멸자의 호출 순서와 하위 클래스에서의 콜론(:) 초기화 방법을 중점적으로 보자. 생성자 및 소멸자 호출 관계를 알기 위해서 각 생성자 및 소멸자에 출력 루틴을 넣었고 부모 클래스의 멤버변수 초기화를 위해서 콜론(:)을 사용하였다. 클래스 선언부인 Emplyee.h는 변경사항이 없으므로, 구현부인 Employee.cpp만 다음과 같이 작성하도록 하자.

```cpp
#include <iostream>
#include "Employee.h"
using namespace std;

Employee::Employee()
{
    strName = NULL;
    strAddr = NULL;
}

Employee::Employee(char* pName, char* pAddr)
{
    cout<<"1.Employee 인자가 2개인 생성자 호출"<<endl;
    strName = new char[strlen(pName)+1];
    strAddr = new char[strlen(pAddr)+1];
    strcpy(strName, pName);
    strcpy(strAddr, pAddr);
}

Employee::~Employee()
{
    cout<<"1.Employee 소멸자 호출"<<endl;
}

void Employee:: DisplayEmployee()
{
    cout<<"이름 :"<<strName << endl;
    cout<<"주소 :"<<strAddr << endl<<endl;
}

Regular::Regular()
{
}
```

```cpp
Regular::Regular(char* pName, char* pAddr,
double dSalary):Employee(pName, pAddr)
{
    cout<<"2.Regular 인자가 3개인 생성자 호출"<<endl;
    salary = dSalary;
    cout<<"이름 :"<<strName << endl;
    cout<<"주소 :"<<strAddr << endl;
}


Regular::~Regular()
{
    cout<<"2.Regular 소멸자 호출"<<endl;
}


double Regular::PayCheck() const
{
    return salary;
}


Temporary::Temporary()
{
}


Temporary::Temporary(char*    pName,    char*    pAddr,    double    dDailyPayCheck,    int
nDays):Employee(pName, pAddr)
{
    cout<<"2.Temporary 인자가 4개인 생성자 호출"<<endl;
    dailyPayCheck = dDailyPayCheck;
    days = nDays;
    cout<<"이름 :"<<pName << endl;
    cout<<"주소 :"<<pAddr << endl;
}


Temporary::~Temporary()
{
    cout<<"2.Temporary 소멸자 호출"<<endl;
}
```

```cpp
double Temporary::PayCheck() const
{
    return dailyPayCheck * days;
}

void main()
{
    Employee emp("이창현", "영통구 매탄동");
    emp. DisplayEmployee();
    Regular rgl("이주성", "분당구 수내동", 300);
    cout<<"급여 :"<<rgl.PayCheck()<<endl<<endl;

    Temporary tmp("조경화", "장안구 조원동", 10, 20);
    cout<<"급여 :"<<tmp.PayCheck()<<endl<<endl;
}
```

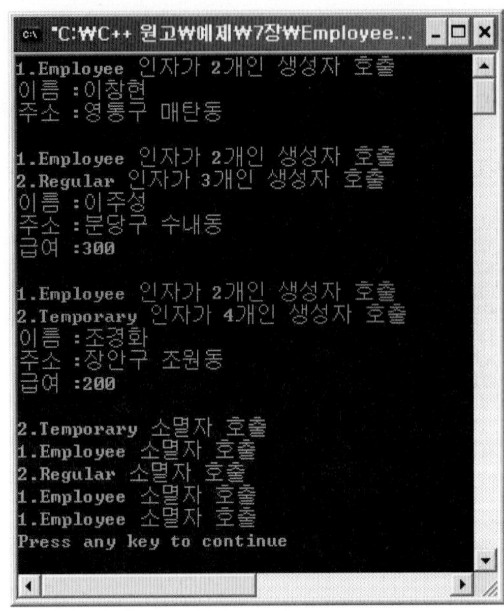

결과로 나온 출력 문구를 통해 생성자 호출 시점과 소멸자 호출 시점을 정확하게 알 수 있다. Employee 클래스 객체 emp를 생성하게 되면 그에 따른 생성자를 호출하고 있는데, 인자가 2개인 생성자를 호출한다. 그 다음 Employee 클래스를 상속받은 Regular라는 클래스 객체 rgl을 생성하게 되면 그에 따른 생성자를 호출할 것인데, 이 때 자신의 생성자를 호출하기 전에 상속받는 부모 클래스가 없는지 먼저 확인한 후 부모 클래스가 있다면 부모 클래스의 생성자를 먼저 호출한다. 그래서 결과적으로 Employee 생성자가 먼저 호출되고 그 다음에 Regular 생성자가 호출된 것을 볼 수 있다.

Temporary 클래스 객체인 tmp 또한 마찬가지로 Employee 클래스를 상속받은 것으로 생성자 호출 관계는 Employee 생성자 호출 후에 Temporary 생성자가 호출된다.

소멸자는 생성자 생성 순서와 반대 순으로 호출된다고 하였다. 그래서 가장 나중에 생성된 Temporary 클래스 객체의 소멸자가 가장 먼저 호출되고, 그 부모인 Employee 클래스 객체의 소멸자가 호출된다. Regular 클래스 또한 마찬가지로, 소멸시에 자신의 소멸자가 먼저 호출되고, 그 다음 부모 클래스인 Employee 클래스 객체의 소멸자가 호출된다. 마지막으로 Employee 단독으로 생성된 클래스 객체는 자신의 소멸자만 호출하고 프로그램을 종료한다. 그리고 각각 상속받은 클래스인 Regular와 Temporary의 생성자는 콜론(:)으로 부모 클래스인 Employee를 초기화해 주고 있음을 볼 수 있다.

3. 부모 클래스의 멤버 접근

접근 지정자 중 우리가 익히 알고 있는 public과 private 외에 protected라는 접근 지정자가 있다. 이전에 protected라는 접근 지정자에 대해서 한 번 쯤은 보았을 텐데, 상속이라는 개념을 모른다면 protected라는 접근 지정자는 아무런 의미가 없으므로 설명을 뒤로 미룬 적이 있다.

이제 상속에 대한 개념을 배웠으므로 protected라는 접근 지정자에 대해서 언급할 때가 온 것 같다. 그리고 앞의 예제의 부모 클래스인 Employee에서도 멤버변수로 protected 접근 지정자를 사용하였다.

접근 지정자는 사용하는 위치에 따라 크게 두 가지 종류로 나뉘어지는데, 첫 번째는 클래스의 멤버 변수로 사용할 때이고, 두 번째는 자식 클래스 선언 시 부모 클래스를 지정할 때 사용한다.

클래스 멤버 변수로 사용 시

클래스의 접근 지정자에 대해서는 객체 지향의 은닉화 개념을 배우면서 앞에서 언급한 적이 있다. 그때는 public과 private에 대한 접근 지정자를 통해서 객체의 외부 접근 데이터는 public을 사용하고, 객체의 내부 접근 데이터를 private을 사용함으로써 데이터의 은닉화를 실현한다고 했었다.

그리고 상속을 배우면서 protected라는 접근 지정자가 추가되었는데, 이는 부모 클래스 내의 데이터 중에 접근 지정자가 protected로 선언되어 있을 경우 이 데이터는 외부에서는 접근 못하게 되어 있으나, 상속 받은 자식 클래스에서는 접근할 수 있게 된다. 즉, protected는 외부에서 바라본 관점에서는 private과 같은 속성이지만, 상속을 받은 자식 클래스 입장에서는 public과 같은 속성을 갖고 있는 것이다.

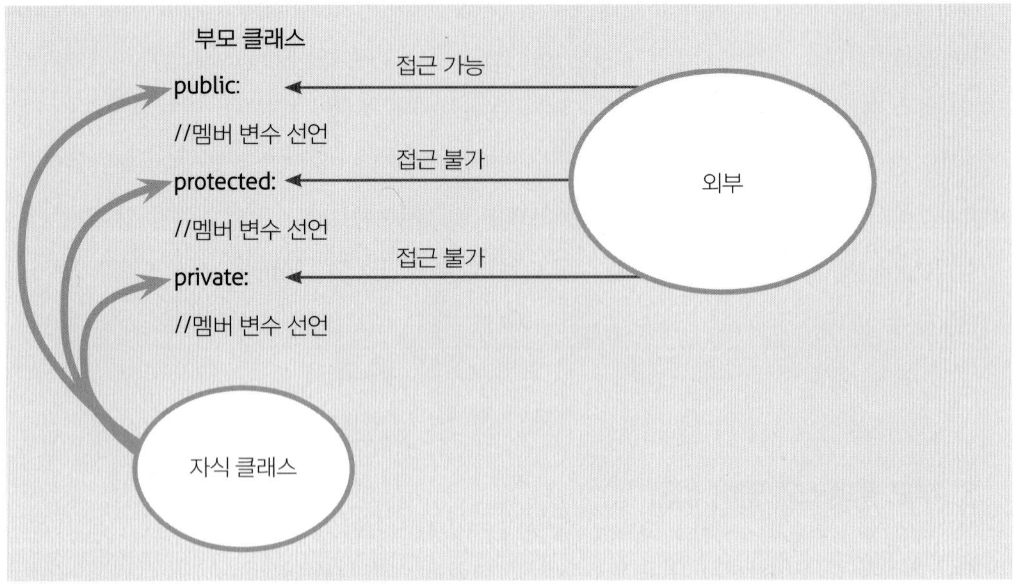

클래스를 단독으로 사용할 때는 protected 멤버와 private 멤버는 같은 속성을 갖는다. 따라서, 클래스를 상속시키지 않는다면 굳이 protected 접근 지정자를 사용할 필요가 없다.

부모 클래스 지정 사용 시

클래스 상속 시 부모 클래스는 접근 지정자를 지정해야 하는데 다음과 같은 형태이다.

```
class Derived:  public     Base
                protected
                private
```

- **파생 유형이 public일 경우** : 부모 클래스의 멤버는 그대로 자식 클래스에 상속된다. 즉, 자식 클래스는 부모 클래스의 private 멤버를 제외한 모든 멤버에 접근할 수 있다.
- **파생 유형이 protected일 경우** : 앞의 public일 경우와 특징은 거의 동일하다. 다만 이 경우의 자식 클래스는 외부에서 public 멤버조차도 접근할 수 없게 된다.
- **파생 유형이 private일 경우** : 현재 자식 클래스에서 상속성이 정지한다. 즉, 현재 자식 클래스에서 대가 끊긴다고 보면 된다. 현재 자식 클래스에서는 public일 경우와 마찬가지로, private 멤버

를 제외한 모든 멤버에 접근할 수 있다. 그러나 자식 클래스가 또 그 다음 자식 클래스(손자)에게 상속을 했을 경우 자식 클래스(손자)는 부모 클래스(조부)의 어떤 멤버에도 접근할 수 없다.

디폴트 파생 유형은 private이다. 파생 유형 지정은 private이나 protected보다는 public을 많이 사용한다.

사용 예

앞에서 작성했던 프로젝트의 클래스 정의를 통해 어떻게 사용되고 있는지 알아보도록 하자.

● 7장\ Employee_생성자_소멸자_콜론\Employee.cpp

```cpp
class Employee
{
public:
    Employee();
    Employee(char* pName, char* pAddr);
    ~Employee();
    void DisplayEmployee();
protected:
    char* strName;
    char* strAddr;
};
class Regular : public Employee
{
public:
    Regular();
    Regular(char* pName, char* pAddr, double dSalary);
    ~Regular();
    void PayCheck() const;
    void DisplayEmployee();
private:
    double salary;
};
```

부모 클래스인 Employee에서 멤버변수를 protected로 선언하였다. 이는 외부에서 접근 시에 private 과 같은 속성이므로 접근이 불가하고, 상속받은 자식 클래스인 Regular 입장에서는 접근이 가능하다. 또한 Regular 클래스는 Employee 클래스를 상속받을 시 파생 유형이 public이므로 Employee 클래스의 속성을 그대로 물려받는다.

4. 멤버함수의 오버라이딩(Overriding)

오버라이딩의 의미

오버라이딩이란 사전적 의미로 '~위에 덮어쓰다' 또는 '~에 우선한다'라는 의미를 가지고 있다. 객체 지향에서의 오버라이딩은 부모 클래스로부터 상속받은 멤버함수의 내용을 변경하는 것을 의미한다. 상속을 받았을지라도 상속받은 모든 기능이 자식 입장에서 모두 다 마음에 들 수는 없다. 부모 클래스에서 정의한 멤버함수가 있다면 이를 자식 클래스에서 그대로 상속받되, 내용을 변경하여 새로운 기능을 만드는 것이다.

멤버함수 오버라이딩의 조건

부모 클래스의 멤버함수를 자식 클래스의 멤버함수에 오버라이딩 하기 위해서는 다음과 같은 조건이 만족되어야 한다.

① 이름이 같아야 한다.
② 매개변수의 타입 및 개수가 같아야 한다.
③ 반환 타입이 같아야 한다.

순간 이게 무슨 소린가 싶을 수 있는데, 사실 별 얘기 아니다. 부모 클래스의 멤버함수의 형태를 그대로 자식 클래스의 멤버함수로 가져오되, 다만 함수의 내용만 새로 정의한다는 말이다.

앞의 예제에서 일반사원인 Regular 클래스를 통해서 영업 사원인 SalesMan이라는 클래스를 생성 시 상속받을 것인데, 기본적으로 Regular 클래스에 정의된 PayCheck() 멤버함수를 SalesMan 클래스에서 오버라이딩 하는 형태를 보여준다. 왜냐하면 일반 사원의 급여는 영업사원의 급여 계산 방식과 조금 다를 수 있기 때문이다. 영업 사원은 기본급 외에 영업 실적 수당을 더 받는다고 하면 일반 사원 급여 계산 루틴인 PayCheck() 멤버함수를 사용하면 안 되고, 급여 계산 루틴을 다시 재정의한 PayCheck()를 작성해 주어야 한다.

멤버함수 오버라이딩 작성

먼저 SalesMan의 클래스를 Regular 클래스로부터 상속받아 정의한다. Employee.h를 다음과 같이 추가 작성하였다.

```cpp
.................. 생략 ...................
class SalesMan : public Regular
{
public:
    SalesMan();
    SalesMan(char* pName, char* pAddr, double dSalary, double
    allowance);
    ~SalesMan();
    double PayCheck() const;
private:
    double allowance;
};
```

다음은 SalesMan 클래스를 구현한 코드이다.


```cpp
.................. 생략 ...................
SalesMan::SalesMan()
{
}

SalesMan::SalesMan(char* pName, char* pAddr, double dSalary, double
dAllowance):Regular(pName, pAddr, dSalary)
{
    cout<<"3.SalesMan 인자가 4개인 생성자 호출"<<endl;
    allowance = dAllowance;
    cout<<"이름 :"<<pName << endl;
    cout<<"주소 :"<<pAddr << endl;
}

SalesMan::~SalesMan()
{
    cout<<"3.SalesMan 소멸자 호출"<<endl;
}

double SalesMan::PayCheck() const
{
    return Regular::PayCheck() ⏌ allowance;
}
```

이 코드에서 눈여겨보아야 할 부분이 바로 PayCheck() 함수의 오버라이딩 부분이다. PayCheck() 함수의 내부를 보면 조금 특이하게 작성되어 있는데 Regular의 멤버함수인 PayCheck()의 리턴값에 allowance 값을 더해 주고 있다. 즉, 영업 사원은 급여 계산 시 기본급 외에 영업수당을 더 받는 형태로 계산이 되어야 하기 때문에 기존의 일반 사원의 급여에 영업 수당을 더한 형태로 재계산한 것이다. 이렇게 부모 클래스에 이미 정의되어 있는 기능을 자식 클래스에서 재정의하여 사용하는 것을 바로 함수의 **오버라이딩(Overriding)**이라고 한다.

다음과 같이 main() 함수의 코드를 추가 작성하고 실행하여 보자.

● 7장\ Employee_오버라이딩\Employee.cpp

```cpp
void main()
{
    ·························· 생략 ··························
    SalesMan slm("박복순", "영통구 매탄동", 100, 50);
    cout<<"급여 :"<<slm.PayCheck()<<endl<<endl;
}
```

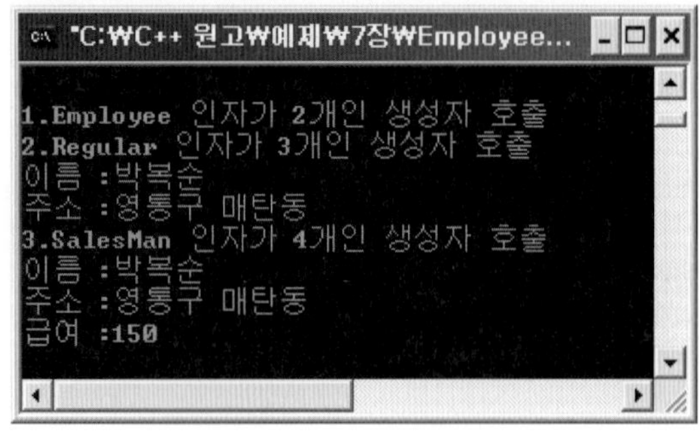

급여 부분을 보면 PayCheck() 함수를 오버라이딩 한 결과값을 볼 수 있다.

3 부모 클래스와 자식 클래스 사이의 변환

1. 부모 클래스의 객체 포인터를 통한 자식 클래스 객체 포인터 접근

C++에서 지원하는 강력한 기능 중 하나가 부모 클래스 객체 포인터 또는 레퍼런스를 통해서 자식 클래스 객체에 접근이 가능하다는 것이다. 이는 자식 클래스의 객체가 부모 클래스의 객체를 포함하고 있기 때문이다. 즉, 자식 클래스의 객체 포인터를 부모 클래스의 객체 포인터로 쉽게 변환이 가능하다는 것을 의미한다.

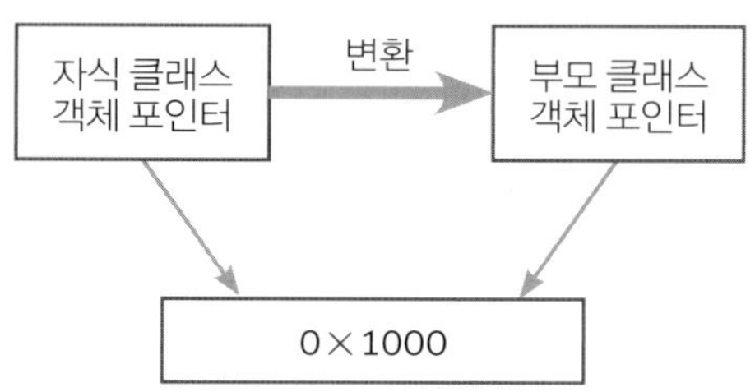

그림을 보면 자식 클래스 객체 포인터에서 부모 클래스 객체 포인터로 변환 시 현재 자식 클래스 객체 포인터가 가리키고 있는 주소값을 부모 클래스 객체 포인터로 넘겨줌으로써 서로 같은 주소값을 가리키게 된다. 이는 부모 클래스 객체 포인터를 통해 자식 클래스 객체 포인터를 제어할 수 있다는 의미가 된다.

2. 부서 클래스 작성

지금까지 배운 이론을 기초로 하여 예제를 만들어 보도록 하자. 우리는 앞서 일반 사원, 임시직 사원, 그리고 영업 사원 등 다양한 사원들의 클래스를 만들었다. 이 클래스들은 다만 사원의 종류일 뿐이지, 사원을 관리할 수 있는 클래스가 아니다. 우리는 각 종류의 사원을 관리할 수 있는 부서 클래스를 만들어 보기로 하겠다. 기존 예제를 그대로 사용하거나 새로 프로젝트를 만든 다음 앞의 예제 내용을 그대로 가져와도 된다. 우선 헤더 파일에 다음과 같이 코드를 추가하자.

```cpp
class Department
{
public:
    Department()
    {
        count = 0;
    }
    void AddEmployee(Employee& emp)
    {
        employee[count] = &emp;
        count++;
    }
    void Display() const
    {
        for(int i = 0; i < count; i++)
        {
            employee[i]->DisplayEmployee();
        }
    }

private:
    int count;
    Employee* employee[10];
};
```

각 종류의 사원들을 관리하는 부서 클래스로 사원 객체가 저장될 employee 포인터 객체 배열을 10으로 설정함으로써 10명까지의 사원을 저장하겠다는 의미이다. 그리고, AddEmployee() 함수를 통해서 각 사원의 객체 포인터 값을 추가할 수 있도록 하였다. 각 사원의 객체를 생성하여 Department 클래스의 멤버함수인 AddEmployee() 함수에 넘겨줌으로써 객체 포인터의 변환을 살펴보도록 하자.

우선 코드 작성을 하기 전에 콘솔 출력 시 출력 내용을 알아보기 쉽게 하기 위해서 기존 코드의 출력 코드를 주석으로 처리하기로 하겠다. 우선 각각의 자식 클래스의 생성자에서 출력했던 이름, 주소에 대한 출력 구문을 주석으로 처리하자. 예를 들어 Regular 클래스 생성자의 경우 다음과 같이 주석 처리한다.

```
Regular::Regular(char* pName, char* pAddr, double dSalary):Employee(pName, pAddr)
{
        cout<<"2.Regular 인자가 3개인 생성자 호출"<<endl;
        salary = dSalary;
        //cout<<"이름 :"<<strName << endl;
        //cout<<"주소 :"<<strAddr << endl;
}
```

나머지 자식 클래스인 Temporary와 SalesMan 또한 같은 처리를 하도록 한다. 처리가 끝났으면 main() 함수 코드를 작성하자.


```
void main()
{
        Regular rgl("이주성", "분당구 수내동", 300);
        Temporary tmp("조경화", "장안구 조원동", 10, 20);
        SalesMan slm("박복순", "영통구 매탄동", 100, 50);

        Department dept;
        dept.AddEmployee(rgl);
        dept.AddEmployee(tmp);
        dept.AddEmployee(slm);
        dept.Display();
}
```

코드를 보면 AddEmployee 함수에 각각 Employee 클래스의 자식 클래스인 Regular의 객체, Temporary의 객체, SalesMan의 객체를 대입하고 있다. 이때 AddEmployee 함수의 전달인자에서는 각 객체를 Employee& emp로 받고 있는데, 이는 주소값을 넘겨받는다는 의미이다. 이 객체의 주소값은 각각 *employee[10] 포인터 객체에 대입이 된다. 그러므로 출력 시 Display 내에서 *employee[10] 객체를 통해 각 파생 클래스의 정보를 가져와서 출력해 준다.

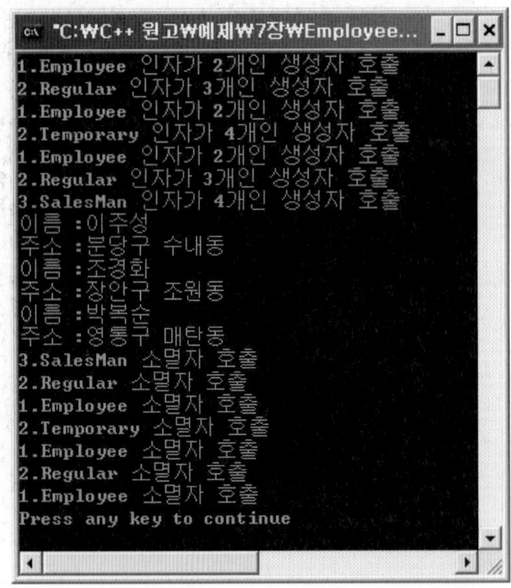

부모 클래스의 객체 포인터를 통하여 자식 클래스의 객체에 접근할 수 있음을 알 수 있다. 이는 새로운 자식 클래스가 추가된다 할지라도 부모 클래스의 코드를 수정할 필요가 없는 것이다. 즉, 코드의 재사용성을 의미한다.

3. 부모 클래스 객체 포인터를 통한 접근의 문제점

이번에는 사원들의 이름 및 주소만 출력하는 것이 아니라 급여도 같이 출력해 보도록 하겠다. 앞에서 각 사원의 급여액을 알아내기 위해서 각각 PayCheck()라는 함수를 만들었다. 앞서 부모 클래스의 객체 포인터인 *employee[10]을 통해서 자식 클래스들의 정보 출력이 가능했으므로 우리는 PayCheck() 또한 출력이 가능할 것이라는 가정을 할 수 있게 된다.

자, 그런데 우리는 코드를 작성하기 앞서 다음과 같이 사전에 간단하게 준비해야 할 작업이 조금 있다. 부모 클래스인 Employee 클래스에 다음과 같이 PayCheck() 멤버 함수를 추가한다.

● 7장\ Employee_관리 클래스\Department.h

```
class Employee
{
public:
    Employee();
    Employee(char* pName, char* pAddr);
    ~Employee();
```

```cpp
    void DisplayEmployee();
    double PayCheck() const;
protected:
    char* strName;
    char* strAddr;
};
```

● 7장\ Employee_관리 클래스\Department.cpp

```cpp
double Employee::PayCheck() const
{
    return 0.0;
}
```

자, 추가 작업이 끝났으면 우리는 실제로 출력해주는 루틴인 Display 함수에 다음과 같이 PayCheck() 를 통해 급여를 출력하는 루틴을 추가하자.

● 7장\ Employee_관리 클래스\Department.h

```cpp
void Display() const
{
    for(int i = 0; i < count; i++)
    {
        employee[i]->DisplayEmployee();
        cout<<"급여 : "<<employee[i]->PayCheck()<<endl;
    }
}
```

자, 코드 작성이 끝났으면 빌드하고 실행해 보자. 결과가 어떤가? 각 사원의 급여가 제대로 출력이 되는가?

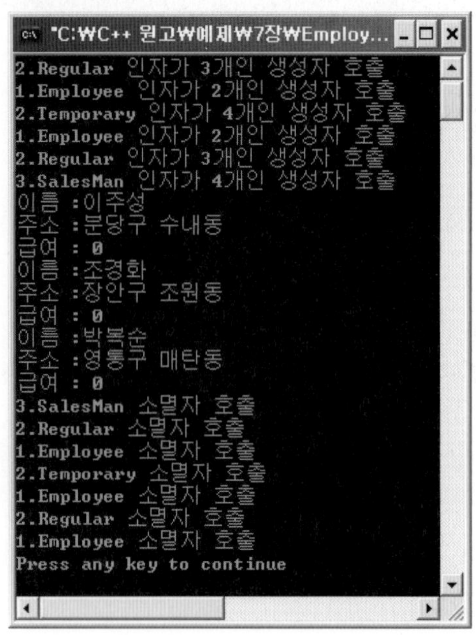

각 사원의 급여가 각각 출력될 것이라는 기대를 가지고 있었겠지만 실제로 결과를 보면 급여가 모두 0으로 출력되는 것을 볼 수 있다. 왜 이러한 결과가 나오는 것일까? 분명 우리는 각각 employee[0]->PayCheck(), employee[1]->PayCheck(), employee[2]->PayCheck()를 호출하였고, 각 자식 클래스들의 객체를 통해 자신들의 멤버함수인 PayCheck() 함수가 호출되길 기대하고 있었을 것이다.

그러나 결과는 다르게 나왔다. 사실 employee[i]->PayCheck()가 실행될 때 각 클래스의 멤버함수인 PayCheck()가 호출되는 것이 아니라, Employee 클래스의 멤버변수인 PayCheck()가 호출된다.

그 이유는 부모 클래스의 객체 포인터를 통하여 멤버함수를 호출 시 자식 클래스의 오버라이딩(Overring) 된 멤버함수를 호출하는 것이 아니라 부모 클래스의 멤버함수를 호출하기 때문이다.

이러한 문제점은 <8장. 다형성>에서의 **가상함수(Virtual Fuction)**라는 개념을 통해 간단하게 해결할 수 있다. 이 문제는 8장에서 다시 짚어 보고 해결책을 보기로 하자.

다형성(Polymorphism)

이번 장에서는 C++에서 다형성을 구현하는 방법에 대해서 배워보도록 하겠다. 상속성을 통해 객체지향의 기반을 다졌다면, 다형성을 통해서 객체지향을 완성시킨다. 다형성을 통해 가상함수를 사용하는 이유와 동적 결합의 의미, 그리고, 추상 클래스에 대해서 배워보도록 하자.

1 가상함수(Virtual Function)의 개요

1. 가상함수란?

가상함수란 자식 클래스에서 오버라이딩(Overriding) 될 것으로 예상되는 멤버함수를 의미한다. 일반적으로 오버라이딩을 한다는 것은 상속 관계에서 부모 클래스와 자식 클래스 모두에게 같은 이름의 멤버함수가 존재하되, 자식 클래스의 멤버함수 정의는 다르게 할 수 있었다. 또한 각 클래스 객체에 따라 해당 멤버함수를 호출할 수 있었다.

그런데 앞서 배운 상속성에서 부모 클래스의 객체를 통해서 자식 클래스에서 오버라이딩 된 함수를 호출할 수 없는 문제점이 있음을 알 수 있었다.

가상함수는 이러한 상속성에서의 배웠던 오버라이딩의 문제점을 해결해 준다. 즉 부모 클래스의 객체를 통해서 자식 클래스에서 오버라이딩 한 함수를 호출할 수 있다는 말이다.

2. virtual 예약어 사용

가상함수는 부모 클래스에서 선언한 멤버함수 앞에 virtual이라는 예약어를 사용하기만 하면 된다. 그리고 자식 클래스에서 이 함수를 오버라이딩 시에 별도로 virtual이라는 예약어를 사용하지 않아도 된다. 즉, 일반함수를 가상함수로 만드는 방법은 매우 간단하다는 얘기다.

상속성에서 사용했던 관리 클래스 예제를 열어서 Department.h를 다음과 같이 수정해 보자.

```cpp
class Employee
{
public:
    Employee();
    Employee(char* pName, char* pAddr);
    ~Employee();

    void DisplayEmployee();
    virtual double PayCheck() const;
protected:
    char* strName;
    char* strAddr;
};
```

부모 클래스인 Employee 클래스의 멤버함수 PayCheck() 선언 앞에만 virtual 키워드를 사용하면 그 이하의 자식 클래스에서는 굳이 virtual 키워드를 사용하지 않아도 가상함수가 된다. 자 일단 사용하는 형식은 그렇고, 저렇게 부모 클래스에 virtual 키워드를 사용하게 되면 자식 클래스에서 PayCheck() 함수를 재정의(Overriding) 시에 파생 클래스에 재정의된 멤버함수가 호출된다.

3. 가상함수 적용 예제

앞의 장에서 작성했던 관리 클래스 예제를 기반으로 프로젝트를 새로 생성하고 예제를 작성해 보자. 프로젝트 이름은 'Polymorphism_가상함수'로 하였고, 옵션은 '빈 프로젝트'로 생성하였다.

● 8장\Polymorphism_가상함수\VirtualFunction.h

```cpp
#include <iostream>
using namespace std;

class Employee
{
public:
    Employee();
    Employee(char* pName, char* pAddr);
    ~Employee();
    void DisplayEmployee();
    virtual double PayCheck() const;
```

```cpp
protected:
    char* strName;
    char* strAddr;
};

class Regular : public Employee
{
public:
    Regular();
    Regular(char* pName, char* pAddr, double dSalary);
    ~Regular();
    double PayCheck() const;
private:
    double salary;
};

class Temporary : public Employee
{
public:
    Temporary();
    Temporary(char* pName, char* pAddr, double dDailyPayCheck, int
    nDays);
    ~Temporary();
    double PayCheck() const;
private:
    double dailyPayCheck;
    int days;
};

class SalesMan : public Regular
{
public:
SalesMan();
    SalesMan(char* pName, char* pAddr, double dSalary, double
    allowance);
    ~SalesMan();
    double PayCheck() const;
```

```cpp
private:
    double allowance;
};

class Department
{
public:
    Department()
    {
        count = 0;
    }

    void AddEmployee(Employee& emp)
    {
        employee[count] = &emp;
        count++;
    }
    void Display() const
    {
        for(int i = 0; i < count; i++)
        {
            employee[i]->DisplayEmployee();
            cout<<"급여 : "<<employee[i]->PayCheck()<<endl;
        }
    }
private:
    int count;
    Employee* employee[10];
};
```

● 8장\Polymorphism_가상함수\VirtualFunction.cpp

```cpp
#include <iostream>
#include "VirtualFunction.h"
using namespace std;

Employee::Employee()
{
    strName = NULL;
    strAddr = NULL;
}
```

```cpp
Employee::Employee(char* pName, char* pAddr)
{
    cout<<"1.Employee 인자가 2개인 생성자 호출"<<endl;
    strName = new char[strlen(pName)+1];
    strAddr = new char[strlen(pAddr)+1];
    strcpy(strName, pName);
    strcpy(strAddr, pAddr);
}

Employee::~Employee()
{
    cout<<"1.Employee 소멸자 호출"<<endl;
}

void Employee::DisplayEmployee()
{
    cout<<"이름 :"<<strName << endl;
    cout<<"주소 :"<<strAddr << endl;
}

double Employee::PayCheck() const
{
    return 0.0;
}

Regular::Regular()
{
}

Regular::Regular(char* pName, char* pAddr, double dSalary):Employee(pName, pAddr)
{
    cout<<"2.Regular 인자가 3개인 생성자 호출"<<endl;
    salary = dSalary;
}
Regular::~Regular()
{
    cout<<"2.Regular 소멸자 호출"<<endl;
}
```

```cpp
double Regular::PayCheck() const
{
    return salary;
}

Temporary::Temporary()
{
}

Temporary::Temporary(char* pName, char* pAddr, double dDailyPayCheck,
int nDays):Employee(pName, pAddr)
{
    cout<<"2.Temporary 인자가 4개인 생성자 호출"<<endl;
    dailyPayCheck = dDailyPayCheck;
    days = nDays;
}

Temporary::~Temporary()
{
    cout<<"2.Temporary 소멸자 호출"<<endl;
}

double Temporary::PayCheck() const
{
    return dailyPayCheck * days;
}

SalesMan::SalesMan()
{
}
SalesMan::SalesMan(char* pName, char* pAddr, double dSalary,
double dAllowance):Regular(pName, pAddr, dSalary)

{
    cout<<"3.SalesMan 인자가 4개인 생성자 호출"<<endl;
    allowance = dAllowance;
}
```

```cpp
SalesMan::~SalesMan()
{
    cout<<"3.SalesMan 소멸자 호출"<<endl;
}

double SalesMan::PayCheck() const
{
    return Regular::PayCheck() + allowance;
}

void main()
{
    Regular rgl("이주성", "분당구 구미동", 300);
    Temporary tmp("조경화", "장안구 조원동", 10, 20);
    SalesMan slm("박복순", "영통구 매탄동", 100, 50);

    Department dept;
    dept.AddEmployee(rgl);
    dept.AddEmployee(tmp);
    dept.AddEmployee(slm);
    dept.Display();
}
```

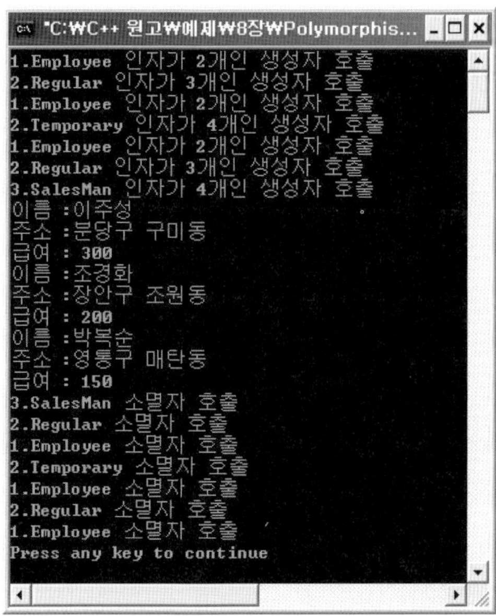

결과를 보면 우리가 원하는 대로 각 파생 클래스에서 정의한 급여 계산 함수가 호출되어서 각각 급여가 출력된 것을 알 수 있다.

2 다형성의 의미

1. 다형성이란?

다형성 즉 'Polymorphism'의 의미는 사전적인 의미로 풀이하자면 'poly(많은)'와 'morphism(형태)'의 합성어로 '여러 형태'라는 뜻이 된다. 즉 같은 메시지에 대해서 여러 가지 형태로 보여줄 수 있다는 의미인데, 조금은 추상적이고 포괄적인 개념이기는 하다. 우리는 앞서 오버로딩(Overloading)과 오버라이딩(Overriding)에 대해서 이미 배운 적이 있는데, 같은 함수의 이름에 대해서 여러 가지 형태를 갖기도 하고 혹은 상속 관계에서 같은 함수의 이름을 재정의하기도 하는 것으로, 객체 지향에서 다형성을 보여주는 대표적인 예라 할 수 있다.

2. 동적 결합과 정적 결합

동적 결합

다형성의 개념을 이해하려면 먼저 동적 결합에 대한 개념을 알아야 한다. 앞의 예에서처럼 PayCheck()라는 멤버함수에 대해 ptrEmp->PayCheck()를 호출 시 Regular, Temporary, SalesMan 클래스 객체에 따라 다른 급여액을 보여주게 될 것이다. 그런데 단순히 ptrEmp->PayCheck() 코드만 가지고는 3개의 클래스 중 어떤 클래스의 객체를 통해 호출해야 할지 컴파일 시에는 알 수가 없다. 즉 ptrEmp라는 포인터 변수에 저장된 객체 포인터가 어떤 것인지 알 수가 없다는 말인데, 프로그램 실행 시에 ptrEmp의 값을 평가할 수 있다. 이러한 것을 우리는 동적 결합(Dynamic Binding)이라고 한다.

정적 결합

정적 결합은 동적 결합의 반대되는 개념이다. 즉, 실행 시가 아닌 컴파일 시에 어떤 함수가 호출되는지, 그 함수가 메모리 상의 어떤 위치에 있는지도 정확히 알 수 있다. 이렇게 컴파일 시에 고정된 함수의 주소로 번역되는 것을 정적 결합(Static Binding)이라고 한다. 우리가 작성하는 일반적인 함수들이 모두 정적 결합을 한다고 보면 된다.

3. 동적 결합의 장점

동적 결합의 장점은 각 클래스의 서로 다른 기능을 하는 함수를 개별적으로 작성하고 이 함수를
호출할 수 있다는 점이다. 또한 이미 컴파일된 코드의 기능을 자유롭게 변경할 수 있다는 장점이
있다. 즉, 다른 프로그래머가 작성한 클래스를 수정하거나 다시 컴파일하지 않고도 그 기능을 얼마
든지 확장시킬 수 있다.

3 순수 가상함수와 추상 클래스

1. 순수 가상함수(Pure Virtual Function)

앞에서 작성했던 Employee 클래스를 다시 살펴보도록 하자. 이 클래스에서 PayCheck() 함수를
주목해 보자.

```
class Employee
{
public:
        Employee();
        Employee(char* pName, char* pAddr);
        ~Employee();
        void DisplayEmployee();
        virtual double PayCheck() const;       //가상함수
protected:
        char* strName;
        char* strAddr;
};
```

Employee 클래스의 멤버함수인 PayCheck() 멤버함수는 구현부에 다음과 같이 정의되어 있음
을 볼 수 있다.

```
double Employee::PayCheck() const
{
        return 0.0;
}
```

Employee 클래스의 PayCheck() 함수의 기능은 0을 반환해 줄 뿐 사실상 아무런 기능을 하지 않는다. 다만 자식 클래스에 PayCheck()라는 멤버함수가 존재한다는 것을 알려주고, 오버라이딩 해서 사용하도록 권고하고 있다. 결국 이 함수의 실제 기능은 자식 클래스에서 PayCheck() 함수를 재정의해서 사용해야 하는 것이고, 부모 클래스인 Employee 클래스의 PayCheck() 함수의 정의 자체는 필요 없는 것이다. 따라서 Employee 클래스의 PayCheck() 함수의 정의는 불필요해 보인다.

그래서 이러한 경우의 함수는 순수 가상함수(Pure Virtual Function)로 지정하는 것이 좋다. 순수 가상함수를 만들려면 가상함수 선언 맨 끝에 '0'을 대입하면 된다.

```
class Employee
{
    public:
        virtual double PayCheck() const = 0;  → 순수 가상함수
}
```

이렇게 선언한 순수 가상함수는 별도로 정의해 줄 필요가 없다. 순수 가상함수로 선언했다는 의미는 자식 클래스에서 오버라이딩 하겠다는 의미이므로, 굳이 부모 클래스의 멤버함수에서 정의할 필요가 없다는 것이다. 순수 가상함수는 자식 클래스에게 '이러한 멤버함수를 구현하라'는 청사진을 제시할 뿐, 실제로는 아무런 일도 하지 않는다.

2. 추상 클래스(Abstract Class)

순수 가상함수가 선언되어 있는 클래스는 객체를 선언할 수 없다. 앞에서 정의했던 Employee 클래스에 우리가 PayCheck()라는 순수 가상함수를 선언하였기 때문에 Employee 클래스의 객체를 생성할 수 없다. 왜냐하면 객체를 통해 순수 가상함수를 참조한다는 것은 의미 없는 멤버함수의 참조일 뿐이기 때문이다. 그래서 우리는 순수 가상함수를 포함하고 있는 클래스를 '추상 클래스(Abstract Class)'라고 한다.

4 가상 소멸자

1. 객체 소멸 시 문제점

우리는 지금까지 부모 클래스의 객체 포인터 변수를 사용하여 자식 클래스의 객체에 접근 시 문제점에 대해 살펴보았고, 그 해법으로 가상함수를 사용하면 된다고 하였다. 그런데 또 다른 문제점이 있는데, 바로 객체 소멸 시이다. 다음의 간단한 예제를 통해 문제점을 파악해 보자.

● 8장\Polymorphism_소멸자\destructor.cpp

```cpp
#include <iostream>
using namespace std;
class Parent
{
public:
    Parent()
    {
        cout<<"Parent 생성자"<<endl;
    }
    ~Parent()
    {
        cout<<"Parent 소멸자"<<endl;
    }
};
class Child : public Parent
{
public:
    Child()
    {
        cout<<"Child 생성자"<<endl;
    }
    ~Child()
    {
        cout<<"Child 소멸자"<<endl;
    }
};

void main()
{
    Parent *pParent = new Child;
    delete pParent;
}
```

부모 클래스인 Parent 클래스와 자식 클래스인 Child 클래스를 각각 작성하였다. 그리고 각각 생성자와 소멸자를 생성한다. main() 함수에서 new 연산자를 통해서 Child 클래스의 객체를 동적으로 생성하고, 그 포인터를 Parent 클래스의 객체 포인터인 pParent에 넘겨준다. 그리고 곧바로 pParent 포인터 객체를 delete하였다.

우리의 상식으로 이 간단한 프로그램의 결과를 예측해 보자면 delete pParent문이 실행되었을 때, Child 클래스의 소멸자가 호출되어 동적으로 생성된 Child 클래스의 객체가 소멸되어야 한다. 그럼 결과를 한번 확인해 보도록 하자.

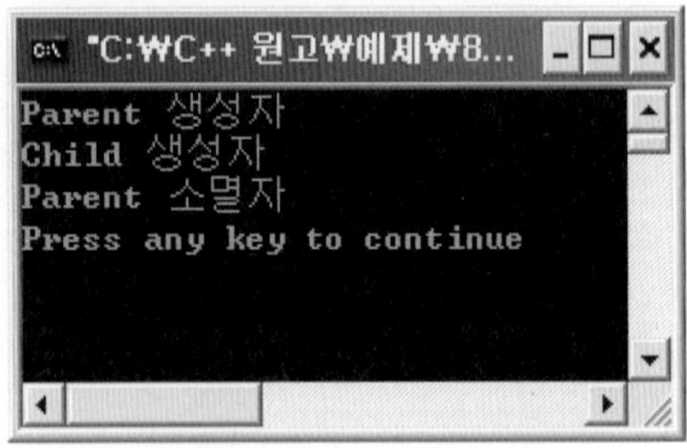

결과를 보면 객체 생성 시의 생성 과정은 우리가 예상했던 결과대로 수행된 것을 볼 수 있다. 그러나 소멸 수행 과정을 보면 부모 클래스인 Parent의 소멸자 루틴만 수행된 것을 볼 수 있다. 그렇다면 왜 Child 클래스의 객체는 소멸되지 않는 것일까?

delete pParent 문장이 실행될 때 컴파일러는 자식 클래스의 객체를 소멸해야 한다는 것을 인식하지 못한다. delete 연산자 자체는 자신의 오른쪽에 지정된 객체에 대한 소멸자만을 호출하는데, pParent 객체는 Parent 클래스 형이므로 Parent 클래스의 소멸자를 호출하게 된다.

2. 가상 소멸자(Virtual Destructor) 선언

이러한 문제점을 해결하기 위해서는 부모 클래스의 소멸자를 '가상 소멸자(Virtual Destructor)'로 선언하면 된다. 가상 소멸자로 선언하기 위해서는 소멸자 원형 앞에 'virtual'이라는 예약어를 사용하면 된다. 다음과 같이 코드를 수정해 보자.

```cpp
#include <iostream>
using namespace std;
class Parent
{
public:
    Parent()
    {
    cout<<"Parent 생성자"<<endl;
    }
    virtual ~Parent()
    {
    cout<<"Parent 소멸자"<<endl;
    }
};
class Child : public Parent
{
public:
    Child()
    {
    cout<<"Child 생성자"<<endl;
    }
    ~Child()
    {
    cout<<"Child 소멸자"<<endl;
    }
};

void main()
{
    Parent *pParent = new Child;
    delete pParent;
}
```

코드를 실행해서 결과를 살펴보자. 우리가 원하는 결과가 출력되는 것을 볼 수 있다.

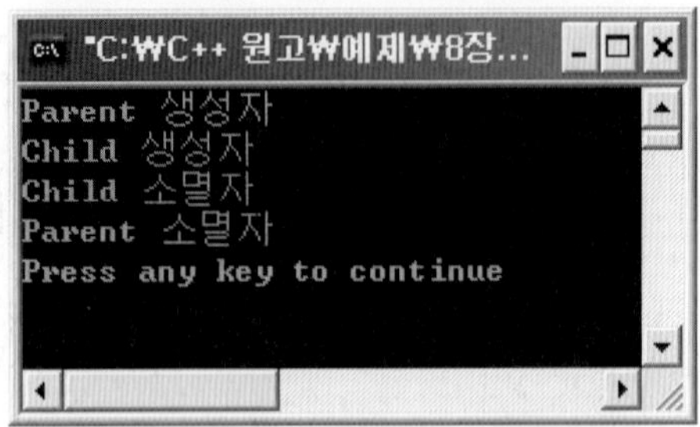

그렇다면, 이와 같은 가상 소멸자는 언제 사용하는 것이 좋을까? 만약 클래스에 가상함수가 있다면 그 클래스에서 파생되는 자식 클래스의 객체는 다형성을 사용하기 위해 부모 클래스의 객체 포인터를 통하여 조작될 수 있도록 new 연산자를 사용하여 동적으로 생성될 수 있을 것이다. 따라서 가상함수를 갖고 있는 클래스를 선언할 때는 가상 소멸자를 사용하는 것이 좋다.

Chapter 09 다중상속(Multiple Inheritance)

이번 시간에는 클래스 간의 기본 상속 구조를 바탕으로 하여, 여러 부모 클래스를 상속 받아 사용할 수 있는 구조인 다중상속에 대하여 배울 것이다. 다중상속을 통해 우리는 상속의 기능을 조금 더 유연하고 확장성 있게 사용할 수 있을 것이다.

1 다중상속의 필요성

1. 다중상속이란?

다중상속이란 하나의 클래스가 두 개 이상의 서로 다른 부모 클래스로부터 상속받는 것을 뜻한다. 지금까지 다뤘던 것은 단일상속 구조인데 이를 계층도로 나타내 보면 다음과 같다.

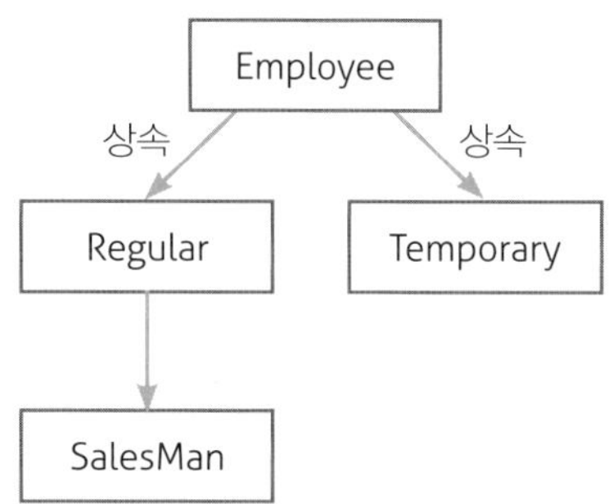

현재 이 구조에서 우리는 다중상속의 구조를 만들어 보도록 하겠다. 우선 정규사원인 Regular 클래스를 상속받는 Manager라는 클래스를 추가하기로 한다. 이는 관리 업무를 하는 관리자로서 일반 사원과 같이 고정급을 받으므로 Regular 클래스로부터 상속받을 수 있다. 그렇게 되면 현재 Regular 클래스에서 파생된 클래스는 SalesMan 클래스와 Manager 클래스 2개가 된다.

이제 다중상속을 할 수 있는 재료가 준비되었다. 영업 사원인 SalesMan과 관리자인 Manager를 다중상속받아 새로운 SalesManager라는 클래스를 생성하도록 하자. SalesManager는 영업 관리자로써 영업 사원의 속성과 관리자의 속성을 모두 상속받은 형태이다. 일단 영업 사원의 급여 계산 방법은 <기본급 + 영업 수당>이고, 관리자의 급여 계산 방법은 <기본급 + 관리 수당>이 될 것이다. 그런데 이 속성을 모두 상속받은(다중상속) 영업 관리자의 급여 계산은 <기본급 + 영업 수당 + 관리 수당>이 된다. 이를 클래스 계층도로 나타내면 다음과 같다.

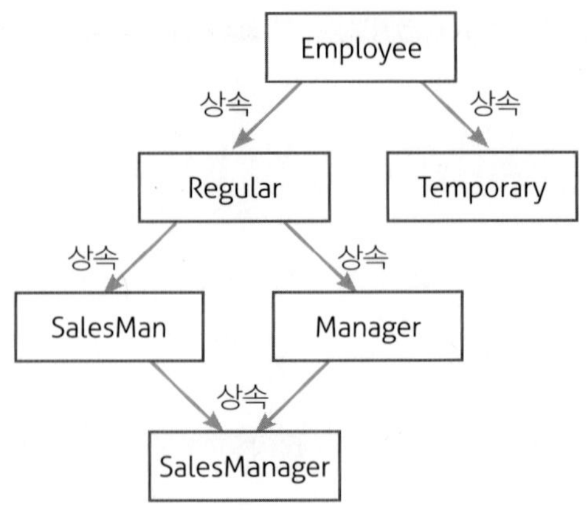

2. 다중상속의 활용

앞에서 구성했던 계층도를 기반으로 실제 클래스를 어떤식으로 구성하고 활용하는지 알아보도록 하자. 우선 클래스를 구성하는 문법은 다음과 같다.

```
class 자식 클래스명 : 접근 지정자 부모 클래스명1 ,
                  접근 지정자 부모 클래스명2
{
public:
     반환형  함수명(매개변수);
private:
     데이터형  변수명;
}
```

일반 클래스 구성도와 동일하다. 다만 자식 클래스명 뒤에 기반 클래스(부모 클래스)를 명시할 때, 접근 지정자와 부모 클래스명을 명시하되 2개일 경우는 콤마(,)로 구분해서 써주면 된다. 문법 자체는 매우 간단하여 더 이상 설명이 필요 없을 것 같다.

여러 부모 클래스를 다중으로 상속받은 자식 클래스는 부모 클래스의 모든 멤버변수와 멤버함수를 상속받게 된다.

```
class SalesManager  : public Manager,  public SalesMan
{
     // 멤버변수 및 멤버함수 선언
}
```

SalesManager 클래스는 Manager 클래스와 SalesMan 클래스의 모든 멤버변수와 멤버함수를 SalesManager 클래스를 예로 들었을 때 상속받는다는 말이다.

3. 다중상속의 구현

앞의 Employee 예제와 새로 추가한 클래스 계층도를 기반으로 하여 다중상속을 위한 예제를 만들어 보기로 하자. 설명했던 SalesManager 클래스를 추가하고, 각각 Manager 클래스와 SalesMan 클래스를 다중상속받는 형태를 구현할 것이다.

● 9장\Ambiguous\multiInheritance.h

```cpp
#include <iostream>
using namespace std;

class Employee
{
public:
    Employee();
    Employee(char* pName, char* pAddr);
    ~Employee();
    virtual double PayCheck() const = 0;
protected:
    char* strName;
    char* strAddr;
};

class Regular : public Employee
{
public:
    Regular();
    Regular(char* pName, char* pAddr, double dSalary);
    ~Regular();
    double PayCheck() const;

protected:
    double salary;
};
```

```cpp
class Temporary : public Employee
{
public:
    Temporary();
    Temporary(char* pName, char* pAddr, double dDailyPayCheck, int nDays);
    ~Temporary();
    double PayCheck() const;
private:
    double dailyPayCheck;
    int days;
};

class SalesMan : public Regular
{
public:
    SalesMan();
    SalesMan(char* pName, char* pAddr, double dSalary, double dAllowance);
    ~SalesMan();
    double PayCheck() const;
protected:
    double allowance;
};

class Manager : public Regular
{
public:
    Manager();
    Manager(char* pName, char* pAddr, double dSalary, double dIncentive);
    ~Manager();
    double PayCheck() const;
protected:
    double incentive;
};

class SalesManager : public Manager, public SalesMan
{
```

```cpp
public:
    SalesManager();
    SalesManager(char* pName, char* pAddr, double dSalary, double allowance, double
Incentive);
    ~SalesManager();
    double PayCheck() const;
};
```



```cpp
#include <iostream>
#include "MultiInheritance.h"
using namespace std;

Employee::Employee()
{
    strName = NULL;
    strAddr = NULL;
}

Employee::Employee(char* pName, char* pAddr)
{
    strName = new char[strlen(pName)+1];
    strAddr = new char[strlen(pAddr)+1];
    strcpy(strName, pName);
    strcpy(strAddr, pAddr);
}

Employee::~Employee()
{
}

Regular::Regular()
{
}

Regular::Regular(char* pName, char* pAddr, double dSalary):Employee(pName, pAddr)
{
salary = dSalary;
}
```

```cpp
Regular::~Regular()
{
}

double Regular::PayCheck() const
{
    return salary;
}
Temporary::Temporary()
{
}

Temporary::Temporary(char*    pName,    char*    pAddr,    double    dDailyPayCheck,    int
nDays):Employee(pName, pAddr)
{
    dailyPayCheck = dDailyPayCheck;
    days = nDays;
}

Temporary::~Temporary()
{
}

double Temporary::PayCheck() const
{
    return dailyPayCheck * days;
}

SalesMan::SalesMan()
{
}

SalesMan::SalesMan(char*    pName,    char*    pAddr,    double    dSalary,    double
dAllowance):Regular(pName, pAddr, dSalary)
{
    allowance = dAllowance;
}
```

```cpp
SalesMan::~SalesMan()
{
}

double SalesMan::PayCheck() const
{
    return Regular::PayCheck() + allowance;
}

Manager::Manager()
{
}

Manager::Manager(char* pName, char* pAddr, double dSalary, double dIncentive):Regular(pName,
pAddr, dSalary)


{
      incentive = dIncentive;
}

Manager::~Manager()
{
}

double Manager::PayCheck() const
{
      return Regular::PayCheck() + incentive;
}

SalesManager::SalesManager()
{
}

SalesManager::SalesManager(char* pName, char* pAddr, double dSalary, double dAllowance,
double dIncentive): Regular(pName, pAddr, dSalary), SalesMan(pName, pAddr, dSalary,
dAllowance), Manager(pName, pAddr, dSalary, dIncentive)
```

```cpp
{
    allowance = dAllowance;
    incentive = dIncentive;
}

SalesManager::~SalesManager()
{
}

double SalesManager::PayCheck() const
{
return Manager::PayCheck() + SalesMan::PayCheck();
}

void main()
{
    SalesMan saleMan("", "", 200, 300);
    cout<<"영업의 급여 총액 : "<<saleMan.PayCheck()<<"원\n";
Manager mgr("", "", 300, 400);
    cout<<"관리자의 급여 총액 : "<<mgr.PayCheck()<<"원\n";
    SalesManager saleMgr("이창현", "수원시 영통구", 200, 300, 400);
    cout<<"영업 관리자의 급여 총액 : "<<saleMgr.PayCheck()<<"원\n";
}
```

2 다중상속 클래스의 모호성

1. 모호성(Ambiguity)

코드의 실행 결과는 어떤가? 우리가 기대했던 결과치가 제대로 나왔는가? 영업 관리자의 급여 총액의 계산법은 다음과 같다.

영업 관리자의 급여 = 기본급 + 영업수당 + 관리수당

그러면 위 공식에 대입해 보았을 때, 우리가 입력한 계산식은 <200+300+400>의 결과가 영업 관리자의 급여 총액이 된다. 900이라는 결과가 나와야 정상이라는 말이다. 그런데 실제 출력된 결과를 보면 1100이라는 금액이 출력된 것을 볼 수 있다. 무언가 계산을 잘못한 것이다. 무엇이 잘못된 것일까?

우리는 영업 관리자의 급여 계산 루틴인 SalesManager::PayCheck() 멤버함수를 다시 한 번 살펴볼 필요가 있다.

```cpp
double SalesManager::PayCheck() const
{
return Manager::PayCheck() + SalesMan::PayCheck();
}
```

코드를 보면 급여액 계산이 Manager::PayCheck() + SalesMan::PayCheck()로 되어 있다. 의미를 명확히 하기 위해 각 멤버함수의 정의를 다시 보게 되면 다음과 같다.

```cpp
double Manager::PayCheck() const
{
        return Regular::PayCheck() + incentive;
}

double SalesMan::PayCheck() const
{
        return Regular::PayCheck() + allowance;
}
```

이렇게 정의를 보고 나니 무엇이 잘못된 것인지 감이 잡힐 것 같다. 그렇다. Regular::PayCheck() 멤버함수가 두 번 계산된 것이다. 즉, 기본급이 한 번 더 계산된 것이다. 아하, 그러면 기본급이 두

번 계산되었으니까 중복 계산된 값만큼 값을 빼주면 되겠다는 간단한 해결책이 나온다. 즉 다음과 같이 수정을 하면 될 것이다.

```
double SalesManager::PayCheck() const
{
    return Manager::PayCheck() + SalesMan::PayCheck() – Regular::PayCheck();
}
```

하지만, 위와 같이 코드를 수정하고 빌드를 하게 되면 다음과 같은 컴파일 에러가 발생한다.

```
error C2385: 'SalesManager::Regular' is ambiguous
```

이 컴파일 에러의 발생 원인은 Regular::PayCheck() 멤버함수의 Regular 클래스의 모호성 때문이다. 즉, Regular 클래스는 Manager 클래스의 부모 클래스일 수도 있고 SalesMan 클래스의 부모 클래스일 수도 있으므로, 어떤 클래스를 통하여 Regular 클래스의 PayCheck() 멤버함수에 접근해야 할지 알 수 없다는 것이다. 따라서 앞에서의 Regular::PayCheck()의 두 번 계산으로 인해 하나를 빼는 해법은 사용할 수 없다.

2. SalesManager 클래스의 데이터 구조

영업 관리자 클래스인 SalesManager의 객체 생성 시 다음과 같은 데이터 구조를 갖는다.

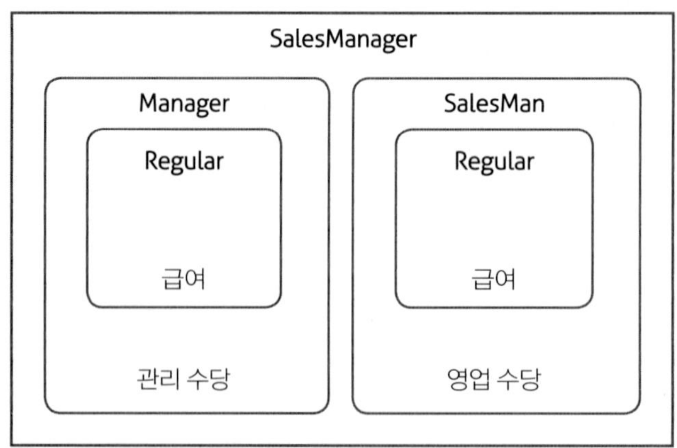

그림과 같이 SalesManager 객체는 SalesMan 객체와 Manager 객체가 각각 포함하고 있는 Regular 객체를 모두 포함하고 있다. 즉 중복된 객체를 가지고 있으므로, 이와 같은 데이터 구조는 메모리 낭비를 가져온다.

그렇다면 다중상속의 이러한 모호성을 해결할 수 있는 방법은 없는 것인가? 당연히 해법은 있다. 그 해법은 바로 가상 기초 클래스이다.

3 가상 기초 클래스(Virtual Base Class)

1. 모호성의 해법으로서의 가상 기초 클래스

모호성의 근본적인 해결을 위해서는 두 번 이상 사용되는 간접적인 부모 클래스로 사용되는 클래스를 가상 기초 클래스(Virtual Base Class)로 만들어 주면 된다. 만드는 방법은 클래스명 앞에 virtual 예약어를 사용하면 된다.

```cpp
class SalesMan : public virtual Regular
{
        // 클래스 정의
};

class Manager : public virtual Regular
{
        // 클래스 정의
};

class SalesManager : public Manager, public SalesMan
{
        // 클래스 정의
};
```

위 코드의 예와 같이 부모 클래스를 가상 기초 클래스로 만들기 위해서는 자식 클래스에서 virtual 예약어를 사용한다. 이제 Regular 클래스는 가상 기초 클래스로 사용되기 때문에 SalesManager 클래스는 Regular 클래스 객체를 중복 생성하지 않고, 단 하나의 Regular 클래스 객체만을 포함하게 된다.

2. 가상 기초 클래스 기반의 SalesManager 클래스의 데이터 구조

가상 기초 클래스 기반으로 변경한 SalesManager 클래스의 데이터 구조를 다시 그려 보면 다음과 같은 형태가 된다.

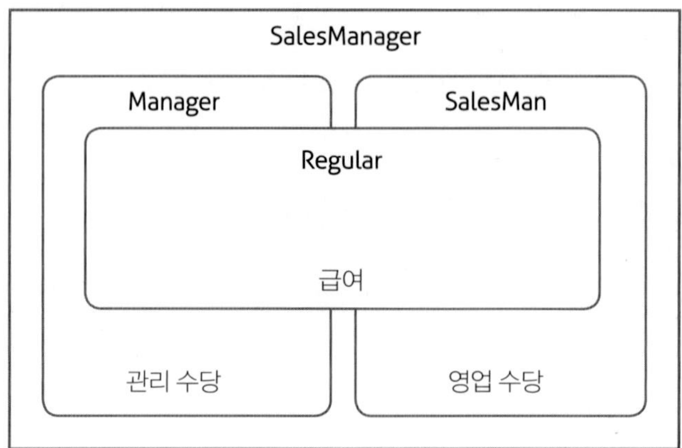

가상 기초 클래스를 포함하는 다중 상속된 클래스인 SalesManager는 가상 기초 클래스의 객체 하나만 포함하게 되므로 앞에서의 모호성을 근본적으로 해결할 수 있다.

3. 가상 기초 클래스 예제

앞의 예제를 기반으로 하여 모호성의 에러가 나타나지 않도록 가상 기초 클래스를 다음과 같이 선언하도록 하자.

● 9장\VirtualBaseClass\multiInheritance.h

```cpp
#include <iostream>
using namespace std;

class Employee
{
public:
    Employee();
    Employee(char* pName, char* pAddr);
    ~Employee();
    virtual double PayCheck() const = 0;
```

```cpp
protected:
    char* strName;
    char* strAddr;
};

class Regular : public Employee
{
public:
    Regular();
    Regular(char* pName, char* pAddr, double dSalary);

    ~Regular();
    double PayCheck() const;
protected:
    double salary;
};

class Temporary : public Employee
{
public:
    Temporary();
    Temporary(char* pName, char* pAddr, double dDailyPayCheck, int nDays);
    ~Temporary();
    double PayCheck() const;
private:
    double dailyPayCheck;
    int days;
};

class SalesMan : public virtual Regular
{
public:
    SalesMan();
    SalesMan(char* pName, char* pAddr, double dSalary, double dAllowance);
    ~SalesMan();
    double PayCheck() const;
```

```cpp
protected:
    double allowance;
};

class Manager : public virtual Regular
{
public:
    Manager();
    Manager(char* pName, char* pAddr, double dSalary, double dIncentive);
    ~Manager();
    double PayCheck() const;
protected:
    double incentive;
};

class SalesManager : public Manager, public SalesMan
{
public:
    SalesManager();
    SalesManager(char* pName, char* pAddr, double dSalary, double allowance, double
Incentive);
    ~SalesManager();
    double PayCheck() const;
};
```

● 9장\VirtualBaseClass\multiInheritance.cpp

```cpp
#include <iostream>
#include "MultiInheritance.h"
using namespace std;

Employee::Employee()
{
    strName = NULL;
    strAddr = NULL;
}

Employee::Employee(char* pName, char* pAddr)
{
    strName = new char[strlen(pName)+1];
    strAddr = new char[strlen(pAddr)+1];
```

```cpp
    strcpy(strName, pName);
    strcpy(strAddr, pAddr);
}

Employee::~Employee()
{
}

Regular::Regular()
{
}

Regular::Regular(char* pName, char* pAddr, double dSalary):Employee(pName
, pAddr)
{
salary = dSalary;
}

Regular::~Regular()
{
}

double Regular::PayCheck() const
{
    return salary;
}

Temporary::Temporary()
{
}

Temporary::Temporary(char* pName, char* pAddr, double dDailyPayCheck, int
nDays):Employee(pName, pAddr)
{
    dailyPayCheck = dDailyPayCheck;
    days = nDays;
}
```

```cpp
Temporary::~Temporary()
{
}

double Temporary::PayCheck() const
{
        return dailyPayCheck * days;
}

SalesMan::SalesMan()
{
}

SalesMan::SalesMan(char* pName, char* pAddr, double dSalary,
double dAllowance):Regular(pName, pAddr, dSalary)
{
        allowance = dAllowance;
}

SalesMan::~SalesMan()
{
}

double SalesMan::PayCheck() const
{
        return Regular::PayCheck() + allowance;
}

Manager::Manager()
{
}

Manager::Manager(char* pName, char* pAddr, double dSalary,
double dIncentive):Regular(pName, pAddr, dSalary)
{
        incentive = dIncentive;
}
```

```cpp
Manager::~Manager()
{
}
double Manager::PayCheck() const
{
    return Regular::PayCheck() + incentive;
}


SalesManager::SalesManager()
{
}


SalesManager::SalesManager(char* pName, char* pAddr, double dSalary,
double dAllowance, double dIncentive): Regular(pName, pAddr,
dSalary), SalesMan(pName, pAddr, dSalary, dAllowance), Manager(pName,
pAddr, dSalary, dIncentive)
{
    allowance = dAllowance;
    incentive = dIncentive;
}


SalesManager::~SalesManager()
{
}


double SalesManager::PayCheck() const
{
return Manager::PayCheck() + SalesMan::PayCheck() – Regular::PayCheck();
}


void main()
{
    SalesMan saleMan("", "", 200, 300);
    cout<<"영업의 급여 총액 : "<<saleMan.PayCheck()<<"원\n";
Manager mgr("", "", 300, 400);
    cout<<"관리자의 급여 총액 : "<<mgr.PayCheck()<<"원\n";
    SalesManager saleMgr("이창현", "수원시 영통구", 200, 300, 400);
    cout<<"영업 관리자의 급여 총액 : "<<saleMgr.PayCheck()<<"원\n";
}
```

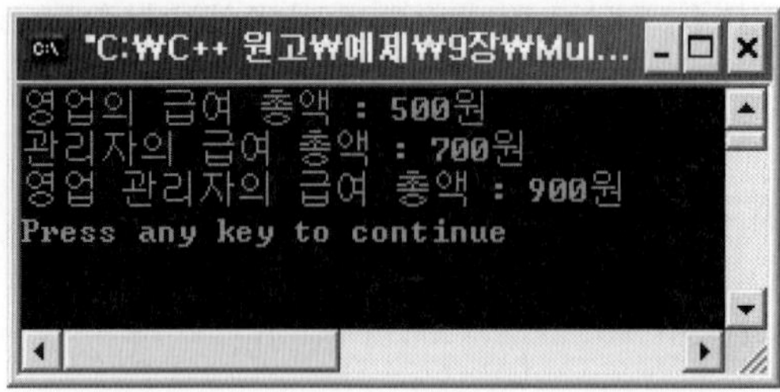

컴파일 및 실행을 해보면 에러 없이 결과도 원하는 대로 출력이 되었다. SalesManager의 객체인 saleMgr로 PayCheck() 함수 호출 시 문제가 되었던 원인은 Manager 클래스와 SalesMan 클래스의 부모 클래스인 Regular를 중복 생성하는 문제였는데, Manager 클래스와 SalesMan 클래스 각각을 선언 시 상속받는 부모 클래스 Regular를 virtual로 선언함으로써 Regular 클래스의 중복 생성 문제를 근본적으로 해결하였다.

템플릿(Template)

이번 장에서는 C++ 에서 제공하는 효율적인 기능 중 하나인 템플릿에 대해서 살펴보도록 하겠다. 템플릿은 일정한 틀을 만들어 두고 같은 일을 여러 번 할 필요 없이 반복적인 일을 손쉽게 처리할 수 있도록 하는 기능이라고 할 수 있다.

1 템플릿이란?

1. 템플릿의 정의

템플릿(Template)이란 사전적 의미로 '형', '틀'을 의미한다. 우리 주변에서 쉽게 볼 수 있는 붕어빵 틀을 생각하면 된다. 붕어빵 틀의 특징은 무엇인가? 틀에다 내용물을 넣으면 그 모양 그대로 다량의 붕어 모양의 빵을 찍어낼 수 있다. 이러한 일환으로 다시 소프트웨어적으로 템플릿을 정의해 보면 어떤 기능을 가진 함수나 클래스와 같은 데이터형을 다량으로 찍어낼 수 있는 매커니즘이라고 말할 수 있다.

2. 템플릿의 필요성

프로그래밍을 하다 보면 종종 같은 기능을 여러 개 구현해야 하는 경우가 있다. 예를 들어 두 개의 전달인자를 받아서 넘어온 값 중에 큰 값을 반환하는 함수를 타입별로 정의한다고 하면 다음과 같이 여러 개의 중복함수를 만들어야 한다.

```
//int 형
int max(int x, int y)
{
    return (x > y)? x : y;
}
```

```
//char 형
char max(char x, char y)
{
    return (x > y)? x : y;
}
//double 형
double max(double x, double y)
{
    return (x > y)? x : y;
}
```

앞의 각 타입별 정의를 템플릿을 사용하면 다음과 같이 하나의 함수로 작성할 수 있다. (아직은 우리가 템플릿 사용법이나 구문을 배우지 않았지만, 필요성을 살펴보는 것이므로 부담 갖지 말고 템플릿의 편의성 관점에서 이해하면 된다.)

```
template <class T> T max(T x, T y)
{
        return (x < y)? x : y;
}
```

템플릿을 통해서 소스 코드의 길이를 현저히 줄일 수 있을 뿐 아니라 데이터형을 보장하는 유연성 있는 코드가 되었다.

3. 템플릿의 구문 구조

템플릿을 사용할 수 있는 템플릿 종류로는 클래스 템플릿과 함수 템플릿이 있다. 앞으로 이 두 종류의 템플릿을 기반으로 설명할 것이다. 템플릿을 선언하고 사용하는 방법에 대해서 살펴보자.

템플릿 선언 구조

템플릿은 다음과 같은 구조로 선언한다.

| template | <class 식별자[매개변수]> | 함수명 또는 클래스명 |

{

}

- **클래스 템플릿 선언** : 템플릿 선언 구조를 기반으로 실제 클래스 템플릿을 선언 시에는 다음과 같이 사용할 수 있다.

```
template <class T> class MyClass
{
    ...........
}
```

- **함수 템플릿 선언** : 템플릿 선언 구조를 기반으로 실제 함수 템플릿을 선언 시에는 다음과 같이 사용할 수 있다.

```
template <class T> void MyFunc(T& a, T& b)
{
    .....................
}
```

템플릿 참조 방법

선언한 템플릿을 사용할 때는 다음과 같이 참조한다.

| 템플릿 클래스명 | <데이터형, 매개변수]> | 객체명 |

- **클래스 템플릿 참조 예** : 선언한 클래스 템플릿을 참조 시에는 다음과 같이 참조 문법에 따라 사용할 수 있다.

```
MyClass <int> mytest;
MyClass <char, 6> mytest;
```

- **함수 템플릿 참조** : 선언한 함수 템플릿을 참조 시에는 다음과 같이 참조 문법에 따라 사용할 수 있다.

```
MyFunc(5, 10);
MyFunc("string1", "string2");
```

템플릿의 장점

- 코드를 작성하기 쉽다. 모든 경우의 클래스 또는 함수를 작성하는 대신 일반적인 하나의 클래스 또는 함수를 작성하면 된다.

- 코드를 이해하기 쉽다. 템플릿은 데이터형 정보를 추상화하는 직접적인 방법을 제공하기 때문에 코드를 이해하기 쉽다.

- 데이터형을 보장한다. 템플릿의 데이터형은 컴파일 타임에 알려지기 때문에 컴파일러는 에러가 발생하기 전에 데이터형을 체크할 수 있다.

2 클래스 템플릿(Class Template)

1. 매개변수 없는 클래스 템플릿

클래스 템플릿의 정의

다음과 같이 클래스 템플릿을 정의해 보자. CStack이라는 이름의 클래스를 정의하는데, 멤버로는 생성자, push(), pop(), size() 등의 함수와 *v, *p, sz 등의 변수를 선언하였다.

◉ 10장\ClassTemplate\ClassTemplate.h

```cpp
template <class T>
class CStack
{
public:
    CStack(int s);
    ~CStack();
    void push(T a);
    T pop(void);
    int size(void) const;
private:
    T* v;
    T* p;
    int sz;
};
```

template <class T>는 CStack 클래스가 템플릿임을 선언한다. 또한 CStack 클래스 템플릿은 T 데이터형이 사용된다는 것을 나타낸다. 클래스 템플릿 선언이 끝날 때까지 T 데이터형은 다른 데이터형과 동일하게 사용된다. T 데이터형은 CStack 클래스가 다음과 같이 객체 생성 시 <> 안에 지정된 데이터형으로 결정된다.

```
CStack <char> test(3);
```

데이터형이 char로 결정되었으므로, 앞에서 정의한 CStack 클래스 템플릿은 다음과 같은 코드와 유사하다.

```
class CStack
{
public:
    CStack(int s);
    ~CStack();
    void push(char a);
    char pop(void);
    int size(void) const;
private:
    char* v;
    char* p;
    int sz;
}
```

템플릿 클래스 코드와 비교해 보면 T가 char로 대체된 것을 볼 수 있다. 즉, 객체 생성 시 타입이 결정되면 코드 내부적으로 T가 char로 변경된 형태로 동작한다고 볼 수 있다.

멤버함수 정의

CStack 클래스의 템플릿 멤버함수는 다음과 같이 정의할 수 있다.

● 10장\ClassTemplate\ClassTemplate.cpp

```
template <class T>
CStack<T>::CStack(int s)
{
    v = p = new T[sz = s];
}
template <class T>
```

```cpp
CStack<T>::~CStack()
{
    delete [] v;
}
template <class T>
void CStack<T>::push(T a)
{
    *p++ = a;
}
template <class T>
T CStack<T>::pop(void)
{
    return *--p;
}
template <class T>
int CStack<T>::size(void) const
{
    return p-v;
}
```

생성자와 소멸자 및 각 멤버함수 앞에도 클래스 템플릿 선언과 마찬가지로 template<class T>를 선언하였다. 이는 해당 멤버함수가 클래스 템플릿의 멤버함수임을 나타낸다. 또한 해당 멤버함수는 CStack<T> 영역 안에서 사용된다는 것을 의미한다.

객체 생성

클래스 템플릿이 정의되었으므로 우리는 다음과 같은 클래스 템플릿 객체를 생성할 수 있다.

```cpp
CStack<int> test(10);
```

이 코드는 int 형으로 CStack 클래스의 템플릿 객체 test를 생성하는 것이다. 클래스 정의 시에는 정해지지 않았던 클래스 타입이 객체를 생성하면서 int로 정해지면서 클래스 템플릿이 아닌 객체를 사용하는 방법과 마찬가지로 객체를 사용할 수 있다. 이때 주의할 점은 클래스 템플릿의 객체가 생성될 때까지는 클래스 템플릿에 대한 어떠한 코드도 생성되지 않는다는 것이다. 또한 멤버함수에 대한 코드도 명확하게 호출될 때까지는 생성되지 않는다.

예제 코드

클래스 템플릿 정의, 멤버함수 정의, 객체 생성 이렇게 3단계에 대해서 알아보았다. 이제 이들을 기 반으로 컴파일러에서 예제 코드를 작성해 보도록 하자.

● 10장\ClassTemplate\ClassTemplate.h

```cpp
template <class T>
class CStack
{
public:
    CStack(int s);
    ~CStack();
    void push(T a);
    T pop(void);
int size(void) const;
private:
    T* v;
    T* p;
    int sz;
};
```

● 10장\ClassTemplate\ClassTemplate.cpp

```cpp
#include<iostream>
#include "ClassTemplate.h"
using namespace std;

template <class T>
CStack<T>::CStack(int s)
{
    v = p = new T[sz = s];
}
template <class T>
CStack<T>::~CStack()
{
    delete [] v;
}
```

```cpp
template <class T>
void CStack<T>::push(T a)
{
    *p++ = a;
}
template <class T>
T CStack<T>::pop(void)
{
    return *--p;
}
template <class T>
int CStack<T>::size(void) const
{
    return p-v;
}
int main()
{
    CStack<int> si(10);

int i;

    for(i = 0; i < 10; i++)
        si.push(i);
    for(i = 0; i < 10; i++)
        cout<<si.pop()<<" ";
    cout<<endl;
    return 0;
}
```

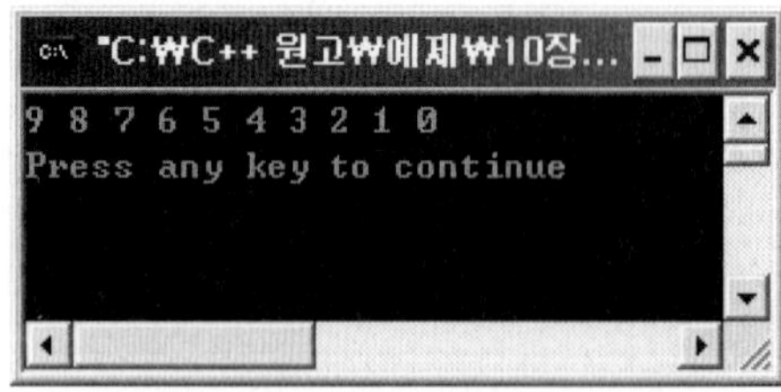

2. 매개변수가 2개인 클래스 템플릿

클래스 템플릿 정의

이번에는 매개변수가 있는 클래스 템플릿을 정의해 보도록 하겠다. 다음은 정수형의 매개변수가 있는 경우이다.

● 10장\ClassTemplateParam\ClassTemplateParam.h

```
template <class T, int i>
class CParam
{
public:
    CParam();
    ~CParam();
    int set(T a, int b);
    T get(int a) const;
    int size(void) const;
private:
    T TArray[i];
    int size;
};
```

CParam 클래스 템플릿은 class T와 int i라는 매개변수를 사용하고 있는데, class T는 앞에서와 마찬가지로 데이터형이 넘어오고, int i에는 정수형의 상수값이 넘어온다. 이때 i 매개변수는 컴파일 시에 정의되는 상수이므로 TArray 배열의 크기를 지정하는 데 사용할 수 있다.

멤버함수 정의

CParam 클래스 템플릿의 멤버함수를 다음과 같이 정의해 보자.

● 10장\ClassTemplateParam\ClassTemplateParam.cpp

```
template <class T, int i>
CParam<T, i>::CParam(){}
template <class T, int i>
CParam<T, i>::~CParam(){}
template <class T, int i>
```

```cpp
    void CParam<T, i>::set(T a, int b)
{
    if((b >= 0)&&(b < i))
    {
        TArray[b] = a;
        return sizeof(a);
    }
    else
        return -1;
}
template <class T, int i>
T CParam<T, i>::get(int a) const
{
    return TArray[a];
}
```

CParam 클래스 템플릿의 멤버함수 역시 멤버함수 앞에 클래스 템플릿을 선언해 주어야 한다. set, get 함수는 각각 set 함수에서 클래스 타입과 매개변수를 입력하면 TArray 배열에 저장했다가 필요할 때 get 함수를 통해 값을 얻어 오고 있다.

객체 생성

CParam 클래스 템플릿의 객체를 다음과 같이 생성할 수 있다.

```cpp
CParam <int, 10> pi;
```

객체 생성 시 두 개의 매개변수를 지정하였는데 첫 번째 매개변수에는 타입이, 두 번째 매개변수에는 상수가 지정되었다.

예제 코드

매개변수가 있는 클래스 템플릿의 간단한 예제이다. 앞에서 설명했던 내용들이므로 그리 어렵지 않을 것이다.

```
template <class T, int i>
class CParam
{
public:
    CParam();
    ~CParam();
    int set(T a, int b);
    T get(int a) const;
private:
    T TArray[i];
    int size;
};
```



```
#include<iostream>
#include "ClassTemplateParam.h"
using namespace std;

template <class T, int i>
CParam<T, i>::CParam(){}

template <class T, int i>
CParam<T, i>::~CParam(){}

template <class T, int i>
int CParam<T, i>::set(T a, int b)
{
    if((b >= 0)&&(b < i))
    {
    TArray[b] = a;
     return sizeof(a);
    }
    else
     return -1;
}
```

```cpp
template <class T, int i>
T CParam<T, i>::get(int a) const
{
    return TArray[a];
}


int main()
{
    int i;
    CParam<int, 10> pi;
    for(i = 0; i < 10; ++i)
        pi.set(i, i);
    for(i = 0; i < 10; ++i)
        cout<<pi.get(i)<<" ";
    cout<<endl;
    return 0;
}
```

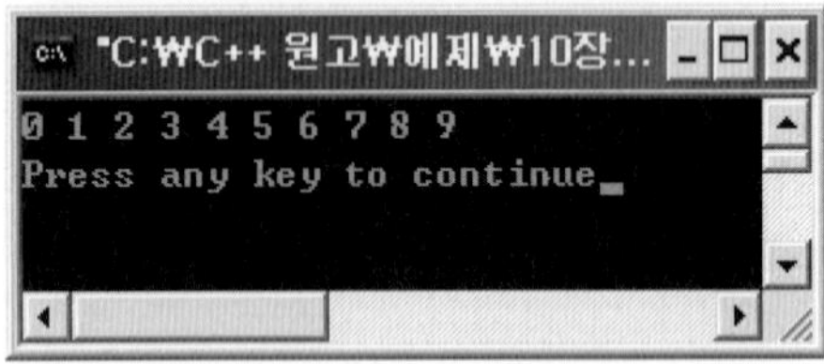

3 함수 템플릿(Function Template)

1. 함수 템플릿의 정의

함수 템플릿은 범용형을 다룰 수 있는 함수의 정의이다. 함수 그 자체가 아니라 함수를 정의하는 방법에 관한 사항을 컴파일러에게 알려주는 것으로, 컴파일러는 사용된 전달인자의 타입을 검사하여 그에 해당하는 함수를 생성한다.

반환형이나 전달인자의 자료형은 다양하지만 알고리즘은 동일한 함수를 만들 때 사용한다. 기본적으로 함수 템플릿의 정의는 다음과 같다.

```
template<class T> T max(T a, T b)
{
        return a > b? a:b;
}
```

함수 템플릿 생성 시 선두에 **template** 키워드를 사용함으로써 이 함수를 템플릿 형태로 만들겠다고 선언하는 것이고, 타입 이름은 <> 로 묶어 주되 T와 같은 임의의 이름으로 선언하였다.

정의한 함수 템플릿을 사용하는 방법은 다음과 같다. 컴파일 과정에서 다음과 같이 템플릿 함수가 생성된다.

```
cout << max('A', 'B')<<endl;  // char max(char a, char b) 함수가 생성됨
cout << max(10, 20)<<endl;  // int max(int a, int b) 함수가 생성됨
```

2. 함수 템플릿의 예제

함수 템플릿을 바탕으로 간단한 2개의 예제를 작성해 보자. 하나는 전달인자에 값을 사용한 경우이고, 또 다른 하나는 전달인자에 레퍼런스를 사용한 경우이다.

전달인자에 값을 사용한 경우

실제 프로젝트상에서 다음과 같이 함수 템플릿 코드를 작성하고, 그 결과를 확인해 보자.

● 10장\ FuncTemplateValue\FuncTemplateValue.cpp

```
#include<iostream.h>

template <class T> T max(T a, T b);

int main()
{
    cout<<max('A', 'B')<<endl;
    cout<<max(10, 20)<<endl;
    return 0;
}

template <class T> T max(T a, T b)
{
    return a > b? a : b;
}
```

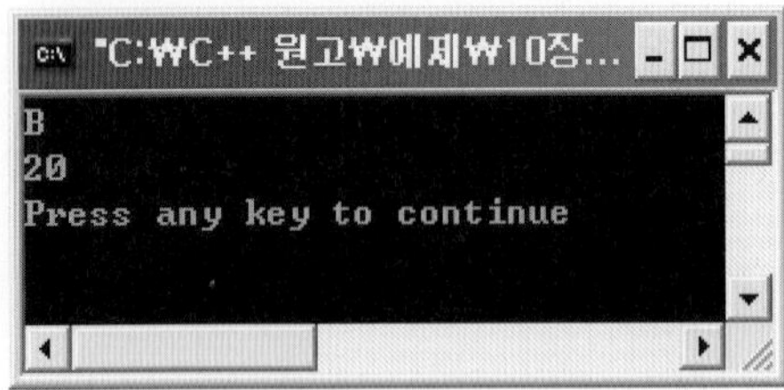

max 함수는 함수 템플릿으로 정의되어 있으므로 char 타입의 전달인자를 사용할 때와 int 타입의 전달인자를 사용할 때의 함수가 각각 생성되어서 출력되고 있다.

전달인자에 레퍼런스 형을 사용한 경우

● 10장\ FuncTemplateRef\FuncTemplateRef.cpp

```cpp
#include<iostream.h>
template <class T> void swap(T& x, T& y)
{
    T temp;
    temp = x;
    x = y;
    y = temp;
}

int main()
{
    char ca = 'A', cb = 'B';
    int   na = 10, nb = 20;

    cout<<"ca = "<<ca<<", "<<"cb = "<<cb<<endl;
    swap(ca, cb);
    cout<<"ca = "<<ca<<", "<<"cb = "<<cb<<endl<<endl;

    cout<<"na = "<<na<<", "<<"nb = "<<nb<<endl;
    swap(na, nb);
    cout<<"na = "<<na<<", "<<"nb = "<<nb<<endl;
    return 0;
}
```

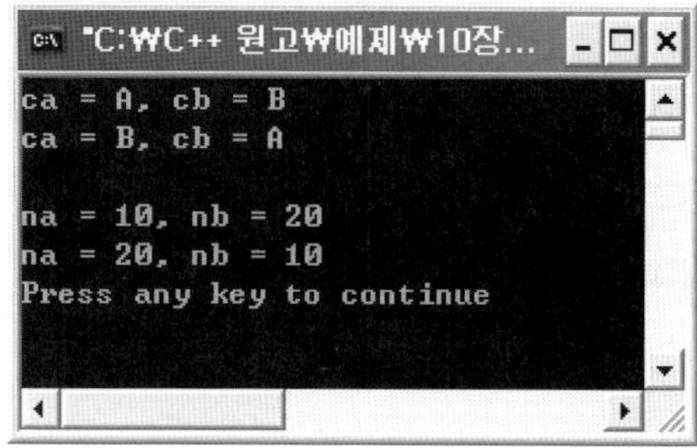

함수 템플릿의 전달인자에 레퍼런스형을 사용한 경우이다. 사용 시 일반함수를 사용하는 것과 동일하게 사용하면 된다.

다른 데이터형 처리 함수 생성

함수 템플릿을 만들 때 타입 이름을 추가하여 형이 다른 인자를 2개 이상 갖도록 할 수 있다. 다음과 같이 함수 템플릿을 정의한다.

```
template <class T1, class T2> void print(T1 a, T2 b)
{
    cout<<a<<", "<<b<<endl;
}
```

기존에 정의한 방식과 다르다. class $T2$가 하나 더 추가됨으로써 타입이 하나 더 늘어난 것이다. 즉, 함수 템플릿의 전달인자로 같은 타입만 지원되는 것은 아니라는 것이다. 정의한 함수 템플릿을 다음과 같이 사용할 수 있다.

```
print('K', 10);
print(2, 3.5);
```

보다시피 첫 번째 함수의 첫 번째 전달인자는 문자형을 대입하고, 두 번째 전달인자는 정수형을 대입하였다. 즉, 두 개의 전달인자의 타입이 다르게 대입되고 있다. 두 번째 함수의 경우 전달인자가 각각 정수형과 실수형으로 다르게 대입되고 있는 것을 볼 수 있다.

그런데 우리가 정의한 템플릿이 서로 다른 타입을 지원한다고 정의한 것이지, 같은 타입이 지원 되지 않는다고 하지는 않았다. 그러므로 다음과 같이 두 개의 전달인자가 같은 타입일 경우에도 성립이 가능하다.

```
print('A', 'B');
```

위의 코드를 기반으로 실제 프로젝트상에서 예제를 작성해 보자.

● 10장/ FuncTemplateDiff / FuncTemplateDiff.cpp

```cpp
#include<iostream>
using namespace std;
template <typename T1, typename T2>
void print(T1 a, T2 b)
{
    cout<<a<<", "<<b<<endl;
}

int main()
{
    print('A', 'B');
    print(10, 'B');
    print(10, 20);
    return 0;
}
```

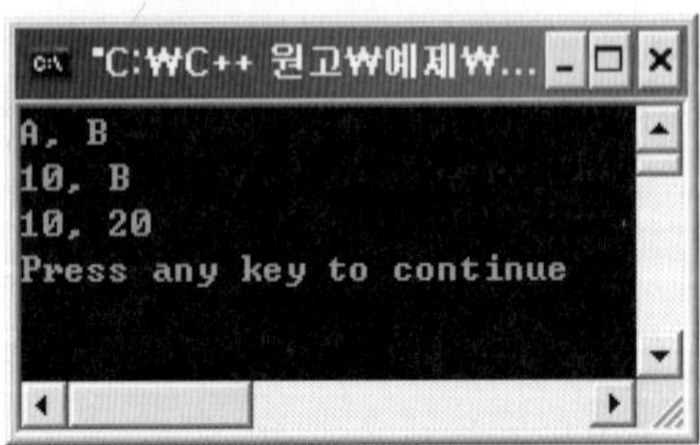

두 개의 타입을 같게 혹은 다르게 대입하고 출력하였을 때, 정상적으로 출력되는 것을 볼 수 있다. 즉, 형이 다른 두 개의 매개변수를 받아 처리할 수 있다는 말이다.

Chapter 11 예외 처리(Exception Handling)

이번 장에서는 C++ 코드의 예외 처리에 대한 설명을 하도록 하겠다. 어떤 프로그램도 완벽하지 못하기 때문에 아무리 안정적이라고 확신해도 다수의 사용자가 사용하다 보면 예외적인 상황이 발생한다. 이는 개발자가 미처 발견하지 못한 버그이거나 하드웨어적인 결함에 의한 예외일 수도 있다. 프로그램에 좀 더 신뢰성과 안정성을 주려면 이번 장에서 다룰 예외 처리를 반드시 숙지하도록 하자.

1 예외 처리의 의미

1. 예외 처리란?

예외라는 것은 사전적 의미로 일반적인 규칙에서 벗어나는 것을 말하는데, 소프트웨어적으로 말하자면, 프로그램 실행 중에 에러를 발생시킬 가능성을 갖고 있는 것을 말한다. 하지만, 에러와는 엄연히 다르다. 에러는 문법적인 오류로 인해 빌드 자체가 안 되거나 실행되더라도 치명적인 오류를 일으키는 것이지만, 예외는 실행도 잘 되었고 오류도 없지만 사소한 부주의로 원치 않는 결과를 가져오게 되는 것이다. 이러한 예외 상황을 적절히 처리해 주는 것을 '예외 처리(Exception Handling)' 라고 한다.

2. 예외 상황이 발생하는 경우

다음은 예외가 발생하는 경우 나타나는 메시지들이다.

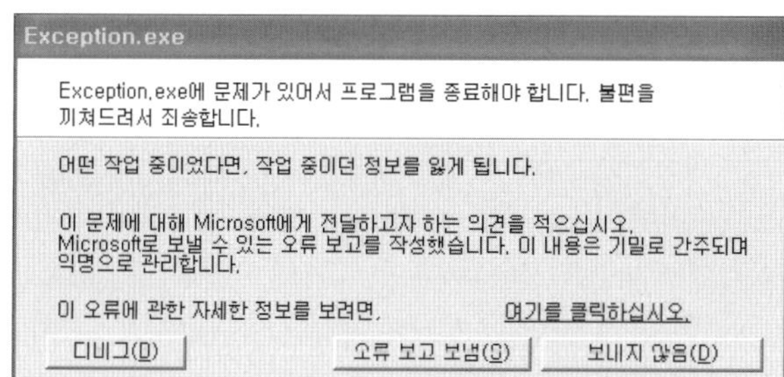

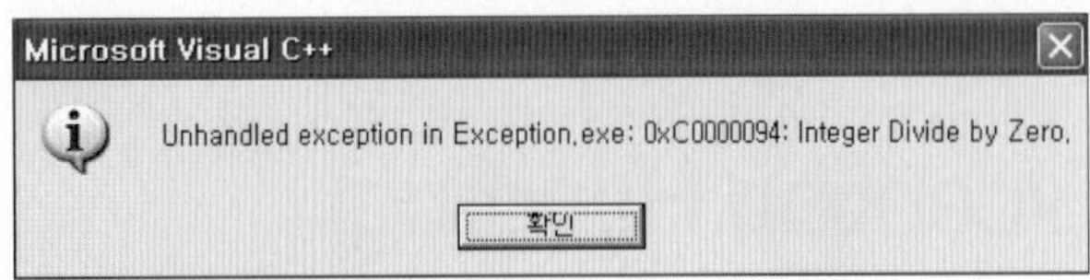

이러한 예외가 발생하면 프로그램을 종료할 것인지 아니면 디버깅을 할 것인지 물어 본다. 이런 예외 메시지는 운영체제에서 내어 주는 것으로 만약 이런 메시지조차 없다면 프로그램의 예외 상황에서 원인을 찾기도 힘들 것이고, 처리 또한 힘들 것이다.

프로그램 코딩을 완벽하게 하더라도 예외는 발생할 수 있다. 네트워크의 접속 불량이나, 하드디스크 섹터 불량과 같은 하드웨어적인 예외 상황이나, 코드상의 유효하지 않은 메모리 접근과 같은 소프트웨어적인 예외 상황에 모두 대비해야 한다. C++에서는 소스 코드상에서 예외를 처리할 수 있도록 예외 처리 매커니즘을 제공하는데, 콘솔 기반의 C++에서 예외 처리하는 기법과 Win32 기반 API 함수나 클래스를 사용하는 기법 등 약간씩 차이가 있다. 물론 개념적으로는 거의 동일하다.

2 예외 처리 기본 구문

1. 예외 상황 발생 코드

일반적으로 조건문을 사용한다면 if 문을 가장 많이 사용할 것이다. 참과 거짓을 나누는 것은 정상과 비정상을 나누는 이분법적인 것이므로 일맥 상통한다. 즉, 에러 처리에 대해서 예전부터 가장 많이 사용하였던 것이 if 문이다. 어떤 변수에 대해서 조건을 주고 그 조건에 합당하면 정상이고 그 조건에 벗어나면 에러로 처리할 수 있기 때문이다.

일반적으로 예외 처리에 많이 사용하는 예가 정수를 0으로 나누는 경우이다. 간단하고 이해하기 쉬우므로 이것을 예로 들어 보겠다.

● 11장\Exception1\Exception1.cpp

```
#include <iostream>
using namespace std;
void main( )
```

```cpp
{
    int a, b;
    cout<<"나누어질 수를 입력 : ";
    cin>>a;
    cout<<"나누는 수를 입력 : ";
    cin>>b;
    cout<<"나누기 결과 : "<<a/b<<endl;
}
```

〈정상 입력 실행 결과〉

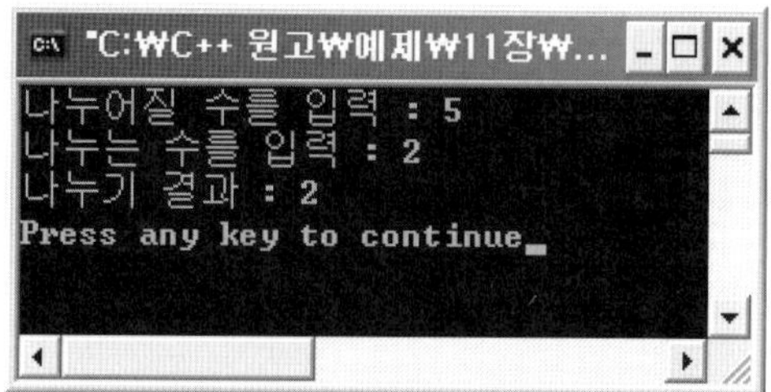

〈나누는 수를 0으로 입력한 결과〉

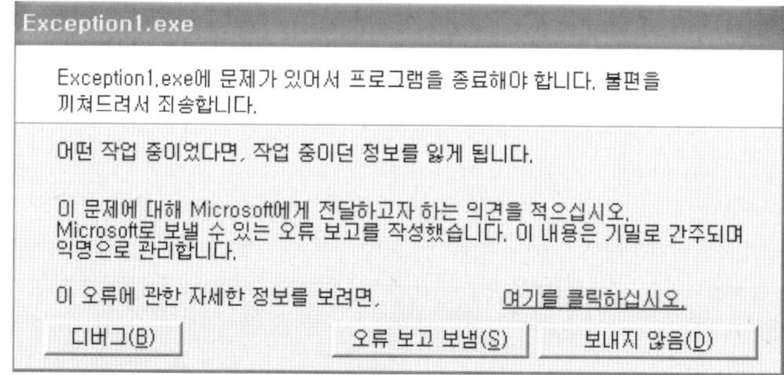

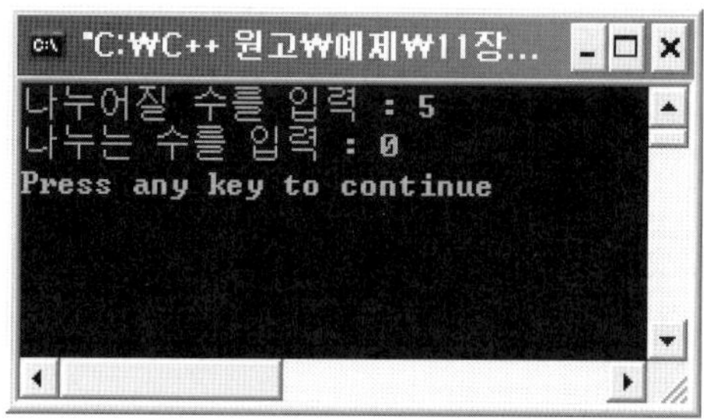

각각의 수를 scanf( ) 함수를 이용하여 입력해 보자. 변수 a, b는 int형으로 선언하였으므로 어떤 정수가 들어가도 무방하나, 나누기 연산을 하는 경우 각 변수에 음수가 입력되면 안 되고, 나누는

수에 0이 입력되면 안 된다. 나누는 수에 0을 입력하는 것은 수학 연산에 위배되므로 프로그램은 예외 발생을 일으키게 된다.

2. 고전적인 예외 처리 코드

앞의 경우에는 나누는 수가 0이 들어오면 예외 처리를 해주는 루틴이 있어야 한다. 그래서 이 코드에 고전적인 방법으로 다음과 같이 예외 처리 루틴을 추가하였다.

● 11장/Exception2/Exception2.cpp

```cpp
#include <iostream>
using namespace std;
void main( )
{
    int a, b;
    cout<<"나누어질 수를 입력 : ";
    cin>>a;
    if(a<0)
    {
        cout<<a<<"는 음수";
    }
    else
    {
        cout<<"나누는 수를 입력 : ";
        cin>>b;
        if(b==0)
        {
        cout<<"나누는 수가 0 입력됨"<<endl;
        }
        else if(b<0)
        {
        cout<<"나누는 수에 "<<b<<" 이 입력됨"<<endl;
        }
        else
        {
            cout<<"나누기 결과 : "<<a/b<<endl;
        }
    }
}
```

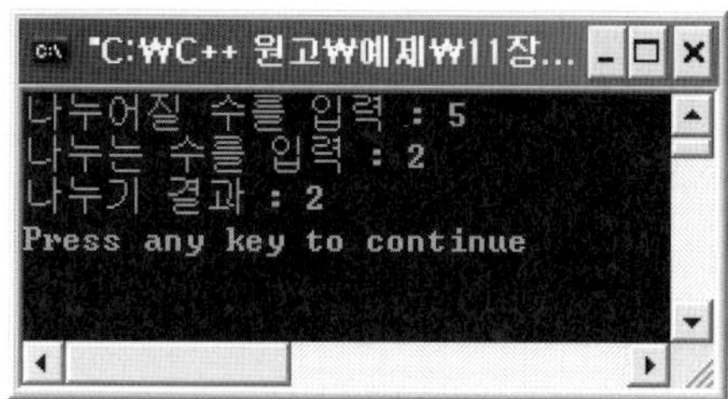

실행해 보면 앞에서 처리하지 않은 코드처럼 운영체제에서 내어주는 예외 메시지가 발생하거나 프로그램이 비정상 종료되지 않고 실행된다. 물론 나누기에 유효하지 않은 값이 각 변수에 입력되면 if 문에 의해서 검사를 하여 조건에 만족하지 않으면 나누기를 실행하지 않도록 처리하였다.

이런 식으로 예외를 처리할 수 있지만 그다지 좋은 방법은 아니다. 예제는 단지 변수 2개이기 때문에 그다지 흉물스럽게 보이진 않지만, 만약 검사해야 할 변수가 5개 이상이 되면 지금의 코드보다 훨씬 더 복잡하게 될 것이다. 코드의 가독성을 위해서라도 예외 처리를 하는 데 있어서 if 문의 사용을 가급적 줄여 보도록 하자. 그리고 C++에서 예외 처리를 위한 매커니즘이 제공되므로 굳이 if 문을 이용한 비효율적인 노동을 하지 않아도 된다.

3 C++ 매커니즘을 이용한 예외 처리

1. C++ 매커니즘을 이용한 예외 처리의 기본 구조

C++의 예외 처리는 언어 차원에서 지원하는 기법인데, 예외 처리 시 사용하는 예외 처리 키워드는 다음과 같이 크게 3가지가 있다.

- try : 예외 가능성이 있는 코드 영역을 처리하는데, 이 블록에서 예외가 발생하면 throw 명령으로 예외를 넘긴다.
- catch : 사전적 의미로 '잡는다'는 의미인데, 예외 발생 시 예외를 잡아서 처리하는 블록이다.
- throw : 사전적 의미로 '던진다'는 의미인데, 이 구문을 만나면 예외 처리하는 구문으로 던져진다고 생각하면 된다. 즉, 예외 조건이 try 문 안에서 생겼을 경우 예외를 처리하도록 예외 처리 블록으로 보내는 키워드이다.

예외 처리 구조는 다음과 같다.

```
try
{
        // 예외 가능성이 있는 코드 영역
        If(예외_조건) throw 예외_객체;
}
catch(예외_객체)
{
        // 예외 발생에 처리할 영역
}
```

구조를 보면 **try** 문 안에서 예외 상황이 발생하면 그 예외를 검사하여 예외 조건에 맞게 **throw**라는 키워드를 통해 catch 문으로 넘긴다. catch 문은 받은 예외를 처리한다.

2. C++을 이용한 예외 처리 코드

예외 처리 코드를 C++의 예외 처리 매커니즘으로 작성하면 가독성을 높일 수 있다. 다음과 같이 나누어야 할 수가 0인 경우의 예외 처리 코드를 C++ 예외 처리 방식으로 수정해 보자.

● 11장\Exception3\Exception3.cpp

```cpp
#include <iostream>
using namespace std;
void main( )
{
    int a, b;
    cout<<"나누어질 수를 입력 : ";
    cin>>a;
    cout<<"나누는 수를 입력 : ";
    cin>>b;
    try
    {
        if(b==0) throw b;
        cout<<"나누기 결과 : "<<a/b<<endl;
    }
```

```
    catch(int exception)
    {
        cout<<"나누어야 할 수가 "<<exception<<" 이므로 연산을 수행할 수 없습니다."<<endl;
    }
}
```

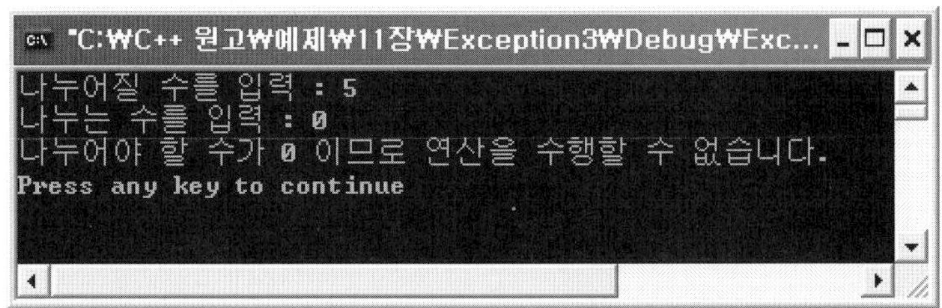

예외가 발생할 문장을 블록화하였는데, 문제가 발생하는 지점은 a/b 연산을 할 때이므로, 이 부분을 try 문으로 처리하였고, 이때 나누어야 할 수가 0인 경우에 throw 문을 통해 예외를 처리해 달라고 catch 문으로 전달한다. 결국 예외 처리는 catch 문에서 하고 이 프로그램을 종료한다.

그런데 만약 예외상황이 발생하지 않는다면 catch 문은 실행될 리 없다. 즉, try 문에서 실행하고, 그 이후의 catch 문과는 상관없이 프로그램을 종료한다.

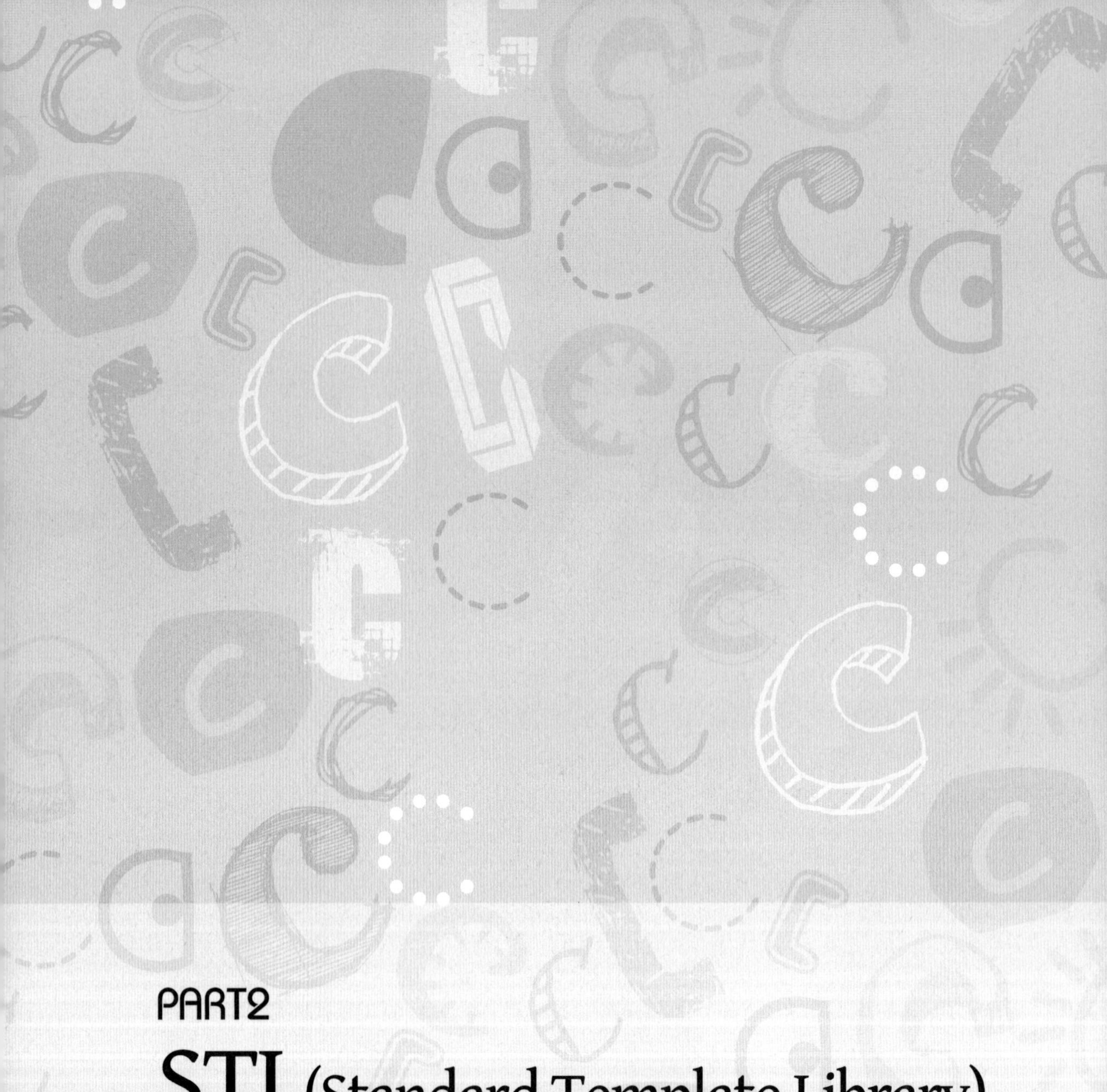

PART2
STL(Standard Template Library)

이번 파트에서는 STL을 통해서 C++의 표준 확장 기능에 대해 알아볼 것이다. 대표적으로 컨테이너, 반복자, 알고리즘 등이 있는데 실무에서 많이 사용되는 라이브러리임에도 관련 자료가 그리 많지 않다. 처음 배울 때는 조금 어려운 감이 있으나 패턴이 비슷하므로 한 가지만 제대로 익혀 놓으면 나머지를 습득하는 데는 어려움이 없다는 것이 특징이다.

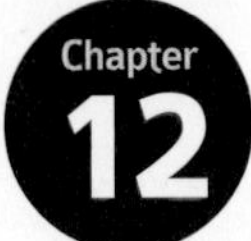

STL(Standard Template Library)의 개요

이번 장에서는 C++의 표준 라이브러리인 STL(Standard Template Library)이란 무엇인지 개요와 배경에 대해 알아보고, STL의 요소로는 어떠한 것들이 있는지와 각 요소에 대한 특징에 대해서 알아보도록 하겠다.

1 STL의 개념

1. STL이란?

모든 프로그래밍 언어는 재사용성이라는 측면에서 라이브러리를 포함하고 있다. C 언어는 CRT(C Runtime Library)라는 이름의 라이브러리를 가지고 있고, C++ 또한 표준 라이브러리(C++ Standard Library)를 가지고 있다. 이러한 라이브러리를 통해서 각 언어는 기능을 제공하고, 프로그래머는 직접 특정 기능을 작성하지 않고 제공되는 함수를 통해 손쉽게 기능을 구현할 수 있다. 말할 것도 없이 프로그래밍의 가장 기본적인 구조라고 할 수 있다. 물론 여타 다른 언어들도 그렇겠지만 C++ 표준 라이브러리는 지속적으로 발전해 왔고, 1994년 7월에 C++ 표준 라이브러리에 STL(Standard Template Library)이 추가됨으로써 중요한 라이브러리가 되었다.

그렇다면 STL이란 무엇인가? 어떠한 강력한 기능이 있길래 C++의 중요한 라이브러리로 자리매김하게 되었는가? STL의 사전적 의미는 표준 템플릿 라이브러리이다. 템플릿은 어떤 '형', '틀'을 의미한다고 했었다. 즉, 템플릿의 특징은 하나의 코드로 여러 형태의 결과를 보여주는 것인데, STL의 모든 코드가 템플릿으로 만들어져 있다. 결국 STL은 하나의 생각을 모든 경우로 확대해 주는 일반화 프로그래밍(Generic Programming) 철학에 기반을 두고 있으며, 기본 개념은 이미 구현되어 있는 공통적인 기능을 쉽게 사용하는 데 있다.

2. STL의 성능

템플릿 기반이라고 해서 STL의 속도는 느릴 것이라고 생각하면 착각이다. STL에서 가장 중점을 둔 부분이 성능인데, 기존의 어떤 라이브러리와 비교해도 성능이 떨어지지 않기 때문에 STL을 사용하는 것이다. 그런데 각 자료 구조마다 고유한 특징과 장단점이 있어서 모든 데이터가 항상 한 가지의 자료 구조에만 적합할 수 없으며 가장 효율적인 자료 구조를 선택해야 한다. 예를 들어 자료의 삽입, 삭제가 빈번한 프로그램이라면 자료의 검색, 정렬보다는 삽입, 삭제에 최적화된 알고리즘을 선택하면 되고, 검색 및 정렬이 많이 사용되는 프로그램이라면 이에 최적화된 알고리즘을 선택하여 사용하면 된다.

2 STL의 구성 요소

STL을 구성하는 요소는 다음과 같다. 이제 여러분은 앞으로 STL 관련하여 다음의 구성 요소에 대해서 자세히 배울 것인데, 그 종류가 많지 않으므로 크게 어려움은 없을 것이다.

1. 컨테이너

사전적 의미로 요소를 담는 용기라는 뜻인데, C 언어의 배열처럼 동일한 요소들을 모아 놓은 집합을 뜻한다. 구조체는 각기 다른 자료형을 내부적으로 유지하지만, 컨테이너는 반드시 동일한 요소로 구성되어 있어야 한다. 컨테이너는 순차 컨테이너(Sequence Container)와 정렬 연관 컨테이너(Sorted Associactive Container)로 구분할 수 있다.

순차 컨테이너(Sequence Container)

순차 컨테이너는 동일한 객체가 선형으로 구성된 집합으로, 실행 시에 동적으로 크기를 변경할 수 있다. 순차 컨테이너의 요소에는 벡터, 데크, 리스트 3가지로 구성되어 있다.

컨테이너	설명
벡터(vector)	구성 요소에 임의로 접근할 수 있다. 집합의 끝에 삽입 및 삭제는 빠르게 처리되지만, 처음이나 중간의 삽입 및 삭제는 해당 위치 이후의 요소들의 개수에 따라 처리 속도가 비례한다.

데크(deque)	구성 요소에 임의로 접근할 수 있다. 집합의 양끝에서 발생하는 삽입과 삭제를 빠르게 처리하지만, 중간의 삽입 및 삭제는 해당 위치 기준으로 양끝의 개수에 따라 처리 속도가 비례한다.
리스트(list)	구성 요소에 선형적으로 접근한다. 집합 내의 어느 요소나 삽입과 삭제가 같은 처리 속도로 접근할 수 있다.

정렬 연관 컨테이너(Sorted Associative Container)

정렬 연관 컨테이너는 키(key)를 사용하여 데이터를 신속하게 찾아낼 수 있는 집합으로 순차 컨테이너와 마찬가지로 실행 시 동적으로 크기를 변경할 수 있다. 정렬 연관 컨테이너의 요소는 다음의 4가지가 있다.

컨테이너	설명
셋(set)	집합에는 키만 저장할 수 있는데, 키의 중복은 허용하지 않으므로 동일한 키가 2개 존재할 수 없으며, 원하는 키를 신속하게 빠르게 찾아낸다.
멀티셋(multiset)	셋과의 차이라면 키의 중복을 허용한다는 점이다. 따라서 2개 이상의 복사본을 가질 수 있다.
맵(map)	집합에 키와 데이터를 같이 관리하는데, 키의 중복은 허용하지 않으므로, 동일한 키가 2개 존재할 수 없으며, 키를 사용하여 원하는 객체를 빠르게 찾아낸다.
멀티맵(multimap)	맵과의 차이라면 키의 중복을 허용한다는 점이다. 따라서 2개 이상의 복사본을 가질 수 있다.

2. 반복자

반복자는 컨테이너의 요소를 가리키는 객체로, 컨테이너의 시작부터 끝까지 이동하면서 요소를 읽거나 쓰기 위해 사용한다. 컨테이너의 내부 알고리즘은 컴파일러 제작 회사마다 다르기 때문에 그 성능이 100% 일치한다고 보장할 수 없다. 그렇게 각기 다른 컨테이너에 대해서 제대로 동작하려면 반복자에 대해서도 몇 가지 제한이 필요한데, 다음과 같이 반복자의 규정을 두어서 각기 다른 컨테이너의 성능을 보장하도록 하였다.

반복자	설명
입력(input)	반복자 first에 대해서 ++first 연산을 수행하면, 반복자 first 다음 요소의 위치를 반환해야 한다. 또한 *first 연산을 수행하면, 반복자 first가 가리키는 값을 반환해야 한다. 그러나 입력 반복자는 읽기 전용이므로 값을 다음과 같이 쓸 수는 없다. *first = 10; (×)
출력(output)	반복자 first에 대해서 ++first 연산을 수행하면, 반복자 first 다음 요소의 위치를 반환해야 한다. 또한 *first 연산을 수행하면 반복자 first가 가리키는 값을 저장한다. 그러나 출력 반복자는 쓰기 전용이므로 값을 다음과 같이 쓸 수는 없다. n = *first; (×)
순방향(forward)	입력 및 출력 반복자의 모든 기능을 포함한다. 한쪽 방향으로 순회할 수 있는데, 반복자의 위치를 저장해 두었다가 저장한 위치부터 다시 순회할 수 있다.
양방향(bidirectional)	순방향 반복자의 모든 기능을 포함한다. 다만 양방향으로 순회가 가능하다는 차이가 있다. 따라서 --first 연산을 수행하면 이전 요소의 위치를 반환해야 한다.
임의접근(random access)	양방향 반복자의 모든 기능을 포함한다. 컨테이너의 모든 요소에 접근 소요 시간이 동일하다.

3. 알고리즘

정렬하는 방법이나 검색하는 방법 같이 유용한 생각들을 정리해 놓은 함수들로 컨테이너에 적용한다. 알고리즘에 속한 함수는 모두 일반적이기 때문에, 하나의 컨테이너에 종속되지 않고, 여러 컨테이너에서 사용할 수 있다. 알고리즘에 포함된 함수는 4가지로 분류할 수 있는데 다음과 같다.

변경 불가 순차 알고리즘(Nonmutating Sequence Algorithm)

함수	설명
find	원하는 요소를 검색한다.
find_if	조건자를 참이 되게 히는 첫 번째 요소를 검색한다.
adjacent_find	동일한 2개의 원소가 이웃하고 있는 쌍을 검색한다.

count	특정 값과 일치하는 요소의 개수를 반환한다.
count_if	조건자를 참이 되게 하는 요소의 개수를 반환한다.
for_each	인자로 넘어간 함수를 요소 전체에 대해서 호출한다.
equal	두 개의 구간이 일치하면 참을 반환한다.
mismatch	두 개의 구간이 일치하지 않으면 참을 반환한다.
search	구간 내에 포함된 하위 구간을 검색한다.

변경 가능 순차 알고리즘(Mutating Sequence Algorithm)

함수	설명
copy	특정 구간에 속하는 원소를 다른 구간에 복사하되, 중복 구간에 대해서는 왼쪽으로의 이동만 허용한다.
copy_backward	특정 구간에 속하는 원소를 다른 구간에 복사하되, 중복 구간에 대해서는 오른쪽으로의 이동만 허용한다.
fill	구간에 속하는 모든 원소를 주어진 값으로 채운다.
fill_n	시작 위치에서부터 n개의 요소를 주어진 값으로 채운다.
generate	구간에 들어 있는 요소 각각에 대해 인자로 넘어간 함수를 호출하고, 그 결과로 다시 요소를 채운다.
partition	구간 내에서 주어진 값보다 작은 요소는 앞쪽에, 큰 요소는 뒤쪽에 오도록 배치한다.
stable_partition	구간 내에서 주어진 값보다 작은 요소는 앞쪽에, 큰 요소는 뒤쪽에 오도록 배치하되, 최초의 상대적 위치는 그대로 유지한다.
random_shuffle	구간 내의 요소를 난수로 채운다.
remove	주어진 값과 일치하는 구간 내의 모든 요소를 삭제한다.
replace	주어진 값과 일치하는 구간 내의 요소들을 지정한 값으로 치환한다.
reverse	구간 내의 모든 요소들을 거꾸로 뒤집어 재배치한다.
rotate	구간 내의 모든 요소를 주어진 위치를 중심으로 한 바퀴 돌린다.
swap	두 개의 값을 교환한다.
swap_range	두 구간에 속하는 값들을 교환한다.
transform	구간에 속하는 요소 각각에 대하여 인자로 넘어간 함수를 호출한 결과를 다른 구간에 저장한다.
unique	구간 내에 중복된 요소를 제거함으로써 해당 요소가 유일하도록 만든다.

정렬 관련 알고리즘(Sorting Related Algorithm)

함수	설명
sort	구간을 정렬한다.
stable_sort	구간을 정렬하되, 동등한 요소의 상대적 위치를 유지한다.
partial_sort	구간을 정렬하되, 동등한 요소의 상대적 위치를 유지하지 않는다.
nth_element	구간 정렬 후, n번째 위치에 놓이게 될 요소만 놓고, 나머지 요소들은 n보다 작은 값들을 왼쪽에, 큰 값들을 오른쪽에 배치한다.
binary_search	정렬되어 있는 구간으로부터 요소를 검색한다.
lower_bound	이진 검색을 사용해서 정렬된 구간을 검색 후, 동일한 값들이 연속되어 있는 경우 맨 앞의 요소를 반환한다.
upper_bound	이진 검색을 사용해서 정렬된 구간을 검색 후, 동일한 값들이 연속되어 있는 경우 맨 끝의 요소를 반환한다.
equal_range	이진 검색으로 검색한 값이 동일하게 연속된 구간을 반환한다.
merge	두 개의 정렬된 구간을 병합해서, 중복되지 않는 구간에 결과를 저장한다.
inplace_merge	두 개의 정렬된 구간을 병합해서, 이전 구간에 결과를 저장한다.
includes	주어진 정렬된 구간의 요소들이 다른 구간에 속하는지 반환한다.
set_union	정렬된 두 개의 구간의 합집합을 다른 구간에 저장한다.
set_difference	정렬된 첫 번째 구간에 속한 요소들 중 정렬된 두 번째 구간에 속하지 않는 요소들을 다른 구간에 저장한다.
set_intersection	정렬된 두 개의 구간에 공통으로 속한 요소들을 다른 구간에 저장한다.
make_heap	구간 내의 요소들을 힙(heap)으로 재구축한다.
sort_heap	힙에 저장된 요소들을 정렬한다.
push_heap	새로운 요소를 힙에 추가한다.
pop_heap	가장 큰 요소를 힙에서 삭제한다.
min	두 개의 요소 중 작은 값을 반환한다.
max	두 개의 요소 중 큰 값을 반환한다.
next_permutation	주어진 구간을 사전 순서로, 다음 순열로 변경한다.
prev_permutation	주어진 구간을 사전 순서로, 이전 순열로 변경한다.

범용 수치 알고리즘(Generalized Numeric Algorithm)

함수	설명
accumulate	주어진 구간에 속하는 요소들의 합계를 구한다.
partial_sum	주어진 구간의 요소를 기초로, 부분합을 구한다.
adjacent_difference	주어진 구간의 요소를 기초로, 이웃하는 요소의 차이를 구한다.
inner_product	주어진 두 구간의 내적을 구한다.

총 4가지의 알고리즘 종류를 모두 숙지하고 있을 필요는 없다. 쭉 읽어보고, 대충 이렇구나 하는 감만 잡으면 된다. 대략 기억하고 있다가 실전에서 사용하고자 하는 기능이 생겼을 때 이미 STL의 알고리즘에서 제공되고 있는지 레퍼런스를 통해서 찾아보고 사용하기만 하면 된다.

4. 함수자

함수 객체라고도 부르며, 0개 이상의 인자를 받아서 알고리즘의 기본 동작을 변형하거나 확장시켜주는 객체를 말한다. 따라서 우리가 지금까지 사용해 오던 함수들도 함수자에 속한다고 할 수 있다. 그러나 STL에서는 함수자로 함수를 많이 사용하지 않는다. 함수 포인터를 인자로 직접 사용했을 경우, 반환값과 인자가 동일한 함수에 대해서만 동작하기 때문이다. 그래서 범용성이 많이 떨어지게 된다. 또한 메모리 할당과 해제에 대한 책임을 져야 하므로 성능면에서도 문제가 발생한다. 이러한 문제점을 해결하기 위해 STL에서는 함수 대신 클래스를 인자로 사용하고 있다.

다음은 STL이 제공하는 연산자를 구현한 클래스 함수자들로 산술 연산, 비교 연산, 논리 연산에 대한 함수자들을 제공한다.

산술 연산 함수자 종류

연산자	이름	설명
덧셈(+)	plus	x와 y의 합을 반환한다.
뺄셈(-)	minus	x와 y의 차를 반환한다.
곱셈(*)	multiplies	x와 y의 곱을 반환한다.
나눗셈(/)	divides	x와 y의 나눗셈 연산에 대한 몫을 반환한다.

| 나머지(%) | modulus | x와 y의 나눗셈 연산에 대한 나머지를 반환한다. |
| 부정(-) | negate | x의 부호를 변경한 값을 반환한다. |

비교 연산 함수자 종류

연산자	이름	설명
같다(==)	equal_to	X가 y와 같은지 비교한다.
같지 않다(!=)	not_equal_to	X가 y와 같지 않은지 비교한다.
크다(>)	greater	X가 y보다 큰지 비교한다.
작다(<)	less	X가 y보다 작은지 비교한다.
크거나 같다(>=)	greater_equal	X가 y보다 크거나 같은지 비교한다.
작거나 같다(<=)	less_equal	X가 y보다 작거나 같은지 비교한다.

논리 연산 함수자 종류

연산자	이름	설명
AND(&&)	logical_and	x와 y를 AND 연산한다.
OR(||)	logical_or	x와 y를 OR 연산한다.
NOT(!)	logical_not	x를 NOT 연산한다.

이제 STL이 무엇인지 조금 배우려고 하는데, 앞에서 설명한 STL의 개요와 STL의 요소들을 대략 살펴보면서 더욱 머릿속은 혼란스러워졌을지도 모르겠다. 그런 상황에 대뜸 STL의 특징에 대해 논하는 것은 더욱더 어불성설일 수 있다.

아직 STL에 대해서 제대로 시작도 안 했는데 무슨 특징을 알 수 있다는 말인가? 하지만 조금 인내심을 가지고 학습하기를 부탁 드린다. 왜냐하면 STL은 처음 접근하기가 조금 까다롭기는 하지만 하나의 컨테이너 사용 방법을 알게 되면 그 외 나머지 것들은 방식이 거의 유사하므로 쉽게 습득할 수 있기 때문이다. 이러한 특징들이 STL의 장점이자 단점이다. 그래서 시기적으로 이른 감이 있을지라도 STL의 특징에 대해서 가볍게 보고 넘어가 보도록 하자.

3 STL의 특징

1. 장점

① 일반화를 지원한다. 하나의 단일 알고리즘으로 복수 개의 컨테이너에 동일한 작업을 똑같은 방법으로 수행할 수 있다. 즉 일반화라는 말은 범용적, 공통적으로 사용할 수 있다는 말과 일맥 상통한다. 그래서 한 번 만들어 놓으면 개나 소나 다 사용할 수 있도록 하는 것이 일반화의 기본 철학이다.

② 컴파일 타임의 매커니즘을 사용하므로 실행 시 효율의 저하가 거의 없다.

③ 객체 지향적이지 않다. 함수는 모두 전역함수를 사용하고, 상속을 거의 할 일이 없다. 그리고 성능을 중요시하므로 가상함수와 같은 저성능 매커니즘은 사용하지 않는다.

④ 표준이므로 이식성이 좋다.

⑤ 소스 공개로 확장성이 좋다.

2. 단점

① 템플릿 기반이므로 함수와 클래스가 매번 구체화되어 소스가 비대해진다.

② 가독성이 떨어진다. 아무래도 템플릿 기반의 코드이다 보니 가독성이 떨어질 수밖에 없고, 그만큼 처음에 입문하기가 쉽지는 않다.

③ 예외 처리가 어렵다. C++의 예외 처리와 잘 맞지 않아 이 둘을 같이 사용하는 것은 어렵다.

지금까지 STL의 전반적인 개요와 구성 요소들에 대해 살펴보았다. 다음 장부터는 우리가 이번 장에서 살펴본 STL의 각 구성 요소들에 대한 구체적인 특징과 사용법에 대해서 알아보도록 하겠다.

이번 장에서는 컨테이너에 대해 알아볼 것이다. 각 순차 컨테이너의 요소와 연관 정렬 컨테이너의 요소들에 대해 자세히 알아보고 사용법에 대해 익혀 보도록 하자.

1 순차 컨테이너(Sequence Container)

순차 컨테이너는 동일한 객체가 선형으로 구성된 집합으로, 실행 시 동적으로 크기를 변경할 수 있다. 순차 컨테이너의 종류로는 벡터, 데크, 리스트가 있는데, 각각의 사용법에 대해서 알아보도록 하겠다.

1. 벡터(vector)

벡터란?

일반화된 컨테이너 중에서 가장 많이 사용되는 컨테이너 중 하나가 바로 벡터다. 벡터는 쉽게 생각하면 동적 배열과 유사한 방식이다. 필요한 크기만큼 메모리를 자동으로 재할당하여 늘릴 수 있는 배열 방식으로, 템플릿 기반이기 때문에 요소 타입에 무관한 배열을 만들 수 있다는 것이 큰 장점이다.

벡터의 사용 형태

STL은 템플릿 기반이므로 요소의 타입에 무관한 배열을 만들 수 있다. 벡터 또한 템플릿 기반이므로 T 형의 벡터를 생성하려면 다음과 같이 선언할 수 있다.

```
vector<T> vec1;
```

벡터의 형식으로 T 형인 벡터 객체 vec1을 선언한 것이다. 벡터 자체가 클래스이므로 vec1 이 객체가 되는 것이다.

만약 T 형이 아닌 int 형의 벡터를 생성한다면 다음과 같이 선언할 수 있다.

```
vector<int> vec1;
```

T 형이 int 형으로 대체되었다. vec1이라는 벡터 객체를 생성하되 정수형으로 생성하겠다는 의미이다.

우리는 앞에서 벡터의 객체 생성하는 법을 배웠다. 그런데 벡터 자체에는 어떠한 메모리 할당을 하지 않은 채 빈 벡터를 생성하였는데, 우리가 미리 크기를 지정해 줄 수도 있다.

```
vector<int> vec1(5);
```

이는 vector라는 클래스의 형식이 내부적으로 오버로딩 되어 여러 형식으로 사용이 가능한 것이다. 크기를 5로 지정하였다고 하더라도, 벡터 자체가 동적 배열이므로 메모리가 더 필요하다면 시스템이 허락하는 한 크기를 늘릴 수 있다.

벡터의 간단한 사용 예제

벡터를 이용하여 배열의 크기를 입력 받아 동적으로 메모리를 생성하고 크기를 얻어 오는 간단한 예제를 작성해 보도록 하겠다.

● 13장\Vector1\vector1.cpp

```cpp
#include <iostream>
#include <vector>
using namespace std;

void main()
{
    int i, num;
    cout<<"배열 크기 입력 : ";
    cin>>num;
    vector<int> arr(num);

    for(i = 0; i < num; i++)
    {
        arr[i] = i;
    }
```

```cpp
    for(i = 0; i < num; i++)
    {
        cout<<"arr["<<i<<"] = "<< arr[i] <<endl;
    }
}
```

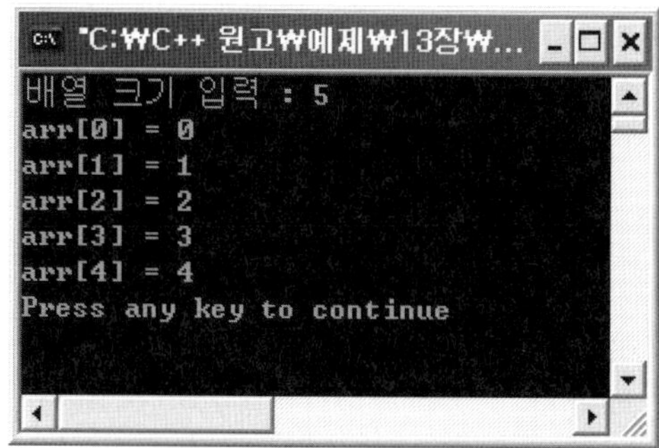

우선 벡터를 사용하기 위해서는 vector라는 라이브러리 헤더 파일을 include 해야 한다. 그리고 cin을 통해서 배열의 크기를 정수 형태로 사용자로부터 입력을 받고, 입력받은 값을 벡터의 생성자 요소인 num에 대입하였는데, 특이한 점은 일반 정적 배열의 크기를 지정할 때에는 반드시 배열의 크기는 상수로만 지정할 수 있었는데 반해, 벡터의 경우에는 실행 중에 배열의 크기를 지정할 수 있다는 점이다.

그 이후에는 일반적인 배열과 사용 방식은 같은데, 루프를 돌며 입력한 값만큼 배열에 대입하고 입력된 배열의 값을 다시 루프를 돌며 출력하는 형태이다. 예로 5를 대입하여 출력하였지만, 5000을 넣어서 해 보아도 오버플로우 에러 없이 제대로 동작할 것이다. 왜냐하면 배열의 크기는 실행 시 동적으로 할당이 되기 때문이다.

벡터의 push_back 사용 예제

이번에는 벡터 생성 시 디폴트 생성자로 빈 벡터를 선언하고, push_back 함수를 사용하여 요소를 추가해 보도록 하겠다.

```cpp
#include <iostream>
#include <vector>
using namespace std;

void main()
{
    int i;
    vector<int> vec1;

    for(i = 0; i < 5; i++)
    {
        vec1.push_back(i);
    }

    for(i = 0; i < 5; i++)
    {
        cout<<"vec1["<<i<<"] = "<<vec1[i] <<endl;
    }
}
```

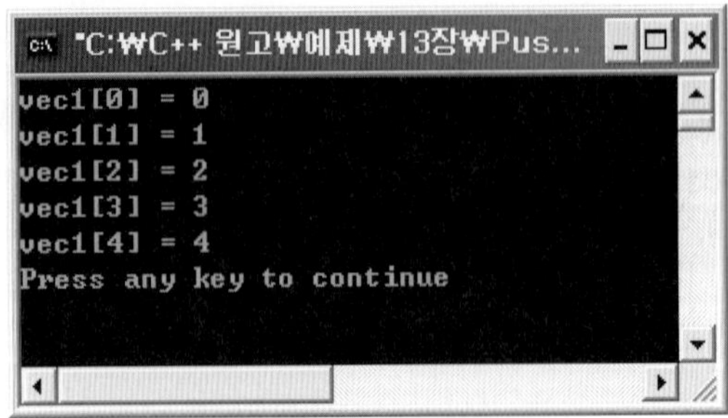

예제에서는 빈 벡터를 생성한 후 for 루프를 통해 push_back() 함수로 뒤쪽에 5개의 요소를 추가하였다. push_back() 함수는 가장 뒤쪽에 새로운 요소를 추가하는 방식이며 벡터의 메모리가 부족하게 되면 자동으로 재할당한다.

벡터는 요소들을 인접한 메모리 위치에 연속적으로 저장한다. 그래서 단순한 첨자 연산만으로도 원하는 요소에 빠르게 읽고 쓸 수 있다. 그러나 임의의 접근이 가능하기 위해서는 요소 인접 조건을 만족해야 하므로 중간에 요소를 삽입하거나 삭제하는 경우에는 삽입, 삭제 지점 기준으로 메모리를 밀고 당기는 처리를 해야 하기 때문에 삽입, 삭제 속도는 상대적으로 느리다.

2. 데크(deque)

데크란?

데크(deque)는 양쪽 끝에서 데이터를 삽입 및 삭제할 수 있는 컨테이너이다. 벡터와의 차이점은 끝에서만 데이터를 삽입, 삭제하느냐 양쪽에서 하느냐의 차이다. 물론 벡터가 앞쪽에 데이터를 삽입하거나 삭제하는 것이 불가능한 것은 아니다. insert를 사용하면 가능하지만 속도가 매우 느리기 때문에 벡터는 끝에 데이터의 삽입, 삭제가 가능하고, 데크는 양끝에 삽입, 삭제가 가능하다고 일반적으로 말하는 것이다.

데크의 사용 형태

데크는 다음과 같은 형태로 사용할 수 있다.

```
deque<T> dq;
```

T는 타입을 나타내고, 생성자의 인수는 필요 없다. 데크는 벡터와 사용이 거의 비슷하다. 주로 뒤쪽에서만 삽입, 삭제가 발생한다면 벡터를 사용하는 것이 적합하고, 양쪽에서 삽입, 삭제가 발생한다면 데크를 사용하는 것이 더 적합하다. 데크에 요소를 삽입하고 삭제할 때는 다음과 같은 4개의 멤버함수를 사용한다.

멤버함수	설명
push_front	가장 앞에 요소 삽입
push_back	가장 뒤에 요소 삽입
pop_front	가장 앞의 요소 삭제
pop_back	가장 뒤의 요소 삭제

그림을 보면 다음과 같은 구조를 가지고 있다.

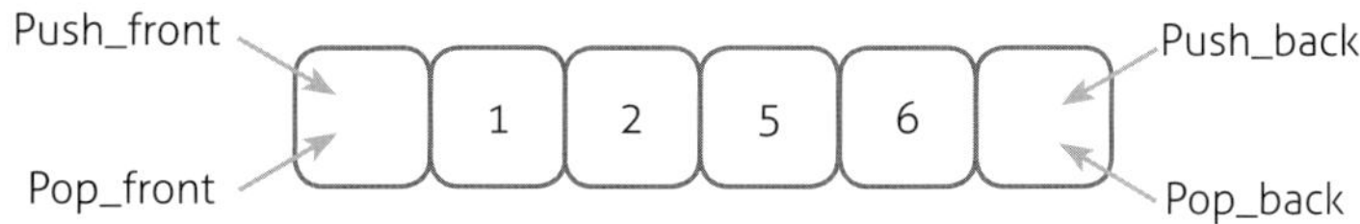

데크의 간단한 사용 예제

데크의 간단한 사용법을 알아보도록 하자. 데크를 이용해서 데이터의 앞뒤에서 마음대로 삽입하는 예제이다.

● 13장\Deque\deque.cpp

```cpp
#include <iostream>
#include <deque>
using namespace std;

void main()
{
    deque<int> number;
    number.push_back(5);
    number.push_back(6);
    number.push_front(2);
    number.push_front(1);

    for(int i = 0; i < number.size(); i++)
    {
        cout<<number[i];
    }
    cout<<endl;
}
```

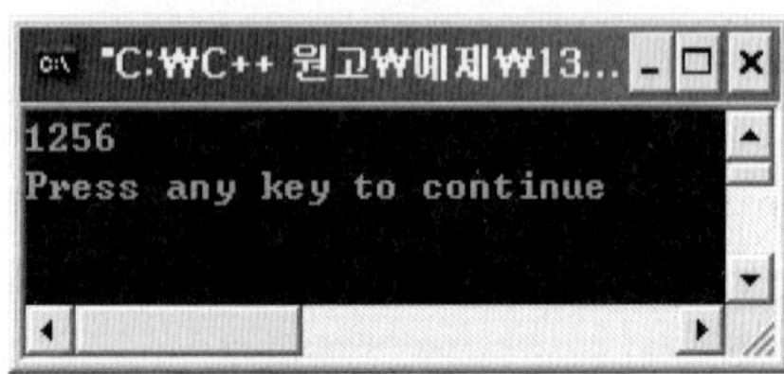

데크를 통해 int형 컨테이너 number를 선언하되 빈 객체로 선언하였다. number 객체를 통해 멤버함수 push_back()으로 요소의 끝에 5와 6을 추가하였고, 멤버함수 push_front()를 통해 요소의 맨 앞에 각각 2와 1을 추가하였다. 그리고 데크 컨테이너인 number 객체를 루프문을 통해서 실제 추가한 값들이 제대로 들어가 있는지 출력해 보았다.

3. 리스트(list)

리스트란?

리스트는 이중 연결 리스트로 구현되어 있는 컨테이너이다. 자료 구조에서 배웠던 연결 리스트 구조를 상기해 보자. 보통 연결 리스트는 데이터에 노드라는 것이 붙어 있어서 서로 노드끼리 연결되어 데이터의 논리적인 순서를 기억한다. 그러므로, 데이터 자체가 순서대로 삽입되지 않아도 되고, 데이터를 삽입, 삭제할 때도 노드의 링크만 조작하여 재설정해 주면 되므로 메모리 자체를 밀고 당길 필요가 없어서 매우 효율적이다. 그러나 리스트의 특정 요소를 검색하려면 첫 노드부터 순서대로 읽어야 하므로, 데이터 읽기 속도는 상대적으로 느리다.

리스트의 사용 형식

리스트는 다음과 같은 형태로 사용할 수 있다.

```
list<T> lst;
```

T는 타입을 나타내고, 생성자의 인수는 필요 없다. 리스트는 일반적으로 빈 상태로 생성하고, 요소를 삽입, 삭제할 수 있다. 리스트에 요소를 삽입 및 삭제 시에는 다음과 같은 4개의 맴버함수를 사용한다.

멤버함수	설명
push_front	가장 앞에 요소 삽입
push_back	가장 뒤에 요소 삽입
pop_front	가장 앞의 요소 삭제
pop_back	가장 뒤의 요소 삭제

리스트의 장점은 리스트의 맨 앞 혹은 맨 뒤쪽에 자유롭게 그리고 아주 빠른 속도로 데이터를 삽입, 삭제하는 것이 가능하다는 점이다. 그림을 보면 다음과 같다.

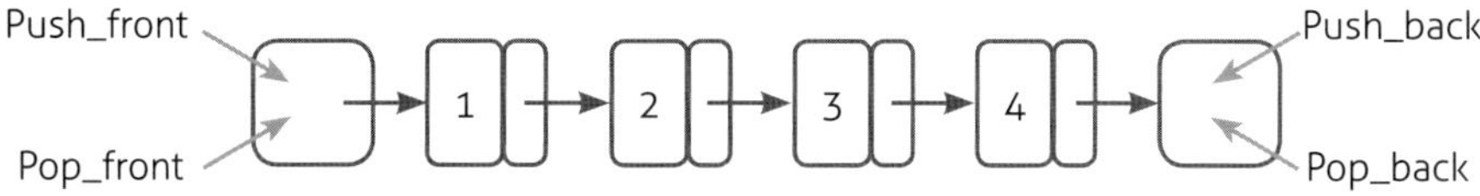

리스트의 사용 예제

리스트의 간단한 사용 예제를 작성해 보자. 리스트의 push_back() 함수를 사용하여 리스트의 맨 끝에 데이터를 삽입하고, 리스트의 내용을 출력하는 예제이다.

◉ 13장\List\list.cpp

```cpp
#include <iostream>
#include <list>
using namespace std;

void main()
{
    list<int> lst;
    int i;
    for(i = 0; i<5; i++)
    {
        lst.push_back(i);
    }
    list<int>::iterator it;
    for(it = lst.begin(), i = 0; it != lst.end(); it++, i++)
        cout<<i<<"번째 = "<<*it<<endl;
}
```

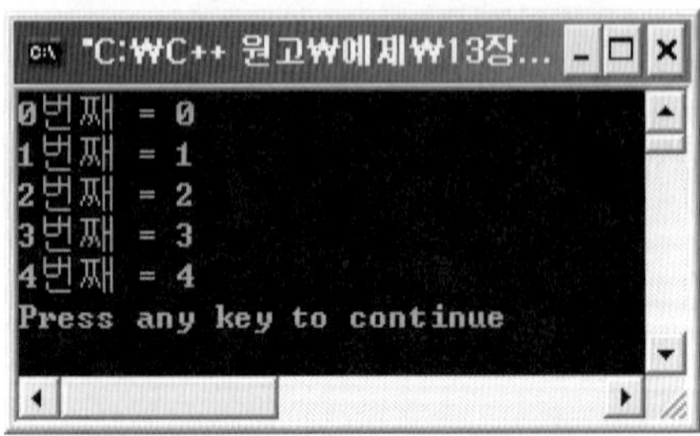

초기에 리스트를 만들 때 크기 지정 없이 생성하였다. 그런 다음 push_back() 함수를 통해 메모리를 할당하고 데이터를 삽입하되, 링크를 연결하는 것도 내부에서 알아서 수행한다. 앞서 언급했지만, 리스트의 노드들은 서로 근접한 곳에 위치하지 않고 뿔뿔이 흩어져 있다. 다만 노드를 통해 링크되어 있을 뿐이다. 그래서 이러한 리스트를 출력하기 위해서는 노드를 가리키는 특별한 포인터인 반복자라는 객체를 사용하는데, 바로 iterator라는 녀석이다. 반복자에 대해서는 뒤에서 다시 자세하게 다룰 것인데, 우리는 여기서 다만 리스트를 출력하기 위해서 사용한 반복자의 멤버함수인 begin()은 리스트의 첫 번째 요소를 나타내고, end()는 리스트의 마지막 요소 이후를 나타낸다고 생각하면 된다.

2 연관 정렬 컨테이너(Sorted Associative Container)

1. set

set이란?

set이란 사전적 의미로 '집합'이라는 뜻인데, 동일한 타입의 데이터를 모아 놓은 것이다. 벡터의 경우도 동일한 데이터를 모아 놓은 것이라고 하였다. 하지만 벡터와는 달리 데이터가 아무 위치에나 삽입되는 것이 아니라 정렬된 위치에 삽입된다는 차이가 있으며, 검색 속도도 빠르다. 그리고 데이터 자체를 키로 사용한다는 차이점이 있다. set은 키 중복을 허용하지 않으므로 중복된 키를 허용하려면 멀티 set을 사용하면 된다.

set의 사용 형태

set은 다음과 같은 형태로 사용할 수 있다.

```
set<T> st;
```

set도 일반 컨테이너와 마찬가지로 아주 일반적인 형태를 보이고 있다. 보통 인자가 없는 객체를 생성하고, T는 set 컨테이너의 타입이 되므로, 우리가 사용할 타입을 T에 대입해 주면 된다. 예를 들어서 정수형 set 컨테이너를 선언하고자 한다면 set<int> st; 문자형 set 컨테이너를 선언하고자 한다면 set<char> st; 형태로 선언해 주면 된다.

set의 간단한 사용 예제

정수형 set 컨테이너와 문자형 set 컨테이너를 만들어서 각각 어떻게 출력되는지 예제를 통해 알아보도록 하자.

먼저 정수형 set 컨테이너의 예제이다.

● 13장\Set\set.cpp

```cpp
#include <iostream>
#include <set>
using namespace std;

void main()
{
    int arr[] = {1,2,3,2,5,6,3};
    set<int> scon;
    set<int>::iterator it;

    for(int i = 0; i<sizeof(arr)/sizeof(arr[0]); i++)
        scon.insert(arr[i]);

    for(it = scon.begin(); it != scon.end(); it++)
        cout<<*it;
    cout<<endl;
}
```

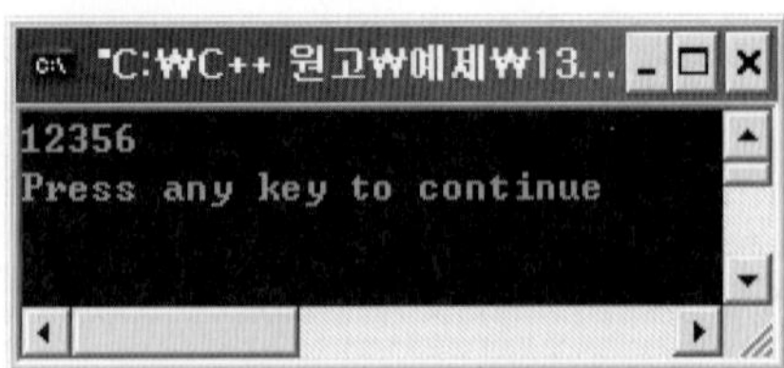

set은 데이터를 키로 사용한다고 하였고, 키는 중복될 수 없다고 하였다. 또한 데이터를 임의로 저장하는 것이 아니라 정렬된 상태로 저장이 된다고 하였다. 실행 결과를 보면 set 컨테이너에서 저장되어 있는 데이터는 정렬된 상태이고, 중복된 데이터는 버려져 있음을 알 수 있다.

다음은 문자형 set 컨테이너 예제를 보도록 하자.

● 13장\Set\set.cpp

```cpp
void main()
{
    const char* strtemp = "fgdkabcafk";
    set<char> schar(&strtemp[0], &strtemp[10]);
    set<char>::iterator it;

    for(it = schar.begin(); it != schar.end(); it++)
    {
        cout<<*it;
    }
    cout<<endl;
}
```

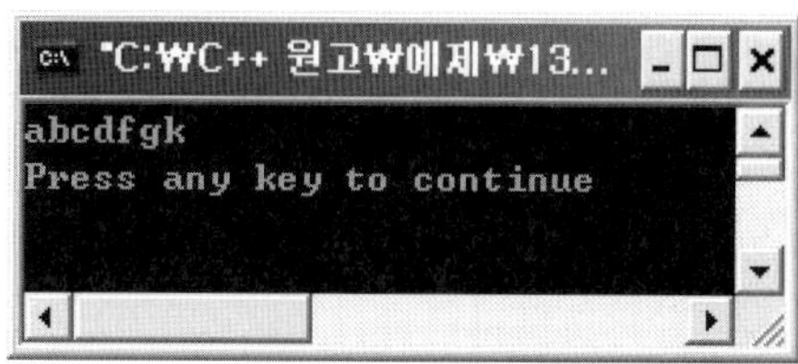

문자형 set 컨테이너도 마찬가지로 set의 일반적인 특성을 적용하여, 키로 사용하고 있는 데이터가 정렬되어 저장이 되고, 중복된 데이터는 필터링되어 저장되지 않는다. 문자형이기 때문에 각 문자는 아스키 코드값을 비교하여 정렬이 되는데, 'a'는 98, 'b'는 99(알파벳 순서대로 1씩 증가)이다.

2. map

map이란?

map은 두 개의 데이터가 하나의 쌍을 이루어 저장하는 컨테이너로, 정렬된 상태로 관리된다. 데이터가 정렬된 상태로 관리되므로 검색 속도는 빠르다. 그래서 대량의 데이터를 검색할 경우 map을 사용하면 유리하다. map은 데이터를 삽입할 때 내부적으로 데이터의 이동이 발생한다. 내부적으로 재배열되기 때문에 데이터의 삽입 및 삭제 시에 상대적으로 느려진다.

map의 사용 형태

map은 다음과 같은 형태로 사용할 수 있다.

```
map<key, data> mp;
```

map의 첫 번째 전달인자인 key 값에는 어떤 숫자의 타입이건 문자의 타입이건 상관없다. key는 말 그대로 데이터의 키값이 될 뿐이다. 두 번째 전달인자인 data는 key를 통해 가져올 데이터를 의미한다. 데이터 또한 어떤 타입이든 올 수 있다. 예를 들어 map의 키값을 이름으로 하고, 데이터를 나이로 한다면 다음과 같이 작성할 수 있다.

```
map<string, int> person;
    person["이창현"] = 30;
    person["조경화"] = 20;
    person["이주성"] = 6;
    person["박복순"] = 60;
```

즉 이름이라는 키값에 나이라는 데이터를 넣은 형태이다. 특이한 점은 일반 배열과 같이 첨자가 정수만 올 수 있는 것이 아닌 어떤 타입이라도 올 수 있다는 것이다. 하지만 키 값의 중복은 허용되지 않는다. 키값의 중복은 multimap이라는 STL 기법에서 지원하고 있다.

map의 간단한 사용 예제

간단한 map의 사용법을 알아보도록 하자. 우리는 휴대폰에서 사람의 이름을 통해 전화번호를 검색하는 경우가 많다. 이러한 경우 map 알고리즘을 사용하는데, 특정한 사람 이름을 키로 하여 그 사람에 대한 데이터를 가져오는 것이다. 특정한 사람의 이름을 키로 하여 전화번호를 가져오는 간단한 map 예제를 작성해 보도록 하자.

● 13장\Map\map.cpp

```cpp
#include <iostream>
#include <map>
#include <string>
using namespace std;

struct PhoneAddr
{
```

```cpp
    string name;
    int phonenum;
}arPerson[] =
{
    {"이창현", 1234}, {"조경화", 5678},{"이주성", 4587},{"박복순", 2345}
};

void main()
{
    map<string, int> person;
    map<string, int>::iterator it;
    int i;
    string name;
    for(i = 0; i<sizeof(arPerson)/sizeof(arPerson[0]); i++)
    {
        person[arPerson[i].name] = arPerson[i].phonenum;
    }

    for(;;)
    {
        cout<<"이름입력 : ";
        cin>>name;
        if(name == "q")break;
        it = person.find(name);
        if(it == person.end())
        {
            cout<<"그런 사람은 없습니다."<<endl;
        }
        else
        {
            cout<<name<<" 의 전화번호는 "<<it->second<<" 입니다."<<endl;
        }
    }
}
```

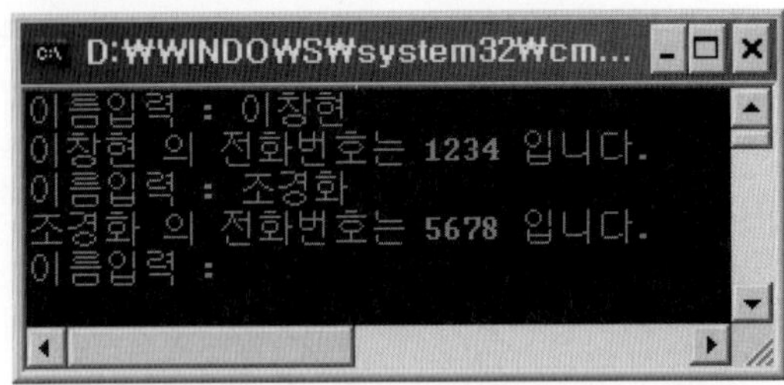

    map을 사용하기 위해서 헤더에 map을 포함시켰다. map의 콘셉트는 데이터를 두 개씩 짝을 이루어 저장한다고 하였는데, 원래는 많은 데이터가 DB에 저장되어야 하지만, 예제에서는 임의로 구조체를 통해 4개의 데이터만 저장하도록 하였다. 그리고 구조체의 데이터를 선언한 map에 저장한 다음, map을 통해서 우리가 원하는 데이터를 추출하도록 하였다. 이때 값에 기반하여 특정한 데이터를 추출하는 데 사용되는 map의 멤버함수로 find() 함수를 사용하였다. find()의 전달인자로는 우리가 찾고자 하는 정보의 키값, 즉 이 예제에서는 name을 전달하였다.

14 반복자(Iterator)

이번 장에서는 반복자에 대해서 알아볼 것이다. 앞에서 배운 컨테이너는 데이터의 집합이므로 순회하면서 데이터를 읽어올 수 있어야 하는데, STL에서는 반복자라는 것을 제공한다. 반복자의 개념은 무엇인지, 그리고 컨테이너에서 어떻게 사용하는지 알아보도록 하자.

1 반복자의 기본

1. 반복자의 개념

STL의 모든 연산은 컨테이너에 의해서 적용될 수 있도록 고안되었다. 그래서 컨테이너의 모든 요소 하나, 일정 범위 구간, 전체에 대해서 연산을 적용할 수 있도록 세분화되어 있다. 반복자는 이러한 일정 구간에 대해 컨테이너로부터 값을 읽어올 수 있도록 기능을 제공해주는 것이다. 그런데 문제는 벡터와 같은 컨테이너의 경우 [] 연산자를 통해서 값을 읽어올 수 있지만, 이 방법이 모든 컨테이너에 동일하게 적용되지 않는다는 것이다. 따라서 반복자의 역할은 모든 컨테이너에 대해서 동일하게 동작을 하여 값을 읽어올 수 있게 해야 한다.

2. 반복자의 범위

반복자는 포인터와 매우 흡사함을 볼 수 있다. 아니 '반복자는 포인터이다.'라고 말해도 과언이 아닐 정도로 흡사하다. 일반적으로 정수 배열을 가리키는 포인터일 경우 ++ 연산을 하게 되면, 그 다음 번 정수 값을 읽어올 수 있다. 실제 이동한 주소 번지는 sizeof(int)의 구간이다. 반복자는 포인터 연산을 지원한다. 그래서 반복자에 ++ 연산을 적용할 수 있다.

그러나 반복자에서의 ++ 연산의 목적은 포인터처럼 이동한 주소 번지 구간을 가리키는 것이 아니라 다음 번 요소를 읽어 와야 한다. 또한 포인터에서는 저장된 주소 값을 통해서 실제 그 주소에 할당되어 있는 값을 읽어 들일 수 있다. 이때 포인터에서는 * 연산자를 통해서 값을 읽어 올 수 있는데, 중요한 점은 반복자에서는 * 연산자 적용 시 반복자가 가리키는 값을 읽어올 수 있느냐이다. 지금 말한 포인터 연산과 포인터가 가리키는 값을 읽어 오는 특징을 이해하고 있다면 반복자를 사용하는 데 크게 무리는 없을 것이다. 다음의 두 코드를 보도록 하자.

정수 배열을 읽어오는 예제

다음 코드는 정수 배열을 할당하고, for문을 통해 저장되어 있는 배열의 값을 읽어 오는 코드이다.

● 14장\IntArray\Intarray.cpp

```cpp
#include <iostream>
using namespace std;

void main()
{
    int arr[] = {1,2,3,4,5};
    int* pnum;
    for(pnum = &arr[0]; pnum != &arr[5]; pnum++)
    {
        cout<<*pnum;
    }
    cout<<endl;
}
```

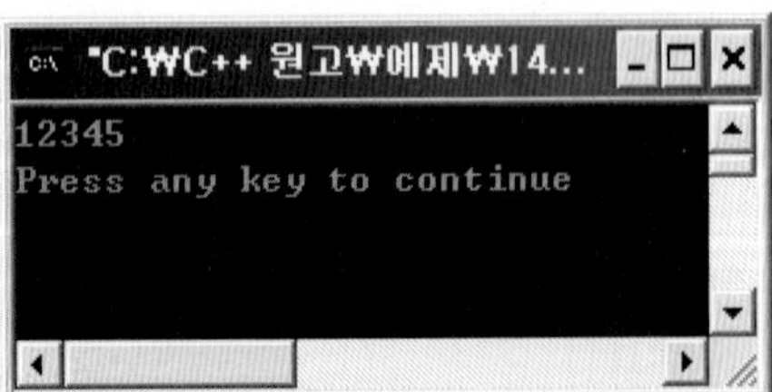

정수 배열의 경우 가장 번거로운 부분은 배열의 크기를 미리 알고 반복 횟수를 지정해야 한다는 점이다. 그래서 앞의 예제의 경우 while문을 사용하기도 번거롭고 배열의 할당이 정적일 수밖에 없다. 그렇다면 문자열을 출력하는 다음의 코드를 보도록 하자.

문자 배열을 읽어오는 예제


```cpp
#include <iostream>
using namespace std;

void main()
{
    char parray[] = "programming";
    char* pnum = parray;

    while(*pnum)
    {
        cout<<*pnum;
        pnum++;
    }
    cout<<endl;
}
```

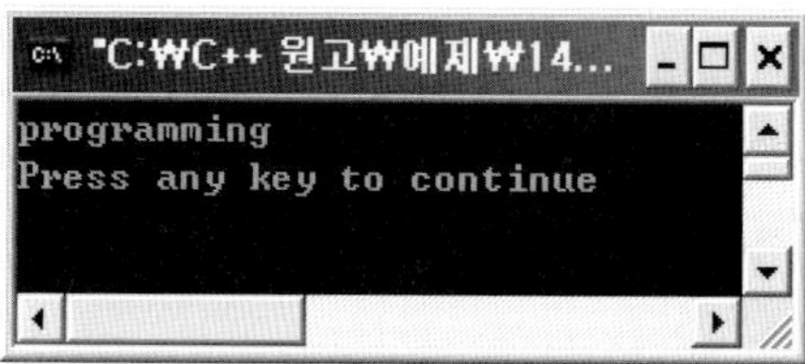

parray라는 문자 배열에 문자열을 대입하고, 포인터 변수에 주소값을 대입한다. 그리고 while 루프 문을 통해 포인터 연산으로 문자열을 읽어 오고 있다. 문자열의 끝에는 자체적으로 NULL 문자가 포함되어 있기 때문에 문자열의 끝을 만나게 되면 while 문을 빠져나오게 된다.

STL의 반복자는 위의 두 예제 중에 문자열과 같은 개념으로 구성되어 있다. 그래서 정수 배열처럼 '정해진 요소만큼 반복한다.'가 아니라 '컨테이너의 끝까지 반복한다.'는 개념이다.

2 반복자의 사용 형태

실제 반복자를 사용하는 형태를 보도록 하자. 반복자는 각 컨테이너에서 공통적으로 제공되고 사용되는 것으로, 벡터의 예를 들어 보았을 때 다음과 같이 반복자를 선언하고 사용할 수 있다.

```
vector<int>::iterator it;
```

vector<int>가 클래스 이름이고, 이 클래스 안에 iterator라는 타입이 정의되어 있으므로, 이 타입으로 변수 it를 선언하면 벡터의 한 요소를 가리키는 반복자가 된다. 이 반복자를 이용하여 벡터의 요소를 순회하는 방법은 다음과 같이 작성하면 된다.

```
int arr[] = {1,2,3,4,5};
    vector<int> vi(&arr[0], &arr[5]);

    vector<int>::iterator it;
    for(it = vi.begin(); it!=vi.end(); it++)
    {
        cout<<*it;
    }
    cout<<endl;
```

반복자의 범위는 [first, last)로 표시한다. 여는 괄호와 닫는 괄호가 일치하지 않는 점을 주목할 필요가 있다. 여는 괄호인 '['는 first가 컨테이너의 첫 번째 요소를 가리킨다는 것을 의미한다. 닫는 괄호인 ')'는 last 반복자가 컨테이너의 마지막 요소를 넘어서 그 다음 요소를 가리킨다는 것을 의미한다. 우리가 일상에서 사용하는 이상, 이하의 개념과 비슷하다고 보면 된다. 따라서 end 함수가 반환하는 정확한 위치는 컨테이너의 안쪽이 아니라 컨테이너 외부 어딘가를 가리킨다. 예를 들어 다음과 같은 코드를 보자.

```
it = str.end();
cout<<*it;
```

이 경우 end() 함수가 가리키는 곳은 컨테이너의 마지막 요소가 아니라 그 외부이므로 코드의 결과가 제대로 나오지 않는다.

3 반복자의 간단한 사용 예제

우리가 앞서 여러 종류의 컨테이너를 다루면서 컨테이너 사용법도 배우고, 데이터를 삽입, 삭제하는 방법에 대해서 다루어 보았다. 그 과정에서 기존 방식대로 루프문을 사용하여 컨테이너 객체에 데이터를 직접 삽입, 삭제하였는데, 이번 시간에는 기존의 각 컨테이너 예제를 이용하여 반복자를 적용해 보도록 하자.

1. 벡터를 이용한 반복자

기존 벡터 예제에서 반복자를 사용하여 수정하였다.

⊙ 14장\VecIterator\vecIterator.cpp

```cpp
#include <iostream>
#include <vector>
using namespace std;

void main()
{
    int num;
    int i;
    cout<<"배열의 크기를 입력하시오.";
    cin>>num;

    vector<int> array(num);
    vector<int>::iterator it;

    for(i = 0; i < num; i++)
    {
        array[i] = i;
    }

    for(it = array.begin(); it != array.end(); it++)
    {
        cout<<"array["<<*it<<"]"<<" = "<<*it<<endl;
    }
}
```

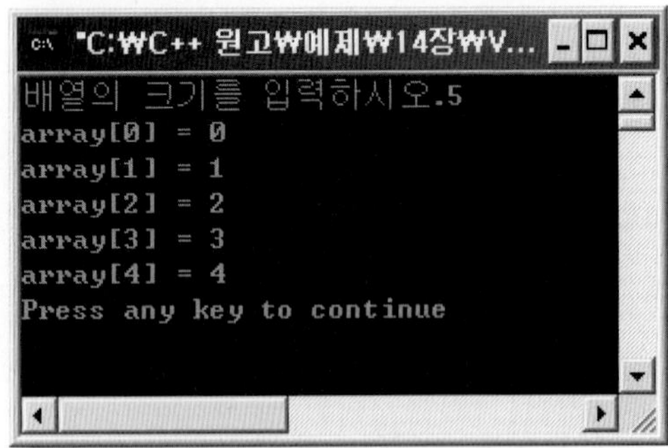

vector::iterator를 통해서 it라는 반복자를 선언하고, 이 객체를 통해 array의 처음부터 끝까지 루프를 돌면서 데이터를 출력하고 있다. 앞서 언급한 대로 반복자는 데이터의 어느 구간까지 반복이 아니라 처음부터 끝까지 반복한다. 그래서 it != array.end()인 동안 수행하고, it == array.end()일 때 이 루프문을 빠져나가게 된다. array.end()는 array의 마지막 요소가 아니라 마지막 요소를 넘어선 범위라고 언급했었다. 포인터로 치면 NULL이 나올 때까지 루프를 돌라는 의미이다. 반복자 앞에 * 를 붙여서 값을 출력하도록 하였다.

2. 리스트를 이용한 반복자

다음은 앞에서 작성했던 리스트 예제인데, 이미 반복자를 사용하고 있음을 볼 수 있다.

● 14장\ListIterator\listiterator.cpp

```cpp
#include <iostream>
#include <list>
using namespace std;

void main()
{
    list<int> lst;
    int i;
    for(i = 0; i < 5; i++)
    {
        lst.push_back(i);
    }

    list<int>::iterator it;
    for(it = lst.begin(), i = 0; it!=lst.end(); it++, i++)
```

```cpp
    {
        cout<<i<<"번째 = "<<*it<<endl;
    }
}
```

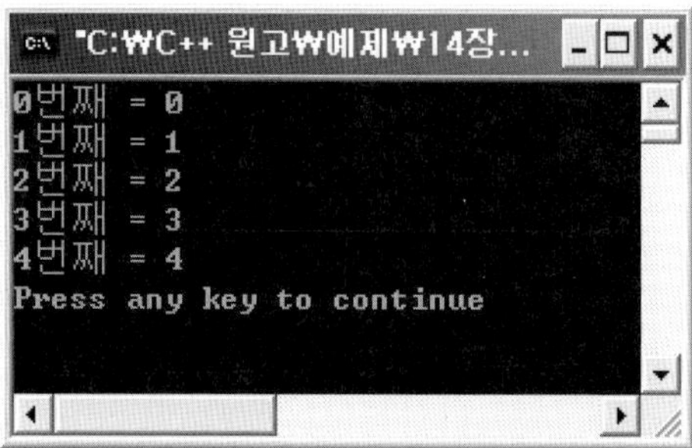

벡터의 반복자 사용과 똑같다고 볼 수 있다. STL은 일반화 프로그래밍의 철학이 기반이므로, 벡터만 잘 사용할 수 있다면 다른 컨테이너의 사용이 비슷하다고 말한 적이 있다. 반복자는 어떤 컨테이너이든지 사용법은 동일하다고 볼 수 있다. push_back() 함수를 통해 리스트 객체에 데이터를 저장한 후, it를 통해 벡터와 마찬가지로 lst.begin()부터 lst.end()까지 루프를 돌면서 *it를 출력하고 있다.

3. set을 이용한 반복자

다음은 앞에서 작성했던 set을 이용한 예제인데, 그 안에서 사용되는 반복자를 살펴보도록 하자.

● 14장\SetIterator\setIterator.cpp

```cpp
#include <iostream>
#include <set>
using namespace std;

void main()
{
    int arr[] = {1,2,4,2,5,6,3};
    set<int> scon;
    for(int i = 0; i < sizeof(arr)/sizeof(arr[0]); i++)
    {
        scon.insert(arr[i]);
    }
```

```cpp
    set<int>::iterator it;
    for(it = scon.begin(); it!= scon.end(); it++)
    {
        cout<<*it;
    }
    cout<<endl;
}
```

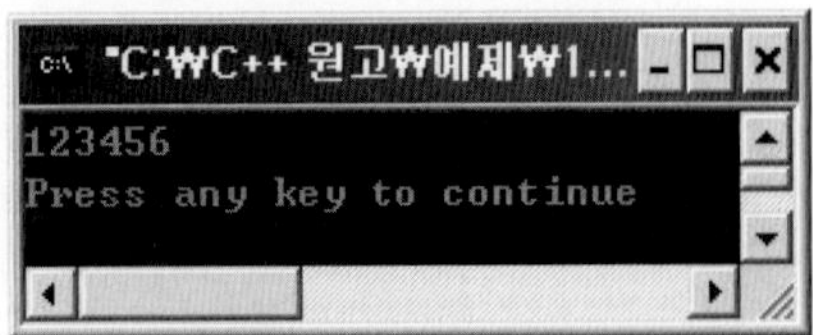

set 또한 반복자의 사용은 다른 컨테이너와 동일하나 scon.begin()부터 scon.end()까지 루프를 돌면서 *it를 출력하고 있다. set은 중복 제거와 자동 정렬이 내부적으로 동작하고 있다는 점을 다시 한 번 상기하도록 하자.

4. map을 이용한 반복자

다음은 기존의 map을 이용한 예제인데, 맵 안에서 사용되는 반복자에 대해 살펴보도록 하자.

● 14장\MapIterator\mapIterator.cpp

```cpp
#include <iostream>
#include <map>
#include <string>
using namespace std;

struct PhoneAddr
{
    string name;
    int phonenum;
}arPerson[] =
{
    {"이창현", 1234}, {"조경화", 5678},{"이주성", 4587},{"박복순", 2345}
};
```

```cpp
void main()
{
    map<string, int> person;
    map<string, int>::iterator it;
    int i;
    string name;
    for(i = 0; i<sizeof(arPerson)/sizeof(arPerson[0]); i++)
    {
        person[arPerson[i].name] = arPerson[i].phonenum;
    }

    for(;;)
    {
        cout<<"이름 입력 : ";
        cin>>name;
        if(name == "q")break;
        it = person.find(name);
        if(it == person.end())
        {
            cout<<"그런 사람은 없습니다."<<endl;
        }
        else
        {
            cout<<name<<" 의 전화번호는 "<<it->second<<" 입니다."<<endl;
        }
    }
}
```

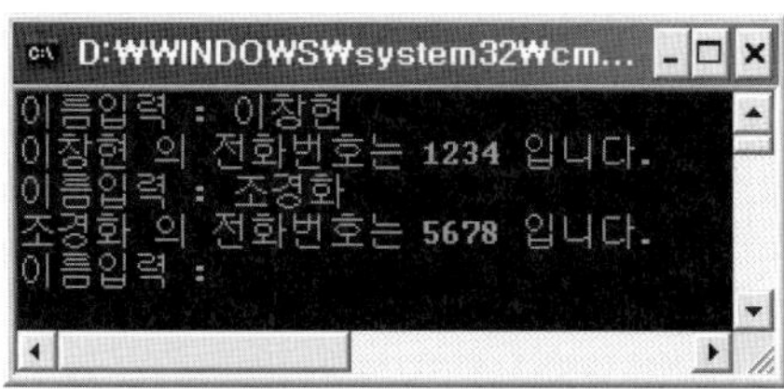

  map 또한 반복자의 사용은 거의 동일한데, 키와 데이터를 동시에 관리하다 보니, 코드의 가독성이 약간 떨어질 수 있다. 이름을 입력하면 전화번호가 나오게 하는 간단한 예제인데, 'q'라는 문자를 입력하기 전까지 무한 루프를 돌면서 이름을 입력받고 있다. 키보드로부터 이름을 입력받고, find 함수를 통해 검색하여 it에 넘겨준다. 만약 it의 값이 person.end()라면 이름을 찾지 못할 것이고, 그렇지 않다면 it->second를 통해서 데이터인 전화번호 값을 읽어 온다. map의 반복자 사용은 다른 컨테이너와 조금 달랐지만 결국 컨테이너에서 사용하는 반복자는 공통적이다.

Chapter
15 알고리즘(Algorithms)

이번에는 컨테이너에서 유용하게 사용할 수 있는 다양한 알고리즘에 대해서 알아볼 것이다. 알고리즘의 개념 및 특징 그리고 사용법에 대해 알아보고 활용할 수 있도록 하자.

1 알고리즘의 개념

알고리즘이란 컨테이너에 대해서 적용할 수 있는 기능들을 체계적으로 정리해 놓은 함수들을 말한다. 알고리즘에 속한 함수는 모두 일반적(Generic)이기 때문에, 특정 컨테이너에 종속된 것이 아니라 모든 컨테이너에서 사용할 수 있도록 되어 있다. 그래서 알고리즘 함수들은 특정 컨테이너의 멤버함수가 아닌 일반 전역함수로 작성되어 있다. 그러다 보니 캡슐화 자체도 크게 의미 없고, 앞서 언급했던 대로 STL은 객체 지향의 특징에 부합하지 않는다.

STL의 개요를 설명하면서 알고리즘은 총 4가지로 구성된다고 하였고, 각각 변경 불가 순차 알고리즘, 변경 가능 순차 알고리즘, 정렬 관련 알고리즘, 범용 수치 알고리즘 등으로 구성되어 있다고 언급한 적이 있다. 이번 시간에는 이렇게 분류된 각 알고리즘의 사용법을 보도록 하겠다. 모든 함수를 다룰 수는 없고, 각각 몇 가지의 함수만 다루어 보면서 어떻게 동작하는지 살펴보도록 하자.

2 알고리즘 사용 예제

가장 흔하게 사용되는 알고리즘 몇 가지의 사용법을 알아보도록 하겠다.

1. find

함수 원형

다음은 find 알고리즘 함수의 원형이다.

```cpp
template<class InputIterator, class T>
InputIterator find(
        InputIterator first,
        InputIterator last,
        const T& value
)
```

find는 컨테이너에 어떤 특정 값이 존재하는지 찾는 함수인데, 벡터이든 리스트이든 상관없이 모든 컨테이너에서 사용할 수 있다. 함수의 원형을 살펴보면 first와 last 사이에서 value 값이 있는지 검사하고, 찾고자 하는 값이 있다면 해당 위치의 반복자가 리턴되며, 발견되지 않았을 경우에는 전체를 순회하고 구간의 끝인 last가 리턴된다.

사용 예제

다음은 벡터를 이용하여 find를 사용한 간단한 예제이다.

● 15장\VectorFind\vectorfind.cpp

```cpp
#include <iostream>
#include <vector>
#include <algorithm>
using namespace std;

void main()
{
    int arr[] = {10,20,30,40,50};
    vector<int> vec1(&arr[0], &arr[5]);
    if(find(vec1.begin(), vec1.end(), 30) != vec1.end())
        cout<<"검색 성공"<<endl;
    else
        cout<<"검색 실패"<<endl;
}
```

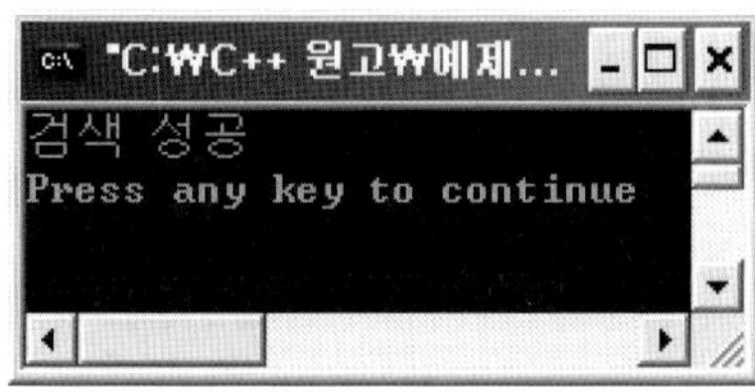

벡터를 통해 데이터를 저장한 후 find() 함수를 통해 특정 값을 찾는다. 이때 범위는 vec1.begin() 과 vec1.end() 사이에 있으므로 전체 범위가 되며 찾고자 하는 값은 30이다. 벡터 내에 30이라는 값이 존재하므로 벡터 내의 30이 존재하는 반복자를 리턴할 것이고, vec1.end()와 같지 않으므로, "검색성공"이라는 문자열이 출력될 것이다. 만약 찾고자 하는 문자가 없다면 vec1.end() 값과 같은 값이 리턴될 것이고, "검색실패"라는 문자열이 출력될 것이다.

2. copy

함수 원형

다음은 copy 알고리즘 함수의 원형이다.

```
template <class InputIterator, class OutputIterator>
OutputIterator copy(
        InputIterator first,
        InputIterator last,
        OutputIterator result
)
```

copy는 특정 컨테이너의 범위 값을 대상이 되는 컨테이너에 복사하는 함수로, first와 last는 복사하고자 하는 컨테이너 반복자의 범위를 나타내고, 모든 요소를 result 반복자 위치 이후에 복사한다. 복사 목적지의 시작 위치는 result 반복자 하나로만 지정되며 result 이후에 first~last 만큼의 기억 장소가 확보되어야 한다.

사용 예제

다음은 데크를 이용하여 copy를 사용한 간단한 예제이다.

● 15장\DqCopy\dqcopy.cpp

```
#include <iostream>
#include <deque>
#include <vector>
#include <iterator>
using namespace std;
```

```cpp
void main()
{
    int arr[] = {30,20,50,60,80,10,70};
    vector<int> vec1(&arr[0], &arr[7]);
    deque<int> dq;
    deque<int>::iterator it;
    copy(vec1.begin(), vec1.end(), back_inserter(dq));
    for(it = dq.begin(); it!=dq.end(); it++)
    {
        cout<<*it<<" ";
    }
    cout<<endl;
}
```

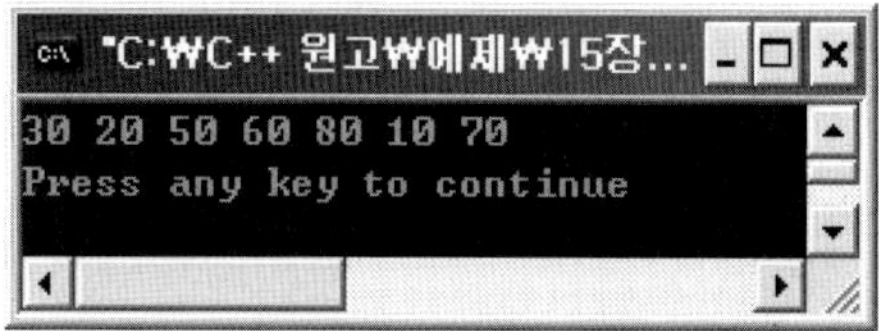

벡터와 데크 컨테이너를 각각 생성하였다. 벡터에는 배열의 값을 초기화하였고, 데크는 빈 상태로 생성하였다. 이때 벡터의 전 범위 데이터를 데크에 복사하고 나서 반복자를 사용하여 데크의 전 구간을 출력하고 있다. 결과를 보면 벡터에 초기화된 데이터들은 데크에 그대로 복사가 되었다는 것을 알 수 있다.

3. sort

함수 원형

다음은 sort 알고리즘 함수의 원형이다.

```cpp
template <class RandomAccessIterator, class Compare>
void sort(
        RandomAccessIterator  first,
        RandomAccessIterator  last
)
```

sort는 컨테이너에 저장된 데이터들을 정렬하고자 할 때 사용하는 알고리즘 함수이다. 범위는 first 부터 last 사이의 모든 데이터이고 오름차순으로 정렬한다.

사용 예제

다음은 sort를 사용한 간단한 예제이다.

● 15장\DqSort\dqsort.cpp

```cpp
#include <iostream>
#include <deque>
#include <algorithm>
using namespace std;

void main()
{
    int arr[] = {30,20,50,60,80,10,70};
    deque<int> dq;
    for(int i = 0; i < sizeof(arr)/sizeof(arr[0]); i++)
    {
        dq.push_back(arr[i]);
    }

    deque<int>::iterator it;
    sort(dq.begin(), dq.end());
    for(it = dq.begin(); it!=dq.end(); it++)
    {
        cout<<*it<<endl;
    }
}
```

데크 컨테이너를 통해서 배열 요소들을 저장하였다. 이때 데크 컨테이너에는 push_back() 함수를 통해 현재 배열 요소가 순서대로 저장될 것이다. 그러나 예제에서처럼 sort() 알고리즘 함수를 수행한 후 다시 데크 컨테이너를 출력해 보면 오름차순으로 정렬되어 출력되는 것을 볼 수 있다.

4. reverse

함수 원형

다음은 reverse 알고리즘 함수의 원형이다.

```
template <class BidirectionalIterator>
void reverse(
        BidirectionalIterator first,
        BidirectionalIterator last
)
```

reverse() 함수는 이름대로 지정한 구간의 요소들의 순서를 반대로 뒤집는다. 적용 범위는 first에서부터 last까지이다.

사용 예제

다음은 reverse 알고리즘 함수를 사용한 간단한 예제이다.

● 15장\Reverse\reverse.cpp

```cpp
#include <iostream>
#include <vector>
#include <algorithm>
using namespace std;

void main()
{
    int arr[] = {10,20,30,40,50,60,70};
    vector<int> vec1(&arr[0], &arr[7]);
    vector<int>::iterator it;
    cout<<"reverse 전 :";
```

```cpp
        for(it = vec1.begin(); it!=vec1.end(); it++)
            cout<<*it<<" ";
    cout<<endl;
    reverse(vec1.begin(), vec1.end());
    cout<<"reverse 후 :";
    for(it = vec1.begin(); it!=vec1.end(); it++)
            cout<<*it<<" ";
    cout<<endl;
}
```

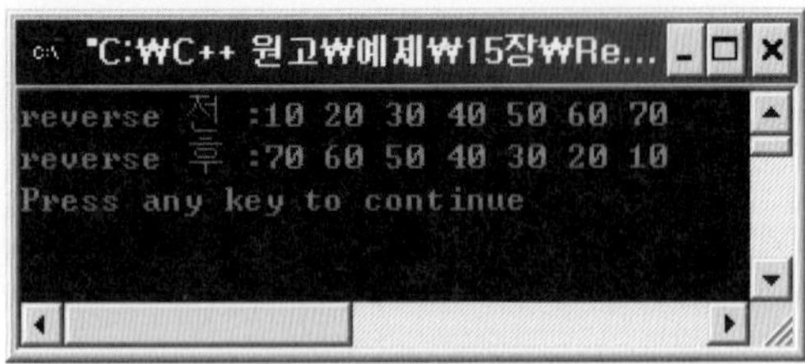

벡터를 사용하여 배열을 저장하고, reverse 전과 후를 나누어서 출력해 보았다. reverse 전은 배열
에 저장되어 있는 배열 요소들이 그대로 출력되는 것을 볼 수 있고, reverse() 함수를 수행한 후 벡
터값을 다시 출력해 보면 이전 출력 결과의 역순으로 출력되는 것을 확인할 수 있다.

5. random_shuffle

함수 원형

다음은 random_shuffle 알고리즘 함수의 원형이다.

```cpp
template <class RandomAccessIterator>
void random_shuffle(
    RandomAccessIterator  first,
    RandomAccessIterator  last
)
```

random_shuffle() 함수는 이름 그대로 컨테이너에 저장된 데이터들을 랜덤하게 재배치하는 기능
을 한다. 범위는 first부터 last까지이다

사용 예제

다음은 random_shuffle을 사용한 간단한 예제이다.

● 15장\RandomShuffle\randomshuffle.cpp

```cpp
#include <iostream>
#include <deque>
#include <algorithm>
using namespace std;

void main()
{
    int arr[] = {30,20,50,60,80,10,70};
    deque<int> dq;
    for(int i = 0; i < sizeof(arr)/sizeof(arr[0]); i++)
    {
        dq.push_back(arr[i]);
    }
    deque<int>::iterator it;

    for(it = dq.begin(); it!=dq.end(); it++)
        cout<<*it<<" ";
    cout<<endl;
    random_shuffle(dq.begin(), dq.end());
    for(it = dq.begin(); it!=dq.end(); it++)
        cout<<*it<<" ";
    cout<<endl;
}
```

데크 컨테이너에 배열의 값을 저장하고 이를 출력해 보면 그대로 나올 것이다. 그리고 random_shuffle() 함수를 수행하되, 범위는 데크 컨테이너의 처음부터 끝까지로 지정하고 출력해 보면 랜덤하게 데이터가 재배치되어 출력되는 것을 확인할 수 있다.

Index

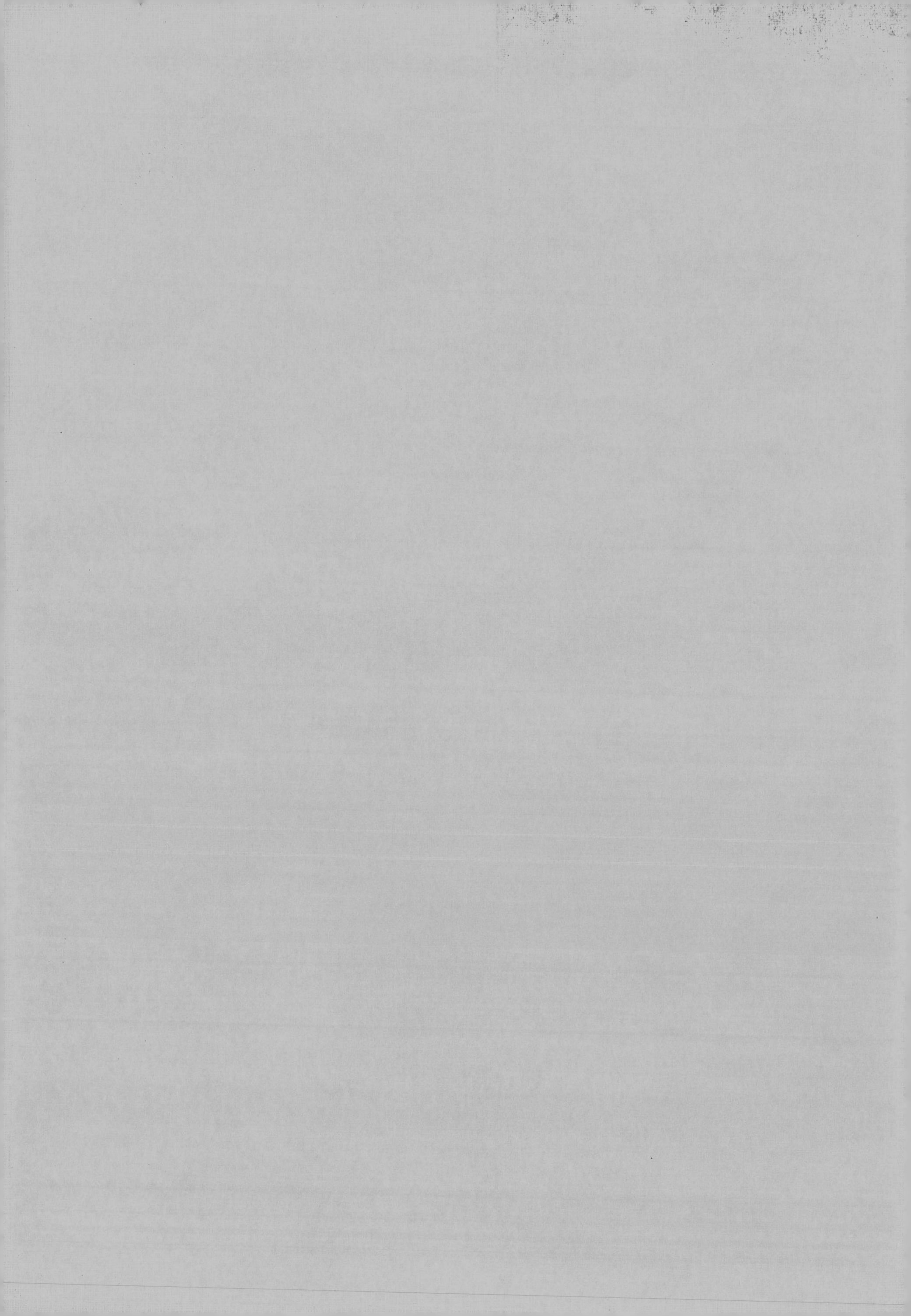